20★24

김성원
이원만
윤진만
박찬준
한동훈
지음

2024
K리그
스카우팅리포트

K 리 그 관 전 을 위 한 가 장 쉽 고 도 완 벽 한 준 비

CONTENTS

CHAPTER 1. K LEAGUE 1 SCOUTING REPORT

울산HDFC	ULSAN HD FC	10
포항스틸러스	POHANG STEELERS	28
광주FC	GWANGJU FC	46
전북현대모터스	JEONBUK HYUNDAI MOTORS	64
인천유나이티드	INCHEON UNITED	82
대구FC	DAEGU FC	100

CHAPTER 2. K LEAGUE 2 CLUB REPORT

수원삼성블루윙즈	SUWON SAMSUNG BLUEWINGS	227
부산아이파크	BUSAN I PARK	228
김포FC	GIMPO FC	229
경남FC	GYEONGNAM FC	230
부천FC1995	BUCHEON FC 1995	231
FC안양	FC ANYANG	232
전남드래곤즈	JEONNAM DRAGONS	233

FC서울 FC SEOUL	118
대전하나시티즌 DAEJEON HANACITIZEN	136
제주유나이티드 JEJU UNITED	154
강원FC GANGWON FC	172
수원FC SUWON FC	190
김천상무 GIMCHEON SANGMU FC	208

충북청주FC CHUNGBUK CHEONGJU FC	234
성남FC SEONGNAM FC	235
충남아산FC CHUNGNAM ASAN FC	236
서울이랜드FC SEOUL E-LAND FC	237
안산그리너스FC ANSAN GREENERS FC	238
천안시티FC CHEONAN CITY FC	239

스쿼드 일러두기

스포츠조선 기자들이 각 팀의 주목할 만한 선수 5인과 1군 경기에서 얼굴을 자주 비출 선수 15인을 선정하였다.

주민규 ①

1990년 4월 13일 | 34세 | 대한민국 | 183cm | 79kg ②

- ④ 18
- ③ FW
- ⑥ 🇰🇷
- ⑯ PLAYER OF THE MONTH
- ⑤ C
- WEEKLY BEST 11

경력 ⑦
고양HiFC(13~14)
▷ 서울이랜드(15~17)
▷ 상무(17~18)
▷ 서울이랜드(18)
▷ 울산(19)
▷ 제주(20~22)
▷ 울산(23~)

K리그 통산기록 ⑧
326경기 134득점 35도움

대표팀 경력 ⑨
-

이견이 없는 K리그 최고 골잡이다. 2021년 제주에서 22골을 터뜨리며 토종 스트라이커의 시대를 다시 연 그는 2022년에도 17골을 작렬시켰다. 다만 2년 연속 득점왕 등극에는 실패했다. 조규성과 함께 17골을 터뜨렸지만 경기당 득점에서 뒤졌다. 그 한을 지난해 풀었다. 4시즌 만에 울산으로 돌아온 그는 17골을 기록, 티아고보다 출전시간이 적어 득점왕을 탈환했다. 경기당 평균 0.5골을 기록했다. "경기에 많이 못 넣어줘 미안했는데, 출전시간이 적어 득점왕을 수상했으니 미안해할 게 아니었다." 홍명보 감독의 축하에 미소가 터졌다. 경기당 슈팅 수는 1.9개, 유효슈팅은 1.3개다. 첫 우승의 감격도 누리며 프로 데뷔 이후 최고의 한 해를 보냈다. '토종 거포'의 자존심이다. 공간 장악 능력과 골 결정력이 탁월하다. 미드필더 출신으로 볼키핑력과, 패스, 연계플레이도 뛰어났다. 워낙 체격이 커 움직임이 둔해 보이는 것이 단점이라면 단점이다. 스피드는 느리지만 한 템포 빠른 슈팅력과 반응 속도는 누구에게도 뒤지지 않는다. 마틴 아담과 주전 경쟁에서도 우위를 점하고 있다. A대표팀 승선 실패는 아쉽지만 그만의 영역은 구축했다. 부주장에 선임돼 리더 역할도 맡고 있다.

2023시즌 기록

⑩	⑫ 2,404(36) MINUTES 출전시간(경기수)	⑬ 17 GOALS 득점	⑭ 2 ASSISTS 도움	⑪ 0	⑮ 9 WEEKLY BEST 11 주간베스트11
5					

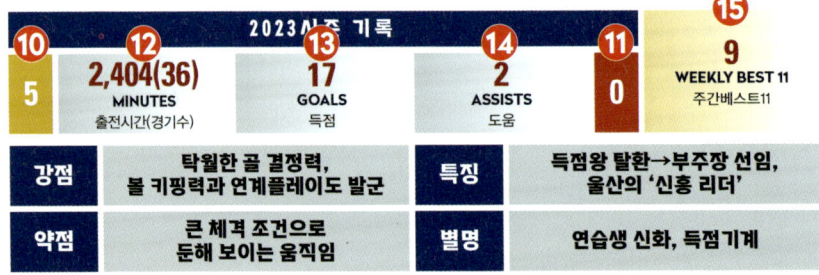

강점	탁월한 골 결정력, 볼 키핑력과 연계플레이도 발군	특징	득점왕 탈환→부주장 선임, 울산의 '신흥 리더'
약점	큰 체격 조건으로 둔해 보이는 움직임	별명	연습생 신화, 득점기계

■ 스쿼드 일러두기 페이지는 정보와 기록 등 각각의 요소를 설명하기 위한 예시로 구성된 것이며, 도서 본문 내용과 일치하지 않을 수 있습니다. 정확한 정보는 구단별 스쿼드 페이지 내의 선수 데이터를 확인해주세요.

조현우 ①

1991년 9월 25일 | 33세 | 대한민국 | 189cm | 75kg ②
경력 | 대구(13~19) ▶ 울산(20~) ⑦
K리그 통산기록 | 347경기 386실점 ⑧
대표팀 경력 | 22경기 23실점, 2018 · 2022 월드컵, 2023 아시안컵 ⑨

2017시즌부터 7회 연속 K리그1 베스트 GK 부문을 수상한 주인공이다. A대표팀에선 '백업 골키퍼'로 밀렸지만, 김승규의 부상으로 아시안컵에 재등장해 현란한 선방쇼를 펼쳤다. 그의 존재는 울산의 자랑이다. 동물적 감각은 타고났다. 뛰어난 순발력을 앞세운 선방 능력은 한국 축구에서 지존이다. 발밑 기술과 패싱력도 향상됐다. 하지만 상대가 거칠게 압박하면 허점을 노출할 때가 있다. 팀에 대한 충성심이 강하다. 그는 중동의 러브콜에도 지난해 울산과 4년 재계약했다. 자신과 가족은 '울산에 진심'이라고 했다. 한 골을 막는 것은 한 골을 넣는 것과 똑같다. 울산의 골문은 올해도 큰 걱정이 없다.

2023시즌 기록

		3,240(36) MINUTES 출전시간(경기수)	38 LOSS 실점	114 SAVE 선방	7 WEEKLY BEST 11 주간베스트11	강점	약점
1 ⑩	0 ⑪	⑫	⑬	⑭	⑮	동물적 감각 앞세운 美친 선방 능력	발밑 기술은 여전히 부족

---

① **이름**

② **프로필**

③ **포지션**

④ **등번호**

⑤ **주장 마크**

⑥ **국적**
이중국적의 선수의 경우 K리그에 등록된 국가만 표기했다.

⑦ **경력**
과거의 군 · 경 팀은 '상무'와 '경찰'로 표기를 통일했다.

⑧ **K리그 통산 기록**
K리그 통산기록은 1부리그, 2부리그, 승강 PO경기가 포함된 기록이다.

⑨ **대표팀 경력**
국가대표 A매치 출전 기록 & 참가한 주요 대회를 표기했다. (2024년 2월 29일 기준)

⑩ **경고**

⑪ **퇴장**

⑫ **출전시간(경기수)**

⑬ **득점수 / GK 실점수**

⑭ **도움수 / GK 선방수**

⑮ **주간베스트11**

⑯ **POTM**
EA 코리아의 후원으로 전문가와 FC 온라인 유저 투표 등으로 선정하는 상으로, 월간 최우수 선수에게 '이달의 선수(POTM; Player Of The Month)'의 영예가 주어진다. 수상 이력이 있는 선수에 한하여 표기했다.

일러두기

- 각종 기록 및 사진 출처는 한국프로축구연맹이다.
- 지난 시즌 K리그 두 팀에서 뛰었던 선수는 합산 기록을 반영했다.
- 1쇄는 이적시장 1차 선수등록 마감일인 2024년 2월 29일까지 반영하였으며, 2쇄는 3월 8일까지 반영했다.
- 골키퍼의 경우 득점과 도움 대신 실점과 선방을 표기하였다.
- 국가대표 경력의 경우 KFA 홈페이지를 참조하였고, 출전기록은 A대표 경기만 포함한다.
- 외국인 선수의 경력과 기록은 트랜스퍼마켓를 참조하였다.
- 감독의 K리그 통산 전적은 K리그1, K리그2 성적이 포함된 기록이다.

CHAPTER 1

K LEAGUE 1 SCOUTING REPORT

켈빈
아타루
루빅손
마틴아담
마테우스
보야니치
엄원상
주민규
김지현
고승범
이청용
김민혁
이규성
이동경
윤일록
김민우
설영우
이명재
심상민
임종은
김기희
김영권
황석호
조현우
조수혁

울산 HD FC

ULSAN HD FOOTBALL CLUB   TEAM 팀 소개

2년째 K리그1은 울산 천하, 이제 리그 3연패로 왕조 세운다

울산 HD FC

17년 만의 우승에 이은 창단 후 첫 2연패, K리그1은 울산의 천하다. 1983년 K리그에 첫발을 내디딘 울산은 지난해 12월, 창단 40주년을 맞았다. 얼굴을 바꿨다. 울산 현대를 지우고 '울산 HD FC'로 새롭게 태어났다. 엠블럼도 교체했다. 한 걸음이 더 남았다. 울산은 '왕조'를 꿈꾸고 있다. 그 시작은 3연패다. 울산은 2024년에도 정상을 노린다. 조용한 변화를 선택했다. 바코가 떠난 외국인 진용을 새롭게 구축했다. 전천후 공격자원인 켈빈과 수비형 미드필더 마테우스를 영입, 외국인 쿼터를 모두 채웠다. 켈빈과 마테우스는 브라질 출신으로 기존의 마틴 아담, 루빅손, 보야니치, 아타루와 함께 '외인 라인'을 구축했다. 홍명보 감독의 원조 '황태자'인 김민우를 비롯해 왕성한 활동량을 자랑하는 고승범과 베테랑 수비수 황석호, 왼쪽 풀백 심상민을 새롭게 수혈했다. 지난해 문수 축구경기장은 새로운 '축구 명소'로 자리 잡았다. 무려 34만 명의 관중이 입장했다. 마케팅으로 벌어들인 수입은 창단 이래 최고인 106억원이다. 올해는 40만, 평균 관중 2만 명이 목표다. 울산은 올해도 재밌는 축구, 팬들이 즐거워하는 축구, 이기는 축구를 지향한다.

구단 소개

정식 명칭	울산 HD FC
구단 창립	1983년 12월 6일
모기업	HD 현대
상징하는 색	블루, 화이트, 옐로우
경기장(수용인원)	울산 문수축구경기장 (37,897명)
마스코트	미타
레전드	김현석, 정정수, 유상철, 김병지, 이천수, 이호
서포터즈	처용전사
커뮤니티	울티메이트

우승

K리그	4회(1996, 2005, 2022, 2023)
FA컵	1회(2017)
AFC챔피언스리그(ACL)	2회(2012, 2020)

최근 5시즌 성적

시즌	K리그	FA컵	ACL
2023시즌	1위	8강	-
2022시즌	1위	4강	조별리그
2021시즌	2위	4강	4강
2020시즌	2위	준우승	우승
2019시즌	2위	32강	16강

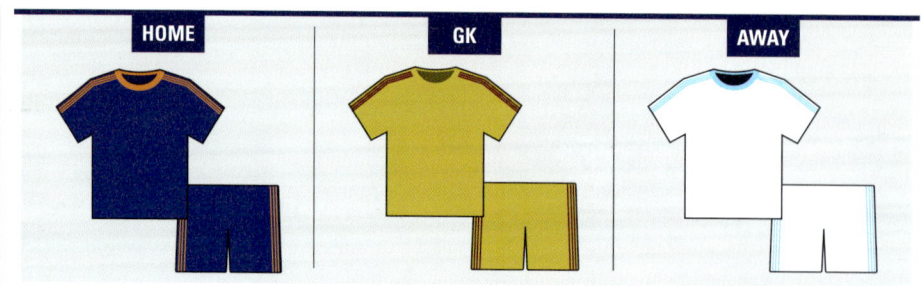

HOME   GK   AWAY

감독 소개 MANAGER   ULSAN HD FOOTBALL CLUB

'왕조의 시작'은 K리그 3연패,
난 여전히 배고프다

홍명보
1969년 2월 12일 | 54세 | 대한민국

K리그 전적
114전 66승 28무 20패

홍명보 감독은 현역 시절인 1995년 한국 프로스포츠 선수로 첫 연봉 1억원을 찍었다. 지난해 사령탑으로 새 시대를 열었다. 3년 재계약을 통해 최초 '연봉 10억 감독'의 문을 통과했다. 2022년 '10년 대운'으로 화제였다. 지난해 그 주기를 1년으로 단축하겠다고 했고, 약속을 다시 지켰다. "우승은 어제 내린 눈이야. 보이지도 않아." K리그를 처음 제패한 홍 감독이 선수들에게 던진 말은 지난해에 이어 올해도 유효하다. 내실 있는 변화에 다시 승부수를 걸었다. '리빌딩'에 방점을 찍었다. 울산이 더 높게 성장할 수 있는 유산을 만드는 것에 사활을 걸고 있다. '원팀'의 색깔은 더 강해졌다. 홍 감독은 비로소 왕조를 머릿속에 그리고 있다. 그 시작은 3연패다. 두려움 없는 전진은 2024년에도 계속된다.

선수 경력

상무	포항	쇼난 벨마레	가시와 레이솔	포항	LA 갤럭시

지도자 경력

A대표팀 코치	U-23 대표팀 코치	U-20 대표팀 감독	U-23 대표팀 감독	안지 코치	A대표팀 감독	항저우 뤼청 감독	울산 감독(21~)

주요 경력

1990년~2002년 4회 연속 월드컵 출전	2002년 월드컵 브론즈볼	2014년 브라질월드컵 감독	대한축구협회 전무	FIFA 창립 100주년 '세계 100인의 축구 스타'	2022~2023년 K리그 올해의 감독상

선호 포메이션	4-2-3-1	3가지 특징	점유율 높은 빌드업 축구	강력한 카리스마	동기부여 통한 시대정신 구현

STAFF

수석코치	코치	GK코치	플레잉 코치	피지컬코치	선수 트레이너	전력분석관	스포츠 사이언티스트	통역	스카우트
이경수	김상록 조광수	양지원	박주영	이케다 세이고	이인철 정성덕 박영훈	이창근 김태훈	장다솔	김강	김영기

ULSAN HD FOOTBALL CLUB 2023 SEASON REVIEW 2023 시즌 리뷰

2 0 2 3   R E V I E W

다이나믹 포인트로 보는 울산의 2023시즌 활약도

사실상 대세는 처음부터 갈렸다. 울산은 개막과 함께 선두로 치고 올라갔다. 두 차례 6연승, 한 차례 5연승을 거뒀다. 21라운드까지의 울산의 전적은 17승 2무 2패였다. 박용우가 이적하면서 굴곡은 있었지만 3경기를 남겨두고 일찌감치 우승을 확정했다. 1경기를 남겨두고 '터치다운'에 성공한 2022년보다 페이스가 더 빨랐다. 4시즌 만에 돌아온 주민규는 득점왕을 탈환했고, 바코와 루빅손도 공격의 밀알이었다. 엄원상은 필요할 때 해결사 역할을 했다. 조현우 김영권 설영우 등 '국대 삼총사'와 '캡틴' 김기희도 든든한 버팀목이었다.

2023시즌 다이나믹 포인트 상위 20명 ■ 포인트 점수

출전시간 TOP 3		
1위	조현우	3,240분
2위	김영권	2,701분
3위	설영우	2,539분

득점 TOP 3		
1위	주민규	17골
2위	바코	11골
3위	루빅손	6골

도움 TOP 3		
1위	이명재	5도움
2위	설영우, 엄원상, 마틴 아담	4도움
3위	루빅손, 아타루, 김민혁	3도움

주목할 기록	
2	구단 창단 후 첫 2연패 우승
134	주민규 K리그 현역 최다골 이동국-데얀 이어 3위

성적 그래프

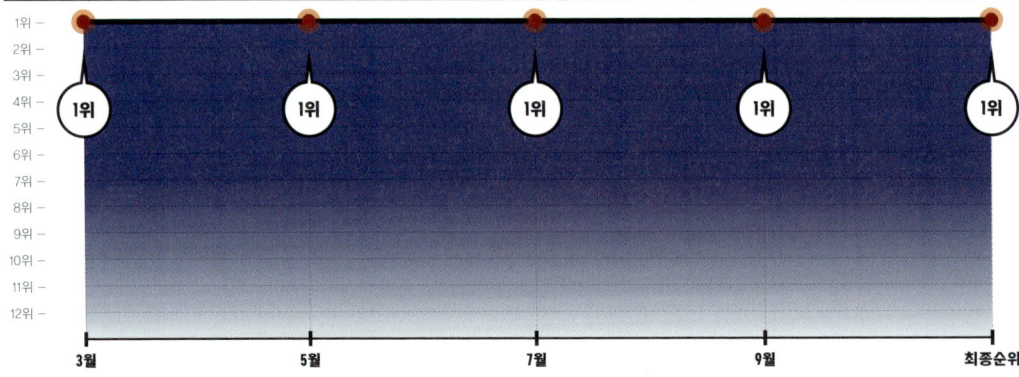

2024 시즌 스쿼드 운용 & 이적 시장 인앤아웃

IN
- 심상민_포항
- 김주환_천안
- 황석호_사간도스
- 문현호_충남아산
- 켈빈_아틀레치쿠고이아스
- 마테우스_쿠리치바
- 고승범_수원삼성
- 김민우_청두룽청
- 강민우 홍재석
- 최강민 최석현
- 김동욱 박상준
- 조영광_이상 신인

OUT
- 조현택_김천상무
- 김태환_전북
- 최석현_충북청주
- 황재환_부천
- 바코_산둥타이산
- 김성준_천안
- 이상혁 설현빈_이상 부천
- 김태현_사간도스
- 조영광_서울이랜드
- 김도현_부산
- 정승현_알와슬
- 김동욱_전남
- 민동환_계약만료

ⓒ 주장 ■ U-22 자원

주민규, 마틴 아담, 루빅손, 엄원상이 건재하지만 바코가 팀을 떠났다. 대체자로 켈빈이 수혈됐으나 '조커'로 투입될 가능성이 높다. 10년 만에 홍명보 감독과 재회한 '원조 황태자' 김민우에게 거는 기대가 크다. 그는 왼쪽 윙포워드와 측면 수비는 물론 중앙 미드필더까지 소화할 수 있다. 울산에서도 '전천후 미드필더'로 활약할 것으로 기대된다. 수비형 미드필더에는 고승범이 새로운 변화를 예고하고 있다. 그는 왕성한 활동량과 뛰어난 테크닉으로 공격에 활력을 불어넣는 자원이다. 새 영입인 마테우스는 얼마만큼 빨리 K리그 무대에 적응하느냐가 관건이다. 정승현의 빈자리는 베테랑인 황석호가 채운다. 그는 2012 런던올림픽에서 홍 감독과 함께 동메달 신화를 썼다. 김영권과 설영우는 올해도 수비의 핵이다. 조현우가 지키는 골문은 K리그에서 가장 견고하다. 강윤구, 장시영은 또 한 번 U-22 카드로 활용될 것으로 보인다.

주장의 각오

김기희

'창단 첫 리그 2연패와 35만 관중 돌파' 지난해 구단과 팬들이 함께 만든 엄청난 기록을 이어가는, 아니 넘어서 더 나아가는 시즌이 될 수 있도록 하겠다. 많은 응원 부탁드린다.

ULSAN HD FOOTBALL CLUB — BEST 11 / 베스트 11

2024 예상 베스트 11

이적시장 평가

바코, 정승현, 김태환을 잃었지만 적재적소에 보강이 이루어졌다. 김민우, 고승범, 황석호, 심상민 등 국내외에서 영입한 자원들이 '리빌딩'의 전면에 선다. 30대인 이들은 경험이 풍부한 베테랑이지만 '젊은 맛'은 없다. 브라질 출신인 켈빈과 마테우스의 가세로 외국인 쿼터도 모두 채웠다. 아시안컵에 출전했던 국가대표 선수들의 변수도 있다. 설영우가 해외 이적을 희망하고 있으나 대안 없이는 불가하다는 방침이라 시즌은 함께 시작할 것으로 보인다.

저자 5인 순위 예측

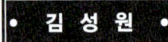

1위_우승 DNA 기본 장착. 노련미까지 더해져 안정감 수직 상승. 왕조의 시작 3연패 '이상 무'

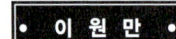

1위_리그 3연패를 위한 준비는 모두 마쳤다. 가능성도 크다. 단, 홍명보 감독 체제가 그대로 유지될 때만.

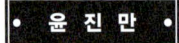

1위_'수비가 좋은 팀은 우승한다.' 축구계의 오래된 격언에 꼭 들어맞는 팀. 빈틈이란 게 있나?

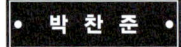

2위_전체적으로 안정된 전력이지만, 압도적인 느낌은 없다. 무엇보다 3연패는 쉽지 않다.

1위_겨울을 알차게 보냈다. 전력누수가 없다고 봐도 무방하다. 3연패, 꿈은 아니다.

선수 소개 SQUAD — ULSAN HD FOOTBALL CLUB

설영우

1998년 12월 5일 | 26세 | 대한민국 | 180cm | 72kg

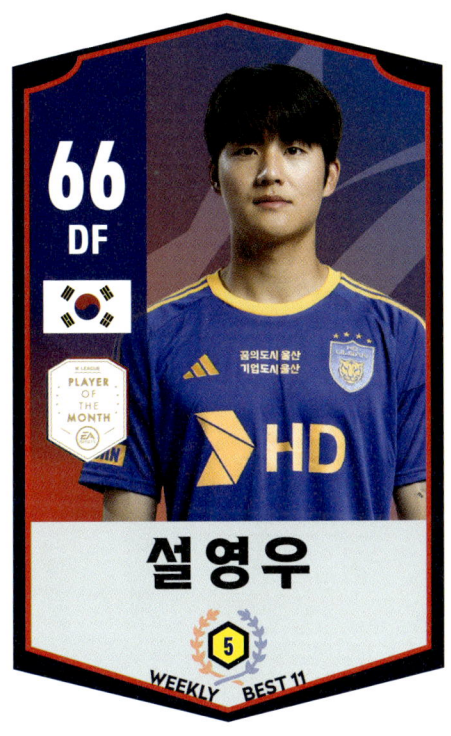

경력

울산(20~)

K리그 통산기록

111경기 5득점 10도움

대표팀 경력

14경기 / 2020 올림픽, 2023 아시안컵

카타르아시안컵 최고의 발견이다. 전 경기 선발 출전한 그는 위치도 오른쪽과 왼쪽을 가리지 않았다. 6경기 총 활동거리는 무려 73.11km, 평균 12.19km를 뛰었다. 이는 손흥민(70.55km)을 넘어 한국 선수 가운데 최장 활동거리다. 특히 호주와의 8강전에선 무려 15.5km를 달렸다. 이번 대회 한국 선수 단일경기 최장 거리다. K리그의 활약이 발판이 됐다. 잠재력이 폭발했다. 그는 양쪽 풀백이 모두 가능한 멀티형이다. 빠른 스피드를 앞세운 1대1 대인 방어 능력도 뛰어나다. 지칠 줄 모르는 체력도 무기다. 활발한 오버래핑이 눈에 띈다. 쾌활한 성격이라 늘 흥이 넘치는 분위기 메이커다. 패스 기록도 눈에 띈다. 2108회의 패스를 시도, 성공률은 91.5%에 달한다. 그는 지난해 32경기에 출전해 3골 4도움을 기록, 커리어하이 시즌을 보냈다. 항저우아시안게임에 와일드카드로 발탁돼 금메달을 목에 걸며 병역 특례도 받았다. 소녀팬들의 인기를 독차지해 K리그에선 최고의 스타로 발돋움했다. 올 시즌 울산의 간판이라는 데 이견이 없다. 다만 변수는 이적이다. 유럽과 중동 등에서 러브콜이 쇄도하고 있다. 울산은 2024시즌 시작은 무조건 함께한다는 방침이다.

2023시즌 기록

6	2,539(32) MINUTES 출전시간(경기수)	3 GOALS 득점	4 ASSISTS 도움	0	5 WEEKLY BEST 11 주간베스트11

강점	지칠 줄 모르는 체력, 좌우측 모두 소화 가능한 멀티형	특징	울산 토박이 '성골 유스', K리그 대표 '살인미소' 꽃미남
약점	2% 부족한 크로스 정확도, 간혹 나오는 PK 파울	별명	설스타, 촌놈(홍명보 감독 애칭)

ULSAN HD FOOTBALL CLUB　　　　　SQUAD　선수소개

김민우

1990년 2월 25일 | 34세 | 대한민국 | 174cm | 66kg

경력

- 사간도스(10~16)
- ▷수원(17~18)
- ▷상무(18~19)
- ▷수원(19~21)
- ▷청두루루청(22~23)
- ▷울산(24~)

K리그 통산기록

152경기 21득점 14도움

대표팀 경력

22경기 1득점 / 2018 월드컵

홍명보 감독이 사령탑으로 첫발을 내디딜 때 가장 사랑했던 선수다. 이른바 '원조 황태자'다. 그는 홍 감독이 처음 지휘한 2009 U-20 월드컵에서 일약 스타덤에 올랐다. 당시 U-20 월드컵 한국 선수 최다골 타이기록(3골)을 작성한 그는 홍 감독과 함께 8강 진출을 합작했다. 먼 길을 돌아왔다. 한·중·일 리그에서 총 423경기에 출전한 다재다능한 베테랑이다. 프로 데뷔는 일본이었다. 2010년 일본 J2리그의 사간 도스에서 첫발을 뗐다. 2012시즌 J1리그로 승격, 매 시즌 30경기 이상 출전하며 '하드 워커'의 기질을 여실 없이 보여줬다. 2017시즌부터 K리그1에서 활약했고, 수원 삼성과 상무에서 5시즌 동안 알토란 같은 활약을 펼쳤다. 152경기에 출전, 21득점 14도움을 올렸다. 그리고 무대를 중국으로 옮겼다. 청두 룽청에서 두 시즌 동안 리그 58경기에서 10득점 14도움을 기록, 팀의 간판으로 활약했다. 홍 감독의 부름에 다시 K리그 무대로 돌아왔다. 왼쪽 윙포워드와 측면 수비는 물론 중앙 미드필더까지 소화할 수 있다. '전천후 미드필더'로 활약이 기대된다. '성실의 대명사'라 적응 또한 문제없다.

■중국 리그 기록

2023시즌 기록

0	1,987(24) MINUTES 출전시간(경기수)	6 GOALS 득점	5 ASSISTS 도움	0	- WEEKLY BEST 11 주간베스트11
강점	측면 공수, 중앙 미드필더 모두 가능한 멀티 플레이어		**특징**	홍명보 '원조 황태자', 신입 같지 않은 신입	
약점	왜소한 체격 조건, 강력한 체력에 비해 떨어지는 스피드		**별명**	작은 거인	

선수 소개　SQUAD　　　　　　　　ULSAN HD FOOTBALL CLUB

주민규

1990년 4월 13일 | 34세 | 대한민국 | 183cm | 79kg

경력

고양HiFC(13~14)
▷ 서울이랜드(15~17)
▷ 상무(17~18)
▷ 서울이랜드(18)
▷ 울산(19)
▷ 제주(20~22)
▷ 울산(23~)

K리그 통산기록

326경기 134득점 35도움

대표팀 경력

–

이견이 없는 K리그 최고 골잡이다. 2021년 제주에서 22골을 터뜨리며 토종 스트라이커의 시대를 다시 연 그는 2022년에도 17골을 작렬시켰다. 다만 2년 연속 득점왕 등극에는 실패했다. 조규성과 함께 17골을 터뜨렸지만 경기당 득점에서 뒤졌다. 그 한을 지난해 풀었다. 4시즌 만에 울산으로 돌아온 그는 17골을 기록, 티아고보다 출전시간이 적어 득점왕을 탈환했다. 경기당 평균 0.5골을 기록했다. "경기에 많이 못 넣어줘 미안했는데, 출전시간이 적어 득점왕을 수상했으니 미안해할 게 아니었다." 홍명보 감독의 축하에 미소가 터졌다. 경기당 슈팅 수는 1.9개, 유효슈팅은 1.3개다. 첫 우승의 감격도 누리며 프로 데뷔 이후 최고의 한 해를 보냈다. '토종 거포'의 자존심이다. 공간 장악 능력과 골 결정력이 탁월하다. 미드필더 출신으로 볼키핑력과, 패스, 연계플레이도 뛰어났다. 워낙 체격이 커 움직임이 둔해 보이는 것이 단점이라면 단점이다. 스피드는 느리지만 한 템포 빠른 슈팅력과 반응 속도는 누구에게도 뒤지지 않는다. 마틴 아담과 주전 경쟁에서도 우위를 점하고 있다. A대표팀 승선 실패는 아쉽지만 그만의 영역은 구축했다. 부주장에 선임돼 리더 역할도 맡고 있다.

2023시즌 기록

5	2,404(36) MINUTES 출전시간(경기수)	17 GOALS 득점	2 ASSISTS 도움	0	9 WEEKLY BEST 11 주간베스트11
강점	탁월한 골 결정력, 볼 키핑력과 연계플레이도 발군		**특징**	득점왕 탈환→부주장 선임, 울산의 '신흥 리더'	
약점	큰 체격 조건으로 둔해 보이는 움직임		**별명**	연습생 신화, 득점기계	

ULSAN HD FOOTBALL CLUB　　　　　　　　　SQUAD　　선수소개

엄원상

1999년 1월 6일 | 25세 | 대한민국 | 171cm | 63kg

경력
광주(19~21)
▷울산(22~)

K리그 통산기록
126경기 31득점 13도움

대표팀 경력
7경기 / 2020 올림픽

2년 전, 17년 만의 우승에는 그의 공이 컸다. 12골 6도움으로 팀내 최다 공격포인트를 작성했다. 하지만 무심할 정도로 '상복'이 없었다. 지난해 공격포인트는 4골 4도움으로 줄었다. 그래도 필요할 때 해결사 역할을 했다. 공격포인트를 기록한 7경기에서 모두 승리했다. 순도높은 활약으로 2연패에 일조하며 생애 첫 베스트11에 선정됐다. 오른쪽 미드필더에서 최고로 인정받았다. 사실 이번 시즌 울산에 없을 수도 있는 자원이었다. 그는 지난 시즌을 끝으로 입대가 예정돼 있었다. 항저우아시안게임 금메달이 그를 돌려세웠고, 울산으로선 이보다 더 좋을 순 없다. MBTI로 따지면 전형적인 'I(내향적)'지만 그라운드에서는 다르다. 100m를 11초대에 주파하는 폭발적인 스피드는 타의 추종을 불허한다. 질주가 시작되면 기대감이 수직 상승한다. 넓은 시야를 바탕으로 한 드리블 능력도 향상돼 거침없이 상대의 뒷공간을 파고든다. 다만 저돌적인 플레이로 자주 다친다. 상대의 거친 태클을 피할 수 있는 지혜도 필요하다. '탈압박의 대가' 바코가 떠난 후 그에게 거는 기대가 더 높아졌다. 측면은 그가 이끌어야 한다. 부주장으로 선임돼 고참과 어린 선수들의 가교 구실까지 한다.

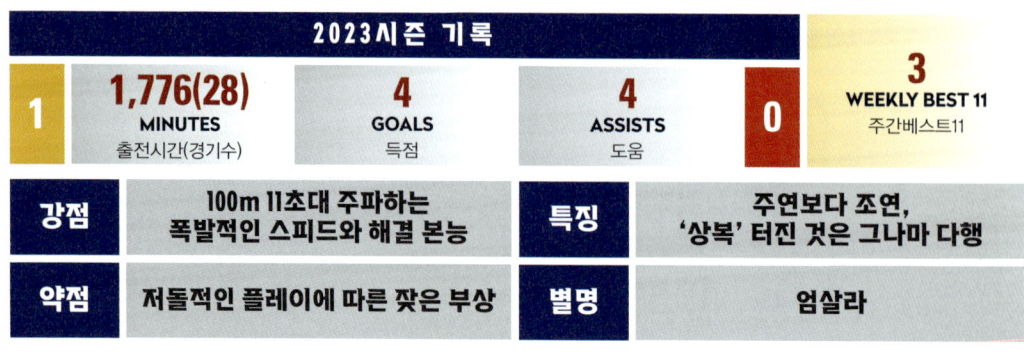

선수 소개 SQUAD ULSAN HD FOOTBALL CLUB

김영권

1990년 2월 27일 | 34세 | 대한민국 | 186cm | 83kg

경력

FC도쿄(10~11)
▷ 오미야아르디자(11~12)
▷ 광저우헝다(12~18)
▷ 감바오사카(19~21)
▷ 울산(22~)

K리그 통산기록

68경기 1득점

대표팀 경력

109경기 7득점
2014 · 2018 · 2022 월드컵

서른 살이 훌쩍 넘었지만 여전히 전성기다. 지난해 여름 중동에서 현재 연봉 세 배 수준의 큰 제안을 받았다. 홍명보 감독의 만류에 미련없이 뜻을 접었고, K리그 최고의 자리에 올랐다. 울산의 2연패를 이끈 그는 '별 중의 별'인 MVP 수상의 영예를 안았다. 태극마크도 빛난다. 굴곡이 있었다. 정승현에게 한때 밀렸지만 카타르아시안컵에서 명예회복했다. 다만 아시아 정상 도전 실패는 아픔으로 남았다. 지난 시즌을 마치고 휴식기가 없었다. 쉬는 것도 훈련이기에 살인 일정에 따른 부상 위험은 걱정이다. 그러나 대안이 없다. 그는 지난 시즌 32경기에 출전했다. 안정적인 수비는 기본이다. '패스 효율성'은 차원이 다르다. 높은 볼점유율을 바탕으로 한 '홍명보 축구'는 그의 빌드업 능력이 있기에 가능하다. 볼터치가 부드럽고, 정확한 킥을 앞세운 볼 전개가 탁월하다. 수비에서 미드필더, 공격진으로 연결되는 흐름이 매끄럽다. 지난 시즌 2268개의 패스를 성공시켰다. 이는 K리그1 전체 3위이자 팀내 1위다. 정신적인 지주 역할도 톡톡히 한다. 때론 쓴소리, 때론 격려로 어린 선수들을 이끈다. 환상적인 중거리포로 데뷔골까지 터트린 그는 올해 또 다른 비상을 꿈꾼다.

2023시즌 기록

7	2,701(32) MINUTES 출전시간(경기수)	1 GOALS 득점	0 ASSISTS 도움	0	2 WEEKLY BEST 11 주간베스트11
강점	정확한 패싱력을 앞세운 빌드업, 노련한 경기 운영		**특징**	중동의 거액 제안 거절, K리그 MVP로 보상	
약점	아시안컵 '살인 일정'에 따른 부상 위험		**별명**	권나바로, 베르통권	

ULSAN HD FOOTBALL CLUB — SQUAD 선수소개

고승범
1994년 4월 24일 | 30세 | 대한민국 | 173cm | 70kg
경력 | 수원(16~17) ▷ 대구(18) ▷ 수원(19~21) ▷ 상무(21~22) ▷ 수원(23) ▷ 울산(24~)
K리그 통산기록 | 169경기 11득점 14도움
대표팀 경력 | 3경기

수원 삼성의 2부 추락은 큰 고통이었다. 그럼에도 그는 지난 시즌 수원에서 가장 빛났고, 새로운 기회가 찾아왔다. 울산이 경쟁팀들을 따돌리고 영입에 성공했다. '고드리치'라는 별명이 모든 것을 설명한다. 왕성한 활동량을 바탕으로, 미드필드 전지역을 커버할 수 있는 멀티 능력을 보유하고 있다. 기술과 센스 등을 두루 갖춘 육각형 미드필더다. 다만 문전에서 좀 더 골 욕심을 낸다면 더 많은 공격포인트를 올릴 수 있다. 대표 경력도 있다. 2022년 태극마크를 달고 A매치 데뷔에 성공했다. 국대급 미드필더의 가세로 점유율과 득점력에 상당한 상승을 가져올 것으로 기대된다.

2023시즌 기록
옐로카드	레드카드	MINUTES 출전시간(경기수)	GOALS 득점	ASSISTS 도움	WEEKLY BEST 11 주간베스트11	강점	약점
4	0	2,471(32)	2	1	3	왕성한 활동량, 광활한 활동반경	문전에서 떨어지는 골 욕심

조현우
1991년 9월 25일 | 33세 | 대한민국 | 189cm | 75kg
경력 | 대구(13~19) ▷ 울산(20~)
K리그 통산기록 | 347경기 386실점
대표팀 경력 | 22경기 23실점, 2018 · 2022 월드컵, 2023 아시안컵

2017시즌부터 7회 연속 K리그1 베스트 GK 부문을 수상한 주인공이다. A대표팀에선 '백업 골키퍼'로 밀렸지만, 김승규의 부상으로 아시안컵에 재등장해 현란한 선방쇼를 펼쳤다. 그의 존재는 울산의 자랑이다. 동물적 감각은 타고났다. 뛰어난 순발력을 앞세운 선방 능력은 한국 축구에서 지존이다. 발밑 기술과 패싱력도 향상됐다. 하지만 상대가 거칠게 압박하면 허점을 노출할 때가 있다. 팀에 대한 충성심이 강하다. 그는 중동의 러브콜에도 지난해 울산과 4년 재계약했다. 자신과 가족은 '울산에 진심'이라고 했다. 한 골을 막는 것은 한 골을 넣는 것과 똑같다. 울산의 골문은 올해도 큰 걱정이 없다.

2023시즌 기록
옐로카드	레드카드	MINUTES 출전시간(경기수)	LOSS 실점	SAVE 선방	WEEKLY BEST 11 주간베스트11	강점	약점
1	0	3,240(36)	38	114	7	동물적 감각 앞세운 선방 능력	발밑 기술은 여전히 부족

황석호
1989년 6월 27일 | 35세 | 대한민국 | 183cm | 80kg
경력 | 산프레체히로시마(12~14) ▷ 가시마앤틀러스(15~16) ▷ 텐진테다(17) ▷ 시미즈S펄스(18~20) ▷ 사간도스(21~23) ▷ 울산(24~)
K리그 통산기록 | -
대표팀 경력 | 4경기, 2012 올림픽, 2014 월드컵

J리그에서 잔뼈가 굵은 베테랑 수비수다. 중국 리그에서도 뛰었다. 세 차례의 J리그 우승을 비롯해 일왕배 정상 등 우승 경험도 풍부하다. 주 포지션은 오른쪽 중앙수비지만, 수비형 미드필더도 소화 가능한 멀티형 자원이다. 홍명보 감독과도 인연이 있다. 런던올림픽에서 주전 센터백으로 전 경기, 풀타임 활약했다. 사상 첫 올림픽 동메달에 일조했다. 당시 그의 파트너가 김영권이었다. 브라질월드컵에선 1경기에 출전했다. K리그와는 첫 만남이다. 팬들과 아이들에게 고국에서 뛰는 모습을 보여주고 싶었다고 한다. 적응이 관건이다. 육상 선수 출신으로 스피드가 뛰어나다.

2023시즌 기록
옐로카드	레드카드	MINUTES 출전시간(경기수)	GOALS 득점	ASSISTS 도움	WEEKLY BEST 11 주간베스트11	강점	약점
2	0	1,357(18)※	1	0	-	멀티형 수비자원, 빠른 스피드	베테랑이지만 K리그 적응이 관건

※ 일본 J리그

선수 소개 SQUAD ULSAN HD FOOTBALL CLUB

아타루
Ataru Esaka

1992년 5월 31일 | 32세 | 일본 | 175cm | 67kg
경력 | 더스파구사쓰군마(15) ▷ 오미야아르디자(16~17) ▷ 가시와레이솔(18~21) ▷ 우라와레즈(21~22) ▷ 울산(23~)
K리그 통산기록 | 21경기 3득점 3도움
대표팀 경력 | 1경기

K리그 2년차다. 첫 시즌은 부상으로 애를 먹었다. 거친 환경에 적응이 쉽지 않았다. 반환점을 전후로 데뷔골과 함께 공격포인트를 올리며 비로소 이름값을 하기 시작했다. 두뇌 회전이 빠르다. 빠른 템포의 축구에 최적화된 미드필더다. 측면과 최전방으로 연결하는 센스 넘치는 침투 패스도 일품이며, 양발을 자유자재로 사용한다. 하지만 기복은 있다. 잦은 부상은 피지컬의 한계에서 출발한다. 더 이상 적응이 필요 없는 점은 강점이다. 외인 사이에서도 중심을 잡아줘야 한다. 플레이메이커로 2선에서 공격을 지휘하기 위해선 출발부터 강력한 한 방이 필요하다.

2023시즌 기록
		1,313(21) MINUTES 출전시간(경기수)	3 GOALS 득점	3 ASSISTS 도움	1 WEEKLY BEST 11 주간베스트11	강점 빠른 두뇌회전, 정확한 침투패스	약점 들쭉날쭉한 경기력, 피지컬
0	0						

31 MF

켈빈
Kelvin Giacobe Alves dos Santos

1997년 8월 18일 | 27세 | 브라질 | 174cm | 68kg
경력 | 상조제(17~18) ▷ 노부암부르구(19) ▷ 보타포구(19~20) ▷ 노벰브루(20) ▷ 카시아스두술(21) ▷ ABC(22) ▷ 아틀레치쿠고이아니엔시(22~23) ▷ 울산(24~)
K리그 통산기록 | -
대표팀 경력 | -

충분히 '1인분'을 할 수 있는 선수다. 다만 플러스 알파가 될지는 시간이 좀 더 필요하다는 분석이다. 전천후 공격형 미드필더다. 중앙과 측면, 2선의 모든 포지션을 소화할 수 있다. 1997년생으로 프로 선수로는 이제 전성기에 접어드는 나이다. 브라질 리그에서 통산 80경기를 소화할 정도로 경험과 신선함을 모두 갖췄다. 브라질 출신 특유의 개인기를 활용한 드리블 능력이 뛰어나고, 빠른 스피드도 갖추고 있다. 하지만 새로운 무대에 적응하는 것은 숙제다. 바코의 공백을 메울 수 있다면 이보다 더 좋을 수 없다. 최대한 많은 공격포인트로 공격에 에너지를 선사하겠다는 각오다.

2023시즌 기록
		1,703(30) MINUTES 출전시간(경기수)	3 GOALS 득점	4 ASSISTS 도움	- WEEKLY BEST 11 주간베스트11	강점 빠른 스피드 앞세운 탈압박 드리블	약점 새로운 환경 적응
3	0						

■ 브라질 리그 기록

97 MF

루빅손
Gustav Erik Ludwigson

1993년 10월 20일 | 31세 | 스웨덴 | 182cm | 75kg
경력 | 외로니케(11~14) ▷ 세베달렌스(15~17) ▷ 외리뤼테(18~19) ▷ 함마르뷔(20~22) ▷ 울산(23~)
K리그 통산기록 | 27경기 6득점 3도움
대표팀 경력 | -

7부 리그에서 출발해 프로 선수의 꿈을 이룬 입지전적인 인물이다. 울산은 영입을 위해 1년 동안 공을 들였다. 출발은 화려했다. 그는 K리그1 데뷔전부터 득점포를 가동했다. 시즌 초반 선두 독주에는 그의 힘도 컸다. 5월까지 무려 6골을 터트렸다. 당시에는 득점 부문 톱5에 이름이 올랐다. 빠른 스피드를 보유한 그는 윙포워드와 윙백을 모두 소화할 수 있다. 윙백으로 출전한 경기도 몇 차례 됐다. 하지만 골이 사라졌다. 기회가 없었던 것은 아니다. 문전에서의 집중력이 매번 2% 부족했다. 그럼에도 첫 시즌은 성공적이었다. 올 시즌 두 자릿수 공격포인트에 도전한다.

17 MF

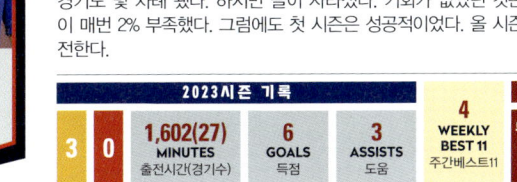

울산 HD FC 23

ULSAN HD FOOTBALL CLUB — SQUAD 선수소개

22 MF

김민혁
1992년 8월 16일 | 32세 | 대한민국 | 182cm | 70kg
경력 | 서울(15) ▷ 광주(16~17) ▷ 포항(18) ▷ 성남(18~19) ▷ 상주(19~20) ▷ 성남(21~22) ▷ 울산(23~)
K리그 통산기록 | 213경기 18득점 22도움
대표팀 경력 | -

홍명보 감독의 신임이 두텁다. 이적 첫 해 연착륙에 성공했다. 공격형 미드필더로는 훌륭한 자원이다. 볼 센스가 뛰어나고, 지능적인 플레이가 돋보인다. 활동량도 많고, 창의적인 플레이로 공격에 힘을 싣는다. 점유율 높은 축구를 추구하는 울산과 딱 맞아떨어지는 유형이다. 하지만 공격에 비해 수비력은 떨어진다. 수비형 미드필더에 포진하기에는 한계가 있다. 공격포인트를 더 올릴 수 있는 잠재력을 보유하고 있다. 그 능력이 터진다면 공격에 더 큰 활력소가 될 것으로 보인다. 잦은 부상이 고비마다 발목을 잡긴 했지만 지난해는 무탈한 시즌을 보냈다.

2023시즌 기록
경고	퇴장	MINUTES 출전시간(경기수)	GOALS 득점	ASSISTS 도움	WEEKLY BEST 11 주간베스트11	강점	약점
7	0	1,958(32)	2	3	1	창의적인 공격 전개	수비력에는 한계

4 DF Ⓒ

김기희
1989년 7월 13일 | 35세 | 대한민국 | 188cm | 80kg
경력 | 대구(11~13) ▷ 알사일리야(12~13) ▷ 전북(13~15) ▷ 상하이선화(16~17) ▷ 시애틀사운더스(18~19) ▷ 울산(20~)
K리그 통산기록 | 201경기 3득점 5도움
대표팀 경력 | 23경기 / 2012 올림픽

주간 베스트11에 4차례나 선정될 정도로 순도높은 활약을 펼쳤다. 시즌 중간에는 '캡틴'에 선임돼 'SNS 인종 차별 논란'으로 어수선했던 선수단 분위기를 다잡았다. 또 정승현을 밀어내고 다시 한번 주전 자리를 꿰차며 2연패에 일조했다. '빌드업'이 김영권 몫이라면 그는 든든하게 후방을 지킨다. 체격 조건이 뛰어나고, 태클도 수준급이다. 빠른 스피드도 강점이다. 다만 나이는 어쩔 수 없다. 자기관리에 2~3배의 노력을 기울여야 한다. 간혹 나오는 치명적인 실수가 아킬레스건이다. 한 차원 높은 집중력으로 커버해야 한다. '주장'으로 새 시즌을 맞는다. 선수단 관리도 그의 몫이다.

2023시즌 기록
경고	퇴장	MINUTES 출전시간(경기수)	GOALS 득점	ASSISTS 도움	WEEKLY BEST 11 주간베스트11	강점	약점
7	0	2,261(27)	0	0	4	흔들리지 않는 '캡틴'의 리더십	어쩌다 나오는 치명적 실수

27 MF

이청용
1988년 7월 2일 | 36세 | 대한민국 | 180cm | 69kg
경력 | 서울(04~09) ▷ 볼턴(09~15) ▷ 크리스탈팰리스(15~18) ▷ 보훔(18~20) ▷ 울산(20~)
K리그 통산기록 | 182경기 23득점 23도움
대표팀 경력 | 89경기 9득점, 2010 · 2014 월드컵

구단과의 갈등으로 한때 결별설까지 제기됐다. 가까스로 봉합돼 뒤늦게 전지훈련에 합류했지만, 찜찜한 뒷맛은 남았다. 필드플레이어 중 최고참이다. 뛰어난 축구 지능은 여전하다. '축구 도사'라는 훈장은 그만이 누릴 수 있는 특권이다. 출전시간은 줄어들고 있지만 팀이 꼭 필요할 때 제 몫을 한다. 2년 연속 정상 등극의 기폭제가 된 라이벌 전북전 도움이 그랬다. 박용우의 이적으로 중원이 흔들리자 3선에 위치해 공수를 조율하기도 했다. 플레이에 완숙미가 느껴진다. 승부욕에는 나이가 없다. 하지만 세월은 어쩔 수 없다. 이제 내려놓는 방법도 배워야 한다.

2023시즌 기록
경고	퇴장	MINUTES 출전시간(경기수)	GOALS 득점	ASSISTS 도움	WEEKLY BEST 11 주간베스트11	강점	약점
5	0	1,491(34)	1	2	2	축구 도사, 흐름을 읽는 눈 탁월	지나친 책임감은 때론 독

선수 소개　SQUAD　　ULSAN HD FOOTBALL CLUB

이명재

1993년 11월 4일 | 31세 | 대한민국 | 182cm | 68kg
경력 | 울산(14)▷알비렉스니가타(14)▷울산(15~19)▷상무(20~21)▷울산(21~)
K리그 통산기록 | 173경기 1득점 25도움
대표팀 경력 | -

전북으로 이적한 김태환이 시즌 중 밀리면서 기회를 많이 잡았다. 설영우가 반대편으로 이동하면서 왼쪽 주전 자리를 꿰찼다. 30경기 출전은 2018년 이후 최다이다. 전매특허인 왼발 택배 크로스가 빛을 발했다. 그는 팀 최다 도움으로 제 몫을 했다. 패스 성공률은 87.4%였다. 그러나 수비력은 한계를 보였다. 후반 막판 체력 저하로 종종 문제를 노출했다. 주전 경쟁은 매 시즌 반복이다. 지나친 자기 과신은 독이 될 수 있다. 둔탁한 플레이로 발을 헛디디는 순간 벤치로 다시 돌아갈 수 있다. 겸손한 자세로 매 경기를 준비해야 모처럼 찾아온 봄을 만끽할 수 있다.

		2023시즌 기록				강점	약점
2	0	2,468(30) MINUTES 출전시간(경기수)	0 GOALS 득점	5 ASSISTS 도움	4 WEEKLY BEST 11 주간베스트11	왼발 택배 크로스	자기 과신, 수비력

이규성

1994년 5월 10일 | 30세 | 대한민국 | 174cm | 68kg
경력 | 부산(14~18)▷상무(18~19)▷부산(20)▷성남(21)▷울산(22~)
K리그 통산기록 | 239경기 7득점 16도움
대표팀 경력 | -

기록상으로 또다시 더 전진했다. 전방패스를 545차례 시도했고, 전체 패스 성공률도 89.7%를 기록했다. 2022년 364회의 전방 패스, 88.9% 성공률보다 더 나은 수치다. 하지만 무게감은 떨어졌다. 박용우가 이적하면서 그 또한 방황했다. 멘탈적으로 기복이 있었다. 들쭉날쭉한 경기력의 원인이었다. 도전적인 탈압박 전방 패스는 후반기에는 위력을 잃었다. 자신의 색깔을 살리지 못했다. 프로선수가 자신감을 잃으면 그라운드에서 할 수 있는 것은 없다. 꼬인 매듭은 스스로 풀어야 한다. 전담 키커 임무를 맡고 있지만 공격포인트가 적은 것도 되새겨봐야 할 부분이다.

		2023시즌 기록				강점	약점
4	0	2,114(32) MINUTES 출전시간(경기수)	0 GOALS 득점	2 ASSISTS 도움	- WEEKLY BEST 11 주간베스트11	도전적인 전방 패스	부족한 자신감

마테우스　Matheus de Sales Cabral

1995년 5월 13일 | 29세 | 브라질 | 178cm | 69kg
경력 | 파우메이라스(15~16)▷바이아(17)▷아메리카(18)▷피게이렌세(18)▷쿠리치바(19~21)▷고이아스(22)▷아틀레치쿠고이아니엔시(23)▷울산(24~)
K리그 통산기록 | -
대표팀 경력 | -

브라질 명문 파우메이라스에서 프로에 데뷔한 그는 23세 이하 대표팀 승선할 정도로 가능성을 인정받았다. 프로통산 188경기 출전했고, 2017시즌 이후 매시즌 21경기 이상 소화했다. 투지를 앞세운 적극적인 플레이가 돋보이며, 수비라인 앞에서 밸런스를 유지하는 데는 능력이 있다. 수비형 미드필더의 가장 중요한 덕목인 경기 조율도 뛰어나다. 다만 공격으로 연결되는 세밀한 패싱플레이는 떨어진다는 평가다. 롤모델은 은골로 캉테다. 우려와 걱정보다는 기대와 즐거움이 가득하다고 했지만 K리그 적응이 최대 과제다. 연착륙에 성공하면 팀에 기폭제와 같은 존재가 될 수 있다.

		2023시즌 기록				강점	약점
7	0	1,885(28) MINUTES 출전시간(경기수)	0 GOALS 득점	0 ASSISTS 도움	- WEEKLY BEST 11 주간베스트11	홀딩 임무에는 최적	공수 연결고리는 한계

※ 브라질리그 기록

ULSAN HD FOOTBALL CLUB　　　　　　　　　　SQUAD　선수소개

보야니치
Darijan Bojanic

1994년 12월 28일 | 30세 | 스웨덴 | 183cm | 74kg
경력 | 외스트르스(11~13) ▷ 예테보리(13~14) ▷ 헬싱보리(14~18) ▷ 외르테르순드(17) ▷ 함마르뷔(19~22) ▷ 울산(23~)
K리그 통산기록 | 9경기 1도움
대표팀 경력 | 2경기

기대가 컸다. 하지만 같은 스웨덴 출신인 루빅손에 비해 적응에 실패했다. 세 자릿수 출전시간이 말해주듯 신뢰를 받지 못했다. 갖고 있는 무기는 분명히 있다. 좌우 전환과 침투 패스 등 볼 배급은 수준급이다. 킥력에선 강점이 있다. 하지만 상대의 강력한 압박에는 속수무책이다. 도전적인 플레이 대신 후방 패스로 템포를 떨어뜨린다. 전방 패스가 89회인데 비해 후방 패스가 113회나 된다. 방출 가능성도 제기됐지만 계약기간이 남아있어 올해도 동행한다. 지난 시즌의 흐름이 이어지면 전망은 밝지 않다. 반전을 위해선 자신의 강점을 극대화해야 한다. 가치는 스스로 증명해야 한다.

		2023시즌 기록			- WEEKLY BEST 11 주간베스트11	강점 넓은 시야 바탕으로 한 볼 배급	약점 신뢰 얻지 못한 탈압박 능력
0	0	362(9) MINUTES 출전시간(경기수)	1 GOALS 득점	1 ASSISTS 도움			

이동경

1997년 9월 20일 | 27세 | 대한민국 | 175cm | 68kg
경력 | 울산(18) ▷ 안양(18) ▷ 울산(19~21) ▷ 샬케04(22) ▷ 한자로스토크(22~23) ▷ 울산(23~)
K리그 통산기록 | 91경기 13득점 7도움
대표팀 경력 | 8경기 1득점 / 2020 올림픽

울산 유스 시스템에서 성장한 대표적인 '성골'이다. 2021년 최고의 한 해를 보낸 후 새로운 도전을 선택했다. 하지만 샬케04 임대 후 발등뼈 골절에 발목 잡혔다. 1경기 출전에 그치며 완전 이적에 실패했다. 한자 로스토크에서도 부활에 실패했다. 소중한 경험이었지만 잃어버린 세월이었다. 그는 지난해 여름 돌아왔다. '미친 왼발'은 여전했다. 9경기 출전에도 두 차례나 베스트11로 뽑힌 것은 제대로 왼발에 걸렸기 때문이다. 하지만 긴 공백으로 경기력이 바닥이었다. 올 시즌 화두는 '재도약'이다. 4월 입대도 준비하고 있어 울산에서의 시간은 많지 않다.

		2023시즌 기록			2 WEEKLY BEST 11 주간베스트11	강점 미친 왼발, 일단 걸리면 끝	약점 얼마남지 않은 울산의 시간
1	0	504(9) MINUTES 출전시간(경기수)	2 GOALS 득점	1 ASSISTS 도움			

심상민

1993년 5월 21일 | 31세 | 대한민국 | 172cm | 70kg
경력 | 서울(14~16) ▷ 서울이랜드(16) ▷ 서울(17~18) ▷ 포항(19~20) ▷ 상무(20~21) ▷ 포항(21~23) ▷ 울산(24~)
K리그 통산기록 | 168경기 1득점 10도움
대표팀 경력 | 2016 올림픽

18년 만의 귀향이다. 울산에서 초, 중학교를 다닌 그는 FC서울에서 프로에 데뷔했다. 연령대별 대표를 거쳤고, 2016년 리우올림픽에 출전했다. K리그에서 포항으로 이적한 후 두각을 나타냈다. 2019년 26경기에 출전한 그는 상무를 거쳐 2022년과 2023년에는 29경기, 21경기에 나섰다. 왼쪽 수비에 특화돼 있다. 빠른 발을 활용한 과감한 오버래핑이 장점이다. 별명은 '인간 기중기'. 롱스로인 능력이 탑재돼 있다. 제공권이 높은 울산에는 큰 시너지가 기대된다. 다만 수세시 수비력에는 한계를 보인다. 왜소한 체격으로 몸싸움에도 약점이 있다.

		2023시즌 기록			- WEEKLY BEST 11 주간베스트11	강점 빠른 스피드, 과감한 오버래핑	약점 떨어지는 수비력
1	0	1,724(21) MINUTES 출전시간(경기수)	0 GOALS 득점	2 ASSISTS 도움			

전지적 작가 시점

김성원이 주목하는 울산의 원픽!
김민우

'원조 황태자' 김민우의 합류로 홍명보 감독의 색깔이 더 강해졌다. 10년 만의 재회다. 세월의 간극은 없다. 그는 아시아챔피언스리그(ACL)를 통해 이미 첫 선을 보였다. 홍 감독은 김민우의 강점을 백분 활용했다. 김민우 시프트였다. 그는 3-4-3에서 왼쪽 날개에 섰다가 4-2-3-1로 전환하면서 공격형 미드필더로 보직을 변경했다. 그제서야 홍 감독의 입가에 미소가 흘렀다. 울산은 중원을 장악하면서 볼점유율을 높였다. '탈압박의 대가' 바코가 떠났지만 김민우의 가세로 든든하다. 그는 올 시즌 울산의 핵이다. 174cm의 '작은 거인' 김민우는 윙포워드와 중앙 미드필더에 측면 수비까지 소화할 수 있다. 울산에서도 '전천후 멀티'의 활약이 기대된다. 풍부한 경험도 큰 자산이다. 벼 이삭은 익을수록 고개를 숙인다고 했다. 톡톡 튀지 않는다. 물 흐르듯이 묵묵히 땀을 쏟아내는 것도 그의 강점이다. 홍 감독이 첫 시즌에도 부주장의 책무를 맡긴 것도 이런 이유에서다. 김민우가 울산을 선택한 이유는 홍 감독과 더불어 우승에 대한 간절함이다. 그는 아직 정규리그 우승을 경험하지 못했다. 울산은 3연패에 도전한다. 김민우가 비상하면 올 시즌도 울산은 순항할 수 있다.

지금 울산에 이 선수가 있다면!
황재원

울산에 서른 살을 훌쩍 넘은 자원들이 많은 것은 호흡이 긴 시즌을 치르다보면 독이 될 수 있다. 특히 쉴새없이 공격과 수비를 넘나들어야 하는 풀백 포지션은 더 큰 고민이다. 울산도 새로운 성장동력이 절실하다. 황재원이라면 더 이상 바랄 것이 없다. 22세인 그는 대구FC의 보물이자 K리그 최고의 미래다. 지난해 항저우아시안게임에서 주전 오른쪽 풀백으로 활약, 금메달을 목에 걸며 병역에서도 자유로워졌다. 설영우와 함께 황재원이 측면 수비를 책임진다면 '걱정 끝'이다. 그는 2022년 신인에도 팀내 두 번째로 많은 출전 시간을 기록했다. 지난해에는 아시안게임 차출에도 33경기에 출전했다. 2년 연속 1골 3도움을 올렸다. 성실한 플레이는 기본이고 왕성한 활동량도 자랑한다. 크로스 능력과 경기를 읽는 눈도 일취월장했다. 멀티 능력도 구축하고 있다. 최원권 대구 감독은 지난 시즌 막판 황재원을 중원에 기용하는 실험을 했다. 2선과 3선을 바지런히 오간 그의 투혼과 헌신적인 플레이는 포지션 이동에도 빛난다. '2023 KFA 올해의 영플레이어상' 수상의 영예를 안은 황재원의 A대표팀 합류는 시간 문제다. 이제 '큰 물'에서 놀아야 한다. 울산 유니폼을 입는다면 더 큰 꿈을 펼칠 수 있다.

완델손
조르지
오베르단
아스프로
이호재
홍윤상
허용준
김인성
정재희
백성동
김종우
한찬희
윤석주
김규형
김륜성
조성준
신광훈
어정원
이동희
전민광
최현웅
박찬용
이규백
황인재
윤평국

POHANG STEELERS   TEAM   팀 소개

포항이 가는 길이 곧 새로운 역사다

포항 스틸러스

포항 스틸러스는 반세기 역사를 자랑하는 K리그 전통의 명문 클럽이다. 이회택, 이흥실, 박경훈, 박태하, 홍명보, 황선홍, 라데, 안익수, 김기동 등 슈퍼스타의 산실이다. 한때 아시아를 호령했지만 K리그 우승은 2013년 이후로 소식이 없다. 하지만 2021시즌 아시아챔피언스리그(ACL) 준우승, 2022년 K리그 3위, 2023년 K리그 2위 및 FA컵 우승 등 '명가 재건'에 시동을 걸었다. 포항은 K리그 최고의 가성비 구단으로 손꼽힌다. 제한된 예산 속에서 최대 효율을 뽑아냈다. 다만 2019년부터 이렇게 팀을 잘 만들었던 김기동 감독이 지난 시즌을 끝으로 떠났다. 포항은 올해 중요한 시험대에 올랐다. 특히 박태하 감독 어깨가 무겁다. 코칭스태프와 선수단도 대폭 바뀌었다. 주전 센터백 2명과 공격수 3명이 팀을 떠났다. 박태하 감독은 구단 역사상 처음으로 외국인 주장(완델손)을 임명하는 등 나름대로 자신의 색깔을 입혀 나가는 중이다. 선수들이 내면에 가진 모든 것을 쏟아내는 역동적이고 간절한 축구를 예고한 만큼 주변의 우려를 비웃는 시즌이 되길 기대한다.

구단 소개

정식 명칭	포항스틸러스축구단
구단 창립	1973년 4월 1일
모기업	포스코
상징하는 색	레드 & 블랙
경기장(수용인원)	포항스틸야드 (14,268명)
마스코트	쇠돌이, 쇠순이
레전드	이회택, 이흥실, 박경훈, 박태하, 홍명보, 황선홍, 라데, 안익수, 김기동
서포터즈	마린스(7개소모임연대), 인차다스포항, 강철전사
커뮤니티	Real Steel, 포항항닷컴

우승

K리그	5회(1986, 1988, 1992, 2007, 2013)
FA컵	5회(1996, 2008, 2012, 2013, 2023)
AFC챔피언스리그(ACL)	3회(1996-97, 1997-98, 2009)

최근 5시즌 성적

시즌	K리그	FA컵	ACL
2023시즌	2위	우승	–
2022시즌	3위	8강	–
2021시즌	9위	8강	준우승
2020시즌	3위	4강	–
2019시즌	4위	32강	–

감독 소개 MANAGER POHANG STEELERS

돌아온 원클럽맨 박태하,
이 순간만을 기다렸다

박태하
1968년 5월 29일 | 56세 | 대한민국

K리그 전적
-

왕의 귀환이다. 포항의 레전드가 감독으로 돌아왔다. 그 누구보다 포항을 잘 아는 전문가다. 하지만 K리그 사령탑은 처음이다. 박태하 감독을 향한 시선에는 걱정과 기대가 공존한다. 박 감독은 2019년 중국 여자 B 대표팀 지휘봉을 내려놓았다. 한국프로축구연맹 기술위원장으로 3년 동안 활동했다. 현장 감각이 떨어졌다는 지적이 가능하지만 오히려 전 구단을 두루 살폈다. 시야가 넓어지고 균형 잡힌 식견을 갖출 기회였다. 박태하 감독은 항상 '감독 복귀' 뜻을 품고 있었다. '내가 감독이라면 어떻게 대처할 것인가' 고민하며 기술위원장 임무를 진지하게 수행했다. 타 구단으로부터 이미 감독 제의를 받기도 했다. 그러나 그는 친정 포항만을 원했다. 올해 현실적인 목표로 아시아챔피언스리그(ACL) 티켓 확보를 선언했다.

선수 경력

포항(1991~2001)

지도자 경력

A대표팀 수석코치	FC서울 수석코치	옌볜 푸더 감독	중국 여자 B대표팀 감독

주요 경력

2015년 중국 갑급리그 우승	한국프로축구연맹 기술위원장(2020~2023)

선호 포메이션	4-2-3-1	3가지 특징	포항 원클럽맨	K리그 중고 신인 감독	포항에서 선수, 코치에 감독까지

STAFF

수석코치	코치	GK코치	피지컬코치	스카우트	전력분석관	주치의	의무트레이너	통역
김성재	김치곤	김성수	바우지니	황재원 유스 : 배슬기	서현규	엄윤식	이종규 변종근 강동훈	안현준

POHANG STEELERS | 2023 SEASON REVIEW | 2023 시즌 리뷰

2 0 2 3 R E V I E W

다이나믹 포인트로 보는 포항의 2023시즌 활약도

암울한 전망 속에 출발한 2023년은 반전이었다. 10년 만에 FA컵 트로피를 들어올렸다. K리그에서도 2위를 차지하는 기염을 토했다. 외국인 듀오 제카와 그랜트의 활약이 빛났다. 제카는 12골 7도움을 기록하며 다이나믹포인트 47,930점을 쌓았다. 리그 전체 3위다. 센터백 그랜트는 40,240점으로 팀 내 2위이자 전체 8위에 올랐다. 공격의 핵 고영준도 30,323점 활약했다. 수비진의 멀티 플레이어 박승욱도 26,579점으로 존재감을 뽐냈다. 하지만 안타깝게도 새 시즌에는 이 4명 모두 팀을 떠났다.

2023시즌 다이나믹 포인트 상위 20명 ■ 포인트 점수

포지션 평점

FW 🔥🔥🔥🔥
MF 🔥🔥🔥
DF 🔥🔥🔥🔥
GK 🔥🔥🔥

출전시간 TOP 3
순위	선수	기록
1위	황인재	3,420분
2위	오베르단	2,942분
3위	그랜트	2,760분

득점 TOP 3
순위	선수	기록
1위	제카	12골
2위	고영준, 이호재	8골
3위	그랜트, 백성동	4골

도움 TOP 3
순위	선수	기록
1위	백성동	8도움
2위	제카	7도움
3위	김승대	6도움

주목할 기록
- **76.3** '홈빨' 살린 포항의 2023년 홈경기 최고 승률
- **11** 외국인 선수 4명 전원 베스트일레븐 선정

성적 그래프

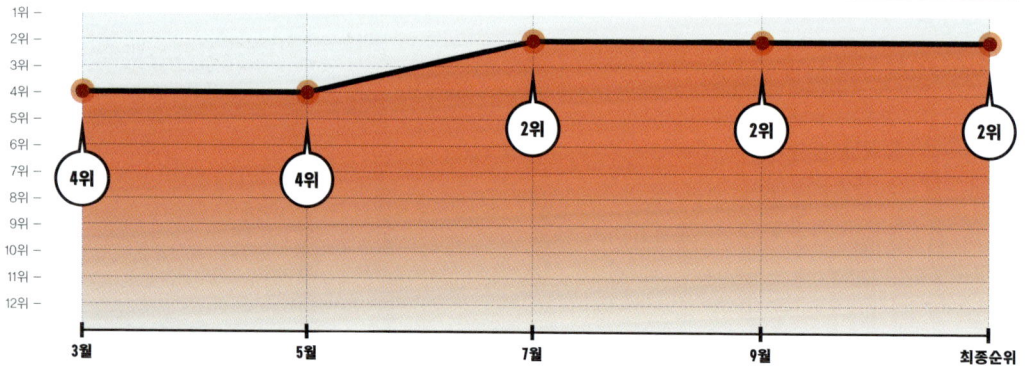

2024 시즌 프리뷰 2024 SEASON PREVIEW POHANG STEELERS

2024 시즌 스쿼드 운용 & 이적 시장 인앤아웃

IN
조르지_충북청주
아스프로_맥아서
이동희_부천
어정원_부산
김규형_수원FC
조성준_안양
김륜성 윤주성
전민광_이상 전역
허용준_임대복귀
김동민 이동협
황서웅 강성혁
김동진 이규민
_이상 신인
김명준_준프로

OUT
박승욱_입대
고영준_파르티잔
박건우_에히메FC
제카_산둥타이산
하창래
_나고야그램퍼스
조재훈_전남/임대
그랜트 김규표
김승대 김용환
노지훈 송한록
심상민 신원철
양태렬 이현일
조성훈
_이상 계약만료

ⓒ 주장 ■ U-22 자원

누가 그랬다. "솔직히 포항 잘할 것이라고 예상하는 사람은 매년 없어요." 항상 물음표를 달고 시작했다. 결과는 어땠나. 2021년 아시아챔피언스리그(ACL) 준우승, 2022년 K리그 3위, 2023년 FA컵 우승이다. 불과 3년 만에 일어난 일이다. 올해 또 물음표다. 감독이 바뀌고 공격수가 바뀌고 주전 센터백까지 다 바뀌었다. 하지만 포항은 저력을 갖춘 전통 명문이다. 어떤 변수가 닥쳐도 어떻게 해서든 극복하는 내공을 다졌다. 주전 물갈이는 오히려 대다수 선수에게 새로운 기회는. K리그에 처음 사령탑으로 데뷔하는 박 감독이 어떤 축구를 구사할 것인가 상대팀 입장에서는 미지의 영역이다. 박태하 감독은 지난 3년 동안 기술위원장으로 리그를 빠짝하게 훑었다. 밖에서 보는 전력은 약화했지만 그들의 하나 된 간절한 마음은 어느 때보다 강렬하다.

주장의 각오

완델손

팀을 나 혼자 이끌어가지 않는다. 경험이 많은 부주장들과 함께한다. 언어적인 어려움이 있겠지만 우리 팀은 가족 같은 분위기다. 함께 만드는 팀이다. 같이 헤쳐 나가겠다.

POHANG STEELERS BEST 11 베스트 11

2024 예상 베스트 11

이적시장 평가

머리부터 발끝까지 바뀌었다. 주전 절반이 물갈이다. 감독도 바뀌었다. 작년과 비교하면 완전히 새로운 팀이라고 해도 과언이 아니다. 포항 팀컬러답게 완전히 검증된 선수보다는 몸값이 높지 않고 가능성이 풍부한 선수들 위주로 전력 보강이 이루어졌다. K리그2를 폭격한 조르지가 K리그1에서 얼마나 통하느냐, 공수의 핵심으로 떠올라야 할 이호재나 박찬용이 얼마나 도약하느냐가 관건이다.

저자 5인 순위 예측

  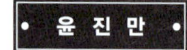  

11위_기동 + 제카 + 그랜트…. 시즌을 어떻게 끌고 가려고. 믿을 것은 스틸야드뿐

11위_그간 포항의 선전을 유지해온 힘의 8할은 김기동 감독에게 나왔다. 그가 없는 포항은 녹슨 철.

8위_레전드 출신 감독이 스쿼드를 '레전드'로 만들 수 있는 건 아냐. 바뀌어도 너무 바뀌었다.

8위_'상스'로 가기엔 핵심 자원들의 공백이 너무 커 보인다. 물론 김기동 부재도 크다.

3위_항상 기대 이상의 무언가를 보여줬다. 전력 이탈이 크지만 그렇게 많이 떨어지진 않을 것.

선수 소개　SQUAD　POHANG STEELERS

오베르단　Oberdan Alionco De Lima　1995년 7월 30일 | 29세 | 브라질 | 175cm | 69kg

경력
- 리오브랑코(15~17)
- 카스카벨(17~21)
- 플루미넨시(18)
- 바라(19)
- 아틀레티코이타자이(19)
- 피게이렌시(21~23)
- 포항(23~)

K리그 통산기록

33경기 1득점 2도움

대표팀 경력

―

2023 K리그1 베스트11 미드필더. 2023년 출전 시간이 팀 내 2위다. 임대로 왔다가 눌러앉았다. K리그 데뷔전인 1라운드 대구 FC 경기부터 맹활약을 펼쳤다. 바로 주간베스트11에 선정되는 기염을 토했다. 포항은 올 시즌을 앞두고 오베르단과 3년 계약을 체결했다. 현대 축구에서 수비형 미드필더의 역할이 갈수록 늘어나면서 오베르단은 더욱 소중한 존재가 됐다. 궂은 일을 책임지는 포항의 살림꾼이자 마당쇠다. 터프한 수비와 헌신적인 플레이가 고마울 따름이다. 탈압박과 전진 드리블은 리그 최정상급이라는 평가다. 지치지 않는 강철 체력이 매력 포인트다. 브라질 특유의 감각적인 플레이가 눈길을 사로잡는다. 중앙 미드필더의 로망으로 여겨지는 중거리슛은 다소 약하다. 비슷한 이유로 짧은 패스에 비해 롱킥이 부정확한 편이다. 호흡을 맞췄던 공격형 미드필더 고영준이 팀을 떠났다. 새로운 에이스로 스텝업이 기대되는 한찬희, 김종우, 김준호 등과 폭발적인 시너지 효과가 관건이다. 포항은 공격과 수비진이 대폭 바뀌었지만 그나마 중원은 변동이 적다. 오베르단이 중심을 잘 잡아줘야 박태하 감독의 걱정거리가 늘어나지 않는다.

2023시즌 기록

| 4 | 2,942(33) MINUTES 출전시간(경기수) | 1 GOALS 득점 | 2 ASSISTS 도움 | 0 | 4 WEEKLY BEST 11 주간베스트11 |

강점	"나는 하루 종일 축구 할 수 있어." 무한 체력과 희생적인 플레이	특징	두 개의 심장
약점	대포알 중거리슛까지 갖췄다면 여기 없겠지?..	별명	강철엔진

POHANG STEELERS SQUAD 선수소개

허용준

1993년 1월 8일 | 31세 | 대한민국 | 184cm | 75kg

경력
전남(16~18)
▷ 인천(19)
▷ 포항(19~20)
▷ 상무(20~21)
▷ 포항(22)
▷ 베갈타센다이(23)
▷ 포항(24~)

K리그 통산기록
163경기 34득점 16도움

대표팀 경력
1경기

부주장이다. 지난해 일본 무대를 경험하고 돌아왔다. 프로 입문 8년차에 처음으로 해외 리그를 경험했다. 적응하느라 고생도 많았지만 그만큼 정신력도 강해졌다. "티에리 앙리와 같은 활약을 펼치겠다"고 선언하며 등번호 14번을 달았다. 포항 공격진은 올해 중요한 시험대에 오른다. 작년 주축 제카를 비롯해 김승대 고영준이 이적했다. 허용준과 새로 영입한 외국인선수 조르지가 그들의 공백이 느껴지지 않도록 제 몫을 해내야 한다. 정말 앙리가 빙의하길 기대해 본다. 허용준은 임대 가기 전 2022시즌 30경기 10골 5도움을 기록했다. 윙포워드는 물론 처진 스트라이커도 가능하다. 박태하 감독이 허용준을 조르지와 투톱으로 세우는 그림도 그려진다. 골결정력과 오프더볼 움직임이 훌륭하다. 발재간이 뛰어나 높은 위치에서 개인 능력으로 위협적인 장면을 연출할 수 있는 자원이다. 다만 역시 기복을 줄여야 한다. 전방 압박이 다소 약하고 활동량이 많지 않다는 비판이 있다. 1년 만에 어떻게 보완했을지가 관건이다. 스피드도 약점으로 꼽히지만 조르지가 빠르기 때문에 같이 나가게 된다면 상호보완하며 유기적인 플레이가 필요하다.

■ 일본 J2리그 기록

2023시즌 기록

8	1,148(26) MINUTES 출전시간(경기수)	5 GOALS 득점	1 ASSISTS 도움	1	- WEEKLY BEST 11 주간베스트11
강점	측면 중앙 모두 가능한 멀티플레이어		**특징**	앙리와 같은 활약 예고 (별명은 허날두)	
약점	앙리에 미치지 못하는 스피드		**별명**	허날두	

선수 소개 　SQUAD　　　　　　　　　　　POHANG STEELERS

완델손

Carvalho Oliveira Wanderson　　1989년 3월 31일 | 35세 | 브라질 | 172cm | 62kg

경력

바이아지페이라(11)
▷ 아메리카지나타우(12)
▷ 아메리카FC(13)
▷ 아메리카지나타우(13)
▷ 톰벤시(14~16)
▷ 아메리카지나타우(14)
▷ 포르탈레자(15)
▷ 대전(15~16) ▷ 제주(16)
▷ 아틀레치쿠고이아니엔시(17~18)
▷ 포항(17)
▷ 전남(18)
▷ 포항(19)
▷ 알이티하드칼바SC(20~21)
▷ 포항(22~)

K리그 통산기록

184경기 39득점 28도움

대표팀 경력

—

'완캡' 시대가 열렸다. 외국인 주장은 포항 구단 51년 역사상 처음이다. 박태하 감독이 함께 훈련하는 모습을 충분히 지켜보고 결정했다고 한다. 한국어 구사가 서투를 뿐 다 알아듣는다. 어린 선수들이 상당히 잘 따른다는 후문이다. 새로운 외국인이 빨리 적응하도록 도울 수 있는 장점도 크다. 얼마나 핵심 역할을 해줘야 하는 선수인지는 이쯤으로 정리된다. 2015년부터 K리그에서 뛴 베테랑이다. K리그에서 한때 공격수로 활약했다. 윙백의 공격 참여가 매우 중요해지는 추세다. 완델손은 빠르고 왼발 킥이 매우 정교하다. 단 한 가지 걱정거리는 바로 나이다. 30대가 꺾였다. 아직 건재하지만 언제 에이징커브가 찾아올지 아무도 모른다. 장점이었던 스피드가 약점으로 둔갑할 우려가 있다. 주전 센터백 둘이 모두 바뀌어서 수비라인 조율도 중요하다. 완델손은 일단 나이에 관해서는 전혀 걱정할 필요가 없다고 장담했다. 완델손은 전지훈련 캠프에서 "아직도 보여줄 것이 많다. 앞으로도 오래 잘할 수 있다. 주장의 책임감을 가지고 더 열심히 하겠다"라고 힘주어 말했다.

2023시즌 기록

3	1,555(20) MINUTES 출전시간(경기수)	2 GOALS 득점	3 ASSISTS 도움	0	1 WEEKLY BEST 11 주간베스트11

강점	15골도 넣어봤던 남자	특징	캐논 슈팅
약점	나이는 숫자에 불과하길	별명	슈퍼소닉

POHANG STEELERS — SQUAD 선수소개

한찬희

1997년 3월 17일 | 27세 | 대한민국 | 181cm | 78kg

경력
전남(16~19)
▷ 서울(20~23)
▷ 상무(21~22)
▷ 포항(23~)

K리그 통산기록
170경기 14득점 11도움

대표팀 경력
—

지난해 여름 이승모와 트레이드를 통해 포항 유니폼을 입게 됐다. 슈팅과 패스, 시야, 방향전환 등 중앙 미드필더에게 필요한 모든 능력을 두루 갖췄다는 평가다. 그러나 서울 시절 기라성 같은 선배 기성용의 그늘을 벗어나지 못했다. 서울에서는 백업이었지만 포항에 와서 출전시간을 늘렸다. 기습적인 중거리슛이 위협적이다. 후방에서 뿌리는 롱킥 정확도가 높다. 특히 반대 전환 패스가 일품이다. 최근 한국 축구가 후방 플레이메이커 기근에 시달리고 있는데 한찬희가 가능성을 보여줬다. 상대 수비를 물러서게 만드는 침투 패스도 날카롭다. 감각적인 테크니션 유형이다. 이런 스타일의 선수가 갖는 전형적인 약점은 역시 피지컬이다. 활동 범위가 좁고 운동량이 다소 떨어져 수비 가담이 부족하다는 지적에서 벗어나지 못한다. 신체조건이 훌륭한 싸움꾼과 조합을 이룬다면 보완이 기대된다. 마침 포항에 딱 맞는 선수가 있다. 오베르단이 수비적인 역할에 충분히 힘을 보탤 수 있다. 한찬희 스스로 체력 문제를 개선해 진화한다면 포항은 매우 다양하고 창의적인 공격 옵션을 장착한다. 사실상 가장 중요한 키플레이어.

2023시즌 기록

| 3 | 1,026(19) MINUTES 출전시간(경기수) | 2 GOALS 득점 | 0 ASSISTS 도움 | 0 | 1 WEEKLY BEST 11 주간베스트11 |

| 강점 | 날카로운 중거리 슈팅, 축구 센스 | 특징 | 육각형 미드필더 |
| 약점 | 아쉬운 활동량 | 별명 | 네버스탑 |

선수 소개　SQUAD　POHANG STEELERS

황인재

1994년 4월 22일 | 30세 | 대한민국 | 187cm | 73kg

경력
광주(16)
▷ 안산(17)
▷ 성남(18)
▷ 포항(20)
▷ 상무(21~22)
▷ 포항(23)

K리그 통산기록
84경기 99실점 1도움

대표팀 경력
-

'저니맨'이었다. 2016년 프로 데뷔 이후 매년 팀을 옮겼다. 2020년 포항에 자리를 잡았다. 2021~2022년 상무에 다녀오긴 했지만 포항에 둥지를 튼 지 벌써 5년차다. 지난 시즌 포항의 주전 수문장으로 완전히 등극했다. 38라운드까지 전 경기 풀타임 소화했다. 대전 이창근과 함께 출전시간 3420분, 공동 1위다. 단 한 경기도 나서지 못했던 2020년을 떠올리면 격세지감이다. 황인재는 요즘 인기가 많은 소위 '발밑이 되는' 골키퍼다. 현대 축구에서 골키퍼는 11번째 필드플레이어다. 슈팅은 당연히 잘 막아야 하고 킥과 짧은 패스도 잘해야 한다. 황인재는 체격 조건이 훌륭하고 적극적이다. 공중볼 경합 상황에서 매우 공격적으로 다툰다. 민첩하고 반사신경이 훌륭하다. 발기술에 선방 능력까지 겸비했다. 단점이라면 실수를 종종 저지른다. 공을 떨어뜨린다거나 패스 미스를 범하는 등 가끔 종잡을 수 없는 실책이 나오는 경우가 있다. 퍼포먼스에 비해 선방률은 아쉽다. 작년 선방률 68.3%를 기록했다. 1800분 이상 출전한 골키퍼 12명 중 7등이다. 개선이 요구된다.

2023시즌 기록

| 3 | 3,420(38)
MINUTES
출전시간(경기수) | 40
LOSS
실점 | 86
SAVE
선방 | 0 | 2
WEEKLY BEST 11
주간베스트11 |

강점	이 정도면 팔방미인	특징	발밑도 좋은 남자
약점	실수만 줄이자	별명	포항의 인재

POHANG STEELERS SQUAD 선수소개

1 GK

윤평국

1992년 2월 8일 | 32세 | 대한민국 | 189cm | 85kg
경력 | 인천(13~16) ▷ 상무(15~16) ▷ 광주(17~21) ▷ 포항(22~)
K리그 통산기록 | 98경기 111실점
대표팀 경력 | -

윤평국은 백업 골키퍼다. 어려운 자리다. 언제 투입될지 알 수 없지만 언제든 나갈 준비가 돼 있어야 한다. 지난 시즌 K리그에서는 한 경기도 출장하지 못했다. FA컵과 아시아챔피언스리그(ACL)에서 2경기 뛴 것이 전부다. 황인재와 주전 경쟁이 펼쳐질 것으로 보였지만 교통 정리가 빨리 끝났다. 윤평국은 발로 공을 다루는 기술이 아쉽다. 후방 빌드업을 강조하는 전술 속에서는 살아남기에 불리하다. 대신 동물적인 반사신경을 바탕으로 엄청난 선방 능력을 보여준다. 종종 터지는 슈퍼세이브는 팬들의 눈을 즐겁게 한다. 광주에서 주전 골키퍼를 지냈던 윤평국은 2024년, 다시 NO.1 자리를 노린다.

2023시즌 기록

| 0 | 0 | 0 MINUTES 출전시간(경기수) | 0 LOSS 실점 | 0 SAVE 선방 | - WEEKLY BEST 11 주간베스트11 | 강점 동물적인 반사신경 | 약점 아쉬운 '발밑' |

2 DF

어정원

1999년 7월 8일 | 25세 | 대한민국 | 175cm | 68kg
경력 | 부산(21~23) ▷ 김포(22) ▷ 부산(23) ▷ 포항(24~)
K리그 통산기록 | 62경기 4도움
대표팀 경력 | -

어정원은 포항이 올해 새롭게 영입한 풀백이다. 부산 유스 출신으로 K리그2 부산에서 활약했다. K리그1은 처음이다. 원래는 윙어였다. 2022년 부산 박진섭 감독 밑에서 윙백으로 자리를 옮겼다. 이 시즌 후반기부터 주전 선수로 도약하며 빛을 봤다. 어정원이 레프트백으로 출전하면 완델손을 전진 배치하는 그림이 그려진다. 어정원은 적극적으로 공격에 가담한다. 날카로운 크로스와 넓은 시야가 장점이며 악착같이 상대를 괴롭히는 캐릭터다. 올해 포항에 이호재 조르지 등 장신 공격수가 많아 어정원이 중용될 것으로 예상된다.

2023시즌 기록

| 4 | 0 | 837(29) MINUTES 출전시간(경기수) | 0 GOALS 득점 | 1 ASSISTS 도움 | - WEEKLY BEST 11 주간베스트11 | 강점 윙어 출신의 공격 본능 | 약점 어서와 1부리그는 처음이지 |

■ K리그2

3 DF

이동희

2000년 2월 7일 | 24세 | 대한민국 | 186cm | 83kg
경력 | 울산(21) ▷ 부천(22~23) ▷ 포항(24~)
K리그 통산기록 | 53경기 1득점 1도움
대표팀 경력 | -

이동희는 2021년 울산 현대에 입단했다. 하지만 K리그1 데뷔전을 치르지 못하고 부천으로 이적했다. 작년에 32경기 출전하며 입지를 굳혔다. K리그에서 공중볼 경합 성공 2위, 클리어링 2위를 기록했다. 신체 조건이 뛰어나고 빌드업도 준수하다. 몸싸움을 즐기는 파이터 유형이며, 큰 사이즈 치고 민첩한 편이다. 꽤 넓은 시야도 자랑한다. 유일한 불안요소는 바로 K리그1이 처음이라는 것이다. 경험 부족에 따른 잔 실수가 우려된다. 순조롭게 적응하고 한 단계 더 성장할 수 있느냐가 관건이다.

2023시즌 기록

| 5 | 0 | 3,088(32) MINUTES 출전시간(경기수) | 0 GOALS 득점 | 1 ASSISTS 도움 | - WEEKLY BEST 11 주간베스트11 | 강점 몸싸움 즐기는 터프가이 | 약점 어서와 1부리그는 처음이지2 |

■ K리그2

선수 소개 SQUAD

POHANG STEELERS

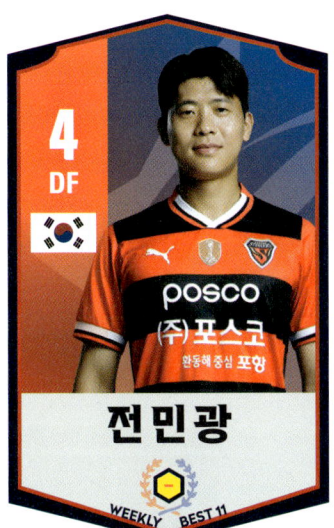

전민광

1993년 1월 17일 | 31세 | 대한민국 | 187cm | 73kg
경력 | 서울E(15~18) ▷ 포항(19~21) ▷ 포항(24~)
K리그 통산기록 | 130경기 3득점 7도움
대표팀 경력 | -

군복무를 마치고 복귀했다. 2021년 포항 주전 센터백이었지만 잠시 팀을 떠난 사이 감독 코치는 물론 동료들도 많이 바뀌었다. 다시 생존경쟁이다. 전민광의 쓰임새는 시즌 초중반이 지나면서 중요해질 전망이다. 3년 만에 뛰는 1부리그라 조급하지 않게 적응 중이다. 센터백, 풀백, 수비형 미드필더까지 소화 가능하다. 제공권 장악 능력이 훌륭하다. 다만 안정감이 떨어진다는 지적이 있다. 대신 적지 않은 경력을 쌓았기 때문에 여유와 관록이 더해졌을 것으로 기대된다. 박찬용이 상무로 이탈할 경우 이동희와 함께 최후방을 책임져야 하는 중책을 맡았다.

		2023시즌 기록			- WEEKLY BEST 11 주간베스트11	강점	약점
0	0	0 MINUTES 출전시간(경기수)	0 GOALS 득점	0 ASSISTS 도움		센터백·풀백·수비형 미드필더 가능	기복이 있다

아스프로   Jonathan Aspropotamitis

1996년 6월 7일 | 28세 | 호주 | 188cm | 76kg
경력 | 웨스트시드니원더러스(15~18) ▷ 센트럴코스트매리너스(18~19) ▷ 웨스턴유나이티드(19~20) ▷ 퍼스글로리(20~22) ▷ 맥아서(22~23) ▷ 포항(24~)
K리그 통산기록 | -
대표팀 경력 | -

중요한 자원 중 하나다. 포항은 지난해 주전 센터백 하창래와 그랜트를 모두 떠나보냈다. 아시아 쿼터 수비수 호주 출신의 아스프로를 영입했다. 호주 23세 이하 대표팀에 뽑히기도 했다. 올해 아스프로의 임무가 막중하다. 포항의 한 해 농사가 아스프로 성공 여부에 달렸다고 해도 과언이 아니다. 대인 마크가 능하며 적극적으로 압박하는 저돌적인 수비수다. 스피드도 수준급이라고 알려졌다. 커리어 내내 자국 무대인 호주에서만 뛰었기 때문에 적응이 중요하다. 한국과 K리그에 얼마나 빨리 녹아드느냐가 관건이다.

		2023시즌 기록			- WEEKLY BEST 11 주간베스트11	강점	약점
4	0	780(9) MINUTES 출전시간(경기수)	0 GOALS 득점	0 ASSISTS 도움		저돌적인 수비 스타일	한국 생활 적응이 관건

■ 호주 A리그

김종우

1993년 10월 1일 | 31세 | 대한민국 | 181cm | 70kg
경력 | 수원(15~20) ▷ 수원FC(15) ▷ 광주(21~22) ▷ 포항(23~)
K리그 통산기록 | 171경기 18득점 21도움
대표팀 경력 | -

김종우는 지난해 큰 기대 속에 입단했다. 포항의 새 '중원 사령관'으로 등극하길 바랐다. 무릎 부상이 발목을 잡았다. 시즌 초반 활약이 괜찮았지만 9라운드부터 24라운드까지 결장했다. 거의 시즌 절반을 날렸다. 그래도 김종우는 충분히 가능성을 증명했다. 기술에만 의존하는 테크니션이 많은데 김종우는 활동량도 왕성하다. 운동 범위가 넓고 열심히 뛴다. 광주 시절에는 제로톱 역할도 맡았을 정도로 공격적인 재능이 출중하다. 3선까지 내려와 빌드업에 관여하는 성실함이 돋보인다. 키에 비해 마른 편이라 거친 몸싸움에 약점을 드러낸다.

		2023시즌 기록			- WEEKLY BEST 11 주간베스트11	강점	약점
0	0	1,212(20) MINUTES 출전시간(경기수)	0 GOALS 득점	1 ASSISTS 도움		마법사적 재능	약한 '몸빵'

POHANG STEELERS   SQUAD   선수소개

김인성

1989년 9월 9일 | 35세 | 대한민국 | 180cm | 77kg
경력 | CSKA모스크바(12) ▷ 성남(13) ▷ 전북(14) ▷ 인천(15) ▷ 울산(16~21)
▷ 서울이랜드(21~22) ▷ 포항(23~)
K리그 통산기록 | 315경기 45득점 24도움
대표팀 경력 | -

K리그를 대표하는 스프린터. 침투 속력만큼은 과장을 보태 손흥민과 비교해도 손색이 없다. 라인을 올리는 상대에 완벽한 카운터다. 다소 투박하지만 탱크 같은 돌파력이 돋보인다. 한찬희 김종우 등 전진 패스가 훌륭한 미드필더들과 멋진 궁합이 기대된다. 지난 시즌 포항에 입단해 35경기에 출전하는 등 입지에는 문제가 없다. 활동량도 적지 않으며 연계 능력도 수준급이다. 다만 리그에서 1골 1도움은 어떻게 봐도 아쉬운 공격포인트다. 세밀한 플레이에서 약점이 드러난다. 기록에서 나타나듯이 골 결정력을 보완할 필요가 있다. K리그 커리어 한 시즌 최다 득점이 9골이다.

2023시즌 기록					강점	약점
6	0	1,472(35) MINUTES 출전시간(경기수)	1 GOALS 득점	1 ASSISTS 도움	- WEEKLY BEST 11 주간베스트11	리그 최정상급 스피드	디테일이 아쉽다

조르지
Jorge Luiz Barbosa Teixeira

1999년 6월 26일 | 25세 | 브라질 | 192cm | 90kg
경력 | UD올리베이렌스(20~21) ▷ CD페이렌스(21~23) ▷ 충북청주(23) ▷ 포항(24~)
K리그 통산기록 | 34경기 13득점 2도움
대표팀 경력 | -

K리그2 베스트11 스트라이커. 박태하 감독이 지난해 12월 포항에 부임하자마자 "조르지 잡아달라"고 클럽에 요청했다. 제카가 떠난 자리를 조르지가 대신해야 한다. 제카는 작년에 12골을 넣었다. 조르지는 제카와 신체 조건이 비슷하다. 제카와 비교하면 포스트 플레이와 연계는 떨어지지만 스피드와 침투는 우위라는 평가다. 마무리 능력도 검증됐다. 조르지는 아직 나이도 젊은 편이라 고점이 더 기대되는 공격수다. 약팀 충북청주에서 많은 골을 터뜨렸다. 포항에서 든든한 2선 지원을 받는다면 제카 이상의 퍼포먼스도 충분히 가능하다.

2023시즌 기록					강점	약점
4	0	3,010(34) MINUTES 출전시간(경기수)	13 GOALS 득점	2 ASSISTS 도움	- WEEKLY BEST 11 주간베스트11	강력한 피지컬과 스피드	K리그1에서 얼마나 통할까

■ K리그2 기록

백성동

1991년 8월 13일 | 33세 | 대한민국 | 167cm | 66kg
경력 | 주빌로이와타(12~14) ▷ 사간도스(15~16) ▷ V.바렌나가사키(16)
▷ 수원FC(17~19) ▷ 경남(20~21) ▷ 안양(22) ▷ 포항(23~)
K리그 통산기록 | 219경기 42득점 29도움
대표팀 경력 | -

유소년 시절부터 엄청난 테크니션으로 기대를 모았다. 기본기가 훌륭하고 드리블과 볼 터치가 이미 어린 시절부터 수준급이었다. 자신의 스타일과 어울리는 J리그에서 데뷔했다. 여러 팀을 거쳐 지난 시즌 포항과 계약하며 처음으로 K리그1 무대를 밟았다. 바로 도움왕(8개)으로 등극했다. 무릎 부상으로 인해 32라운드에 시즌 아웃된 점이 아쉽다. 돌파와 연계 플레이가 매우 뛰어나 공격진에 없어서는 안 될 윤활유 같은 존재다. 사이즈가 작아 신체조건은 약점이다. 작년 후반기에 부상 때문에 고전했는데 올해 건강하게 풀타임을 소화할 수 있느냐가 관건이다.

2023시즌 기록					강점	약점
1	0	1,654(26) MINUTES 출전시간(경기수)	4 GOALS 득점	8 ASSISTS 도움	1 WEEKLY BEST 11 주간베스트11	부드러운 플레이	거친 상대를 만난다면..

선수 소개 SQUAD POHANG STEELERS

11 DF

조성준

1990년 11월 27일 | 34세 | 대한민국 | 176cm | 72kg
경력 | 안양(13~15) ▷ 광주(16~18) ▷ 성남(19) ▷ 제주(20~22) ▷ 안양(23) ▷ 포항(24~)
K리그 통산기록 | 252경기 23득점 27도움
대표팀 경력 | -

조성준은 빠른 스피드를 강점으로 내세우는 측면 자원이다. 주로 윙어로 활약했다. 공격형 미드필더도 가능하다. 하지만 포항은 조성준을 윙백에 무게를 두고 영입한 것으로 보인다. 활동량이 많고 성실하게 뛰는 유형이다. 높은 위치부터 강하게 압박해 상대를 눌러줄 수 있다. 발재간이 매우 뛰어난 편인데 포항에서 윙어로 뛰게 된다면 자주 볼 일은 없을지도 모르겠다. 공격적인 능력은 이미 검증이 됐다. 다만 수비력은 어떨지 미지수다. 박태하 감독이 조성준을 전술적으로 어떻게 활용할지도 관건이다.

2023시즌 기록

| 1 | 0 | 1,779(27) MINUTES 출전시간(경기수) | 3 GOALS 득점 | 3 ASSISTS 도움 | - WEEKLY BEST 11 주간베스트11 | 강점: 윙어 출신다운 공격 능력 | 약점: 검증되지 않은 수비력 |

■ K리그2 기록

17 DF

신광훈

1987년 3월 18일 | 37세 | 대한민국 | 178cm | 73kg
경력 | 포항(06~16) ▷ 전북(08~10) ▷ 경찰(15~16) ▷ 서울(17~18) ▷ 강원(19~20) ▷ 포항(21~)
K리그 통산기록 | 436경기 11득점 32도움
대표팀 경력 | -

포항의 든든한 맏형. 우측 풀백과 수비형 미드필더를 소화한다. 은퇴해도 전혀 이상하지 않을 나이지만 자기 관리를 엄청나게 잘했다. 30대가 꺾였음에도 매우 마초적인 플레이를 즐긴다. 신체 밸런스가 훌륭하다. 몸싸움에 능하고 터프한 경합도 마다하지 않는다. 팀에 투지를 불어넣을 수 있는 돌격형이다. 당연하게도 다혈질이라는 지적에서 자유롭지 못하다. 거친 타입이면서 동시에 패스가 깔끔해 빌드업에 적합하다. 박태하 감독이 출전 시간 관리만 잘해준다면 1인분은 확실하다. 다만 이제는 언제 노쇠화가 갑자기 찾아와도 고개가 끄덕여지는 시기이다. 컨디션 유지가 가장 중요하다.

2023시즌 기록

| 6 | 0 | 1,016(22) MINUTES 출전시간(경기수) | 0 GOALS 득점 | 0 ASSISTS 도움 | - WEEKLY BEST 11 주간베스트11 | 강점: 불타는 투지와 투혼 | 약점: 언제 올지 모르는 불청객 '에이징커브' |

20 DF

박찬용

1996년 1월 27일 | 28세 | 대한민국 | 188cm | 80kg
경력 | 에히메(15~16) ▷ 레노파야마구치(17) ▷ 카마타마레사누키(18) ▷ 경주한수원(19) ▷ 전남(20~21) ▷ 포항(22~)
K리그 통산기록 | 116경기 2골 2도움
대표팀 경력 | -

올해 박찬용의 운명은 매우 흥미롭다. 작년 주전 센터백 하창래와 그랜트가 빠진 상황에서 박찬용은 일단 아스프로와 함께 1순위 옵션이다. 그런데 병역 문제가 걸렸다. 상무에 합격할 경우 시즌 도중 전열에서 이탈하게 되는 변수가 있다. 큰 키를 바탕으로 제공권 장악 능력이 훌륭하다. 수비수로서 팀을 위험에 빠뜨릴 수 있는 도박적인 플레이를 자제해 믿음직스럽다. 안정적이며 후방에서 경기를 조율할 줄 안다. 다만 세트피스 상황에서 상대편에 헤더 득점으로 위압감을 주지는 못한다. 빠른 편은 아니다. 박찬용이 상무에 가게 되면 이동희, 전민광이 대안이다.

2023시즌 기록

| 3 | 0 | 1,666(26) MINUTES 출전시간(경기수) | 0 GOALS 득점 | 0 ASSISTS 도움 | - WEEKLY BEST 11 주간베스트11 | 강점: 안정적이고 계산이 서는 수비수 | 약점: 미필 |

POHANG STEELERS   SQUAD   선수소개

정재희

1994년 4월 28일 | 30세 | 대한민국 | 174cm | 70kg
경력 | 안양(16~18) ▷ 전남(19~21) ▷ 상무(20~21) ▷ 포항(22~)
K리그 통산기록 | 211경기 33득점 23도움
대표팀 경력 | –

정재희가 정말 날아오를 시즌이다. 2022년 포항에 입단한 정재희는 37경기 7골 3도움을 기록했다. 2023년 더욱 파괴적인 모습이 기대됐다. 5라운드까지 2골을 터뜨리며 대박을 예고했다. 그러나 6라운드에 햄스트링을 다치면서 사실상 시즌 아웃됐다. 부상만 아니라면 두 자리 득점도 얼마든지 가능하다. 정상급 스피드를 자랑한다. 치고 달리기와 번뜩이는 드리블이 인상적이다. 개인 전술로 상대 수비를 붕괴시킬 수 있는 '크랙' 재능도 가졌다. 재발 위험이 높은 햄스트링 부상 경력이 찝찝하다.

		2023시즌 기록				강점	약점
1	0	387(7) MINUTES 출전시간(경기수)	2 GOALS 득점	0 ASSISTS 도움	– WEEKLY BEST 11 주간베스트11	해결사 본능	하필 햄스트링을 다쳤을까

이호재

2000년 10월 14일 | 24세 | 대한민국 | 191cm | 85kg
경력 | 포항(21~)
K리그 통산기록 | 68경기 11득점 1도움
대표팀 경력 | –

이호재는 'K-홀란드'를 꿈꾼다. 요즘 희귀한 타깃형 스트라이커다. 박태하 감독은 이호재가 제공권도 좋지만 발밑 기술도 훌륭하다고 기대했다. 포항은 최전방에 외국인선수 제카가 떠나고 조지가 새로 왔다. 조지는 스피드가 빠르고 침투에 능한 반면 포스트플레이와 연계가 약하다. 이호재가 이를 보완해줄 필요가 있다. 조지와 선의의 경쟁이다. 때에 따라 투톱도 가능하다. 이호재는 대형 공격수로 성장할 잠재력이 어마어마하다. 체력이 떨어졌을 때 집중력이 흐트러져 골 결정력이 떨어지는 경향을 종종 노출한다.

		2023시즌 기록				강점	약점
1	1	1,128(37) MINUTES 출전시간(경기수)	8 GOALS 득점	1 ASSISTS 도움	4 WEEKLY BEST 11 주간베스트11	육각형의 잠재력	아직 잠재력이라는 것

홍윤상

2002년 3월 19일 | 22세 | 대한민국 | 176cm | 72kg
경력 | 포항(21) ▷ 볼프스부르크(21~23) ▷ 장크트필텐(21~22) ▷ 뉘른베르크(22~23) ▷ 포항(23~)
K리그 통산기록 | 11경기 2득점
대표팀 경력 | –

"K-그릴리시" 홍윤상은 빠른 스피드를 앞세운 공격수다. 스트라이커와 윙어 모두 가능하다. 포항 유스 출신이다. 포항 입단 직후 독일 분데스리가 볼프스부르크로 임대됐다. 클럽 산하 4부리그에서 경험을 쌓았다. 올해 파리올림픽 대표팀 발탁이 기대된다. 작년 27라운드 대전과 경기에 데뷔전 데뷔골을 결승골로 터뜨려 강렬한 인상을 심었다. 2경기 연속골을 폭발해 확실한 공격 옵션임을 실력으로 증명했다. 무엇보다 골 결정력이 대단해 '슈퍼서브'로 경기 후반 커다란 영향력을 행사할 수 있다. 올해는 쟁쟁한 선배들 사이에서 어떻게 출전시간을 확보할 수 있느냐가 관건이다.

		2023시즌 기록				강점	약점
0	0	647(11) MINUTES 출전시간(경기수)	2 GOALS 득점	0 ASSISTS 도움	– WEEKLY BEST 11 주간베스트11	확실한 킬러본능	K리그 풀타임 경험은 없다

전지적 작가 시점

한동훈이 주목하는 포항의 원픽!
이호재

기회다. 사이즈가 큰 공격수는 어느 리그, 어느 클럽에서나 귀하다. 이호재는 지난 시즌 8골을 터뜨리며 잠재력을 증명했다. 키 193cm에 몸무게 80kg의 우월한 피지컬을 자랑한다. 제공권 장악 능력은 당연하고 발밑 재능도 검증된 자원이다. 박태하 감독이 거는 기대가 크다. 현대 축구에서 전방에만 머무는 전봇대 공격수는 자리를 잃었다. 대신 엘링 홀란드(맨체스터시티), 로베르트 레반도프스키(바르셀로나) 등 타깃맨 진화버전이 각광을 받는다. 이들은 포스트플레이에 능하고 2선까지 내려와 빌드업에도 적극 관여한다. 이호재가 앞으로 보여줘야 할 모습이다. 이호재는 스스로 롤모델을 홀란드라고 밝혔다. 이호재는 작년 K리그에서 아쉽게 두 자릿수 득점에 실패했다. 체력이 떨어졌을 때 골 결정력이 흐트러지는 약점을 보였다. 오프시즌 동안 이런 점들을 집중 보완했다고 한다. 올해 호흡을 맞출 새 외국인 공격수 조르지는 침투에 능한 스타일이다. 이호재와 투톱도 가능하다. 올해는 출전 시간도 늘어날 전망이다.

지금 포항에 이 선수가 있다면!
김영권

올해 포항의 가장 큰 불안요소는 센터백이다. 지난해까지 포항의 최후방을 든든하게 지켰던 하창래와 그랜트가 모두 떠났다. 기존의 박찬용 외에는 물음표다. 포항은 아스프로와 이동희를 영입했다. 전민광이 군복무를 마치고 복귀했다. 아시아쿼터로 데리고 온 아스프로는 호주 U-23 대표팀 출신이지만 K리그1 무대가 처음이다. 이동희 또한 부천 소속으로 K리그2에서 안정감을 보여줬으나, 역시 K리그1은 처음이다. 전민광은 입대 전 견고한 활약을 펼쳤으나 2년이라는 공백이 있다. 게다가 박찬용은 상무에 지원했다. 결과에 따라 시즌 도중 전열에서 이탈할 가능성도 있다. 즉 포항은 지금 검증된 센터백이 절실하다. 김영권은 2년 연속 K리그1 베스트11에 빛나는 베테랑이다. 수비형 미드필더도 가능하다. 후방에서 라인 조율 및 경기 운영에도 능하다. 주전이 절반 이상 바뀌는 포항에 국가대표 센터백이 수혈되어 버텨준다면 이보다 믿음직할 수는 없을 것이다.

허율
베카
빅톨
가브리엘
포포비치
이건희
엄지성
오후성
하승운
신창무
정지용
최경록
정호연
이희균
박태준
여봉훈
김한길
안영규
두현석
이으뜸
변준수
김진호
조성권
김경민
이준

광주FC

GWANGJU FC | TEAM | 팀 소개

이제는 위풍당당 '아시아 클럽', 또 한 번 도약을 꿈꾼다

광주 FC

2023년 광주는 새로운 역사를 썼다. 당당히 3위에 들며, 창단 첫 아시아챔피언스리그엘리트 진출에 성공했다. 이전까지 광주는 우울한 시민구단이었다. 2010년 창단된 광주는 재능 있는 젊은 자원들을 계속해서 배출했지만, 시민구단의 한계를 넘지 못했다. 승격과 강등을 반복했다. 2013년 처음으로 K리그2로 강등됐지만, 2014년 K리그2 2위로 첫 승격을 이뤄냈다. 2018년 다시 K리그2로 강등된 광주는 2019년 K리그2 우승으로 다이렉트 승격을 달성했다. 2020년 광주축구전용구장으로 새 둥지를 트는 등 변화를 모색한 광주는 2021년 또다시 강등되며 고개를 숙였다. 이때, 이정효라는 '난세의 영웅'이 등장했다. 2022년 아무도 예상 못 한 우승으로 K리그1 무대로 돌아온 광주는 더 예상치 못한 기적을 썼다. 놀라운 축구를 앞세워 내로라하는 팀들을 제압하고, 아시아 무대 진출이라는 쾌거를 달성했다. 물론 아직 인프라, 예산 등 여러 면에서 부족한 부분이 많다. 훈련조차 쉽지 않을 정도로 열악한 것이 광주의 현실이다. 하지만 광주의 축구는 계속된다. '정효볼'과 함께 또 한 번의 도약을 준비 중이다.

구단 소개

정식 명칭	광주시민프로축구단
구단 창립	2010년 12월 16일
모기업	시민구단
상징하는 색	옐로우 & 레드
경기장(수용인원)	광주축구전용구장 (10,007명)
마스코트	보니, 하니
레전드	김호남, 이승기, 이종민, 정조국, 나상호 등
서포터즈	빛고을
커뮤니티	옐로우 블러드

우승

K리그	2회(2019, 2022 – K리그2)
FA컵	–
AFC챔피언스리그(ACL)	–

최근 5시즌 성적

시즌	K리그	FA컵	ACL
2023시즌	3위	8강	–
2022시즌	1위	16강	– (K리그2)
2021시즌	12위	3라운드	–
2020시즌	6위	16강	–
2019시즌	1위	16강	– (K리그2)

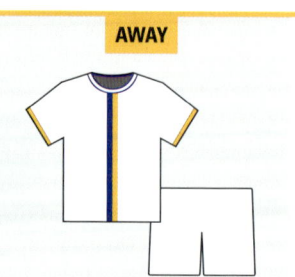

감독 소개 MANAGER GWANGJU FC

언제나 준비된 지도자 이정효
K리그에 이런 감독 또 없습니다

이정효
1975년 7월 23일 | 49세 | 대한민국

K리그 전적
78전 41승 22무 15패

K리그 역사에 이런 감독이 또 있었을까. "저렇게 축구하는 팀에 져서 분하다", "상대 감독의 연봉이 얼마인지 궁금하다"는 말을 서슴지 않는다. 폭발적인 리액션으로 선수들의 동기부여를 자극한다. '너무 나간 것 아니냐'는 반응도 있지만, 확실한 것은 이전에 없던 모습으로 K리그에 새바람을 불러일으켰다. 더 놀라운 것은 실력이다. 이렇다 할 스타 한 명 없이, 보는 이로 하여금 탄성을 짓는 축구를 만들어냈다. 선수들은 리그 최고 수준으로 성장했다. 유명 선수 출신이 아님에도, 순전히 실력만으로 센세이션을 일으킨 이 감독의 성공은 K리그 전체에 큰 울림을 줬다. "올 시즌 물어뜯길 일만 남았다"는 이 감독은 미소 속에 새로운 수를 준비 중이다. 이미 시즌이 끝나자마자 잉글랜드로 넘어가 브라이턴, 아스널 등의 경기를 보며 아이디어를 채우고 왔다.

선수 경력

대우	부산

지도자 경력

아주대 감독	전남 코치	광주 코치	성남 수석코치	제주 수석코치	광주(22~)

주요 경력

2022년 K리그2 우승

선호 포메이션	4-4-2	3가지 특징	정교한 전술	무리뉴급 언변	찰진 벤치 리액션

STAFF

수석코치	코치	분석코치	GK코치	피지컬코치	스카우터	주치의	트레이너	전력분석관	통역
이정규	마철준 조용태	박원교	신정환	김경도	장기봉	이준영	신용섭 김민식 고한슬	육태훈 김현우	박원익

GWANGJU FC 2023 SEASON REVIEW 2023 시즌 리뷰

2 0 2 3 R E V I E W

다이나믹 포인트로 보는 광주의 2023시즌 활약도

광주는 시즌 내내 흔들림 없이 자신만의 축구를 펼쳤다. 중반 미세한 밸런스 조정을 통해 더욱 안정된 전력을 갖게 된 광주는 전북과 함께 시즌 최소 실점을 기록했다. 다만 득점력은 다소 아쉬웠다. 이를 반영하듯 수비수와 미드필더들은 높은 점수를 받은 반면, 공격진은 아사니와 엄지성 정도를 제외하고는 두드러진 모습을 보이지 못했다. 오른쪽과 왼쪽을 오간 풀백 두현석이 다이나믹포인트 38,225점으로 11위에 오른 것을 시작으로 안영규, 티모, 김경민, 정호연 등이 높은 순위에 올랐다.

2023시즌 다이나믹 포인트 상위 20명 ■ 포인트 점수

포지션 평점

FW ⚽⚽
MF ⚽⚽⚽⚽
DF ⚽⚽⚽⚽
GK ⚽⚽⚽

출전시간 TOP 3
순위	선수	기록
1위	두현석	3,157분
2위	이순민	2,831분
3위	안영규	2,812분

득점 TOP 3
순위	선수	기록
1위	아사니	7골
2위	이건희, 엄지성	5골
3위	티모, 김한길, 허율	3골

도움 TOP 3
순위	선수	기록
1위	두현석	7도움
2위	정호연	4도움
3위	엄지성, 허율, 아사니	3도움

주목할 기록
235	광주의 2023년 박스 밖 슈팅수 (리그 전체 1위)
86	광주의 2023년 실점수 (리그 전체 1위)

성적 그래프

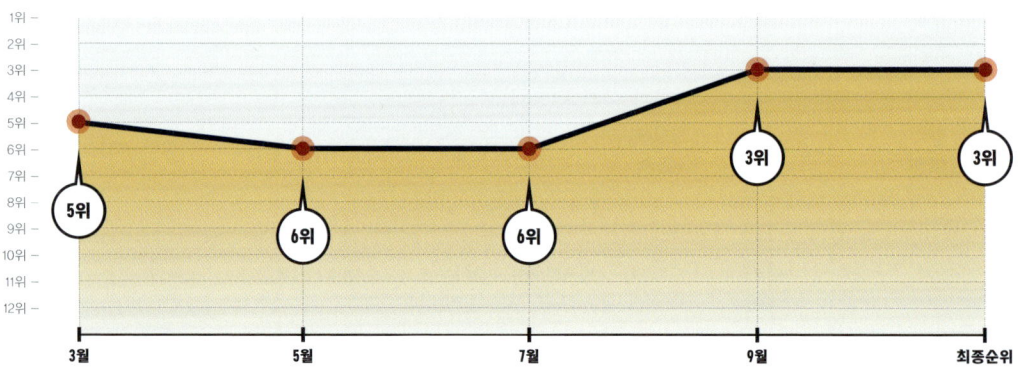

2024 시즌 프리뷰 | 2024 SEASON PREVIEW | GWANGJU FC

2024 시즌 스쿼드 운용 & 이적 시장 인앤아웃

IN

정지용_안산
박태준_성남
가브리엘_카넬라스
빅톨_고이아스
최경록_카를스루어
변준수_대전
김진호_강원
포포비치_애들레이드
조성권_김포
문민서 안혁주
_이상 신인

OUT

토마스_샤페코엔시
주영재_시흥
신송훈_충남아산
아론_대전
티모_청두
이순민_대전

FW: 가브리엘, 베카, 빅톨, 허율 / 이건희, 엄지성, 최경록, 하승운, 김한길 / 정지용, 신창무, 오후성, 정지훈, 안혁주

MF: 정호연, 이희균, 박태준, 이강현 / 박한빈, 여봉훈, 최준혁, 문민서

DF: 안영규(C), 포포비치, 변준수, 조성권 / 김승우, 김경재, 두현석, 이민기 / 이으뜸, 이상기, 김진호, 김동국

GK: 김경민, 이준, 김태준, 노희동

ⓒ 주장   ■ U-22 자원

광주의 올 시즌은 첫째도, 둘째도 '이정효'다. 상대는 지난 시즌 '정효볼'을 철저히 분석했다. 이미 후반기부터 파훼법이 조금씩 나온 상황. 과연 이 감독이 이를 뛰어넘을 비책을 마련했을까가 포인트다. 장신 공격수 빅톨이 가세하며 변화의 기틀은 마련됐다. 전체적인 스쿼드의 수준은 지난 시즌과 비슷한 만큼, 결국 이 감독이 어떻게 광주를 끌고 가느냐에 성패가 달려 있다. 첫 아시아챔피언스리그 진출에 따른 운용도 지켜봐야 한다. 경남이 깜짝 2위에 오른 뒤, 아시아챔피언스리그 병행에 어려움을 겪으며 강등된 예가 있다. 그만큼 2개 대회 병행은 쉽지 않다. 더욱이 광주의 스쿼드는 당시 경남보다도 얇다. 이 감독도 올 시즌이 고비라고 보고 있다. 하지만 내심 새롭게 선보일 축구에 대한 기대감도 있다. 터진다면 광주의 돌풍은 또 다시 펼쳐질 수도 있다.

주장의 각오

안영규

감독님의 열정을 보면서 느끼는 점이 많다. 코칭스태프가 열정을 갖고 공부를 하는데 선수들이 나태해질 수 없다. 내게 모든 팀원들이 같은 방향으로 갈 수 있게끔 길잡이를 맡겨주신 것 같다. 모범적인 모습을 먼저 보여 팀원들이 엇나가지 않도록 하겠다.

GWANGJU FC　　　　　　　　　　　　　BEST 11　　　　베스트 11

2024 예상 베스트 11

이적시장 평가

예산 문제로, 기대했던 빅네임 영입은 없다. 이정효 감독은 아시아챔피언스리그 병행으로 스쿼드 숫자를 늘리고, 자신의 축구에 어울릴만한 준척들을 더하는 데 초점을 맞추고 있다. 특히 지난 시즌 아쉬웠던 최전방에 무게를 더하는 데 주력했는데, 나름 공을 들인 빅톨, 가브리엘의 역할이 중요하다. 과거 이 감독의 애제자였던 최경록과 이적료까지 쓰면서 품은 김진호는 올 시즌 주목할 선수.

저자 5인 순위 예측

6위_출혈에도 여전히 기대되는 이정효 매직. 'K리그 2년 차 징크스'는 부담, 아챔은 힘을 빼야

9위_핵심 자원이 두 명이나 빠졌다. 대안 찾기도 시원치 않았다. 혹독한 시즌을 경험할 것이다.

6위_홈구장 변수, ACL 변수, 변수투성이 시즌. 기댈 곳은 이정효의 지략. 이것도 변수?!

7위_'이정효 매직'만 믿기에 이순민 + 티모의 공백이 크다. 상대 견제 + ACL 병행도 부담.

6위_무르익는 정효볼, 근거 있는 자신감. 그러나 한 번 고비를 맞이할 때가 됐다.

선수 소개 SQUAD　　GWANGJU FC

정호연

2000년 9월 28일 | 24세 | 대한민국 | 180cm | 73kg

경력

광주(22~)

K리그 통산기록

70경기 3득점 8도움

대표팀 경력

—

정호연은 한국 축구가 주목하는 미드필더다. 금호고 시절부터 전국고교축구선수권 대회 MVP를 수상하는 등 알아주는 유망주였던 정호연은 데뷔 시즌부터 펄펄 날았다. 2022년 등번호 23번을 달고 광주의 주전 미드필더로 맹활약을 펼친 정호연은 새내기답지 않은 활약으로 팀의 승격에 일조했다. 프로 2년 차는 더욱 빛났다. K리그1로 무대를 옮긴 정호연은 특유의 성실하면서도 센스 있는 플레이를 유감없이 발휘했다. 이정효식 축구의 페르소나로 활약한 정호연은 34경기에서 2골 4도움을 기록, 광주의 창단 첫 아시아챔피언스리그엘리트 출전을 이끌었다. 이같은 활약을 인정받아 항저우아시안게임 대표팀에도 선발, 주축 멤버로 활약하며 금메달까지 목에 걸었다. 정호연은 시즌 종료 후 '스타의 등용문'이라 할 수 있는 K리그1 영플레이어상을 수상했다. 현대 축구가 갖추어야 할 기술, 체력, 멘탈 등을 두루 갖춘 정호연은 이제 유럽에서도 주목받는 선수다. 셀틱 등을 비롯해 러브콜이 이어지고 있다. 말 그대로 최고의 한 해였다. 정호연은 이순민이라는 파트너가 떠났지만, 변함없이 정효볼의 중심에 선다. 달라진 축구를 예고하고 있는 이정효 감독은 정호연을 적극 활용할 계획이다. 브레이크 없는 성장을 거듭한 정호연이 유망주를 넘어 스타로 자리매김할지, 지켜볼 일이다.

2023시즌 기록

5	2,802(34) MINUTES 출전시간(경기수)	2 GOALS 득점	4 ASSISTS 도움	0	1 WEEKLY BEST 11 주간베스트11

강점	빼어난 전술 이해도	특징	감독들이 좋아하는 선수, 광주 최초 K리그1 영플 수상자
약점	아쉬운 포인트 생산 능력	별명	중원의 살림꾼

GWANGJU FC　　　　　　　　　　　SQUAD　선수소개

엄지성
2002년 5월 9일 | 22세 | 대한민국 | 177cm | 69kg

경력
광주(21~)

K리그 통산기록
93경기 18득점 5도움

대표팀 경력
1경기 1득점

광주에는 '2년 주기설'이 있다. 2017년 데뷔한 나상호는 2018년 K리그2 MVP를 차지하며 국대급 선수가 됐고, 2019년 나온 엄원상은 현재 울산의 에이스로 활약 중이다. 이들의 뒤를 이을 것으로, 혹은 그 이상의 재능이라는 평가 속에 등장한 게 바로 엄지성이다. 2021년 데뷔한 엄지성은 이미 유스 시절부터 유명했다. 금호고 에이스로 활약하며 고교무대를 휩쓴 엄지성은 U-17 대표팀에서도 맹위를 떨쳤다. 입단 첫 해 프리시즌부터 입소문을 내더니, 개막 후에도 거침없는 활약으로 광주 공격의 한 축을 담당했다. 2022년에도 맹활약을 펼치며 팀의 승격에 일조한 엄지성은 K리그2 영플레이어상을 수상하며, 자타공인 차세대 스타로 자리매김했다. 2023년 K리그1에 복귀한 엄지성은 에이스 등번호 7번을 받으며, 광주의 에이스로 지목됐지만, 잦은 부상으로 기대만큼의 활약을 보이지는 못했다. 그럼에도 좋았을 때 모습은 그가 왜 차세대 스타인지 보여주기에 충분했다. 양발을 자유자재로 쓰며, 탁월한 드리블 능력과 빠른 스피드, 강력한 슈팅력까지 두루 갖춘 엄지성은 유럽 무대의 관심을 받을 정도로, 잠재력만큼은 높은 점수를 받고 있다. 엄지성은 올 시즌 에이스다운 면모를 보여야 한다. 껍질만 벗긴다면, 누구보다 커질 수 있는게 엄지성이다. 그래서 올 시즌이 중요하다.

2023시즌 기록

| 3 | 2,003(28) MINUTES 출전시간(경기수) | 5 GOALS 득점 | 3 ASSISTS 도움 | 0 | 5 WEEKLY BEST 11 주간베스트11 |

강점	탁월한 드리블 능력	특징	'해버지' 박지성에서 비롯된 이름
약점	잦은 부상	별명	엄지척

선수 소개 SQUAD　　　　GWANGJU FC

안영규　　　　1989년 12월 4일 | 35세 | 대한민국 | 185cm | 81kg

경력
수원(12~13)
▷ 기타규슈(13)
▷ 대전(14)
▷ 광주(15~18)
▷ 아산무궁화(16~17)
▷ 성남(19~21)
▷ 광주(22~)

K리그 통산기록
263경기 7득점 7도움

대표팀 경력
-

전형적인 대기만성형 선수다. 안영규는 아마추어 시절 꽤 주목받던 선수였다. 금호고와 울산대에서 모두 빼어난 실력을 과시했다. 2012년 드래프트에서 1순위로 '명가' 수원의 지목을 받을 정도였다. 하지만 기회를 받지 못하고, J리그2로 임대를 떠났다. 2014년 대전으로 이적한 후 좋은 모습으로 빛을 보기 시작했지만 구단과 불화로 1년만에 대전을 떠나야 했다. 2015년 광주로 이적한 안영규는 대전에서의 흐름을 이어갔다. 남기일 당시 감독의 신임 속 팀의 핵심 센터백으로 자리매김했다. 군복무 후 광주로 돌아온 안영규는 맹활약을 펼쳤고, 남 감독의 부름을 받아 성남으로 이적했다. 성남에서도 주전 수비수로 활약한 안영규는 2022년 '친정팀'인 광주로 재차 이적했다. 이정효 감독을 만난 안영규는 전혀 다른 선수가 됐다. 좋았던 빌드업은 더욱 좋아졌고, 수비 능력은 물이 올랐다. 2022년 주장 완장을 차고 광주의 승격을 이끌며 K리그2 MVP를 수상했다. K리그1로 복귀한 2023년에도 변함없는 활약을 펼치며, MVP 최종 후보까지 올랐다. 30줄에 접어들어 업그레이드가 된 안영규는 여러 팀을 전전하던 저니맨에서 K리그 최고의 수비수로 발돋움하는데 성공했다. 올 시즌도 광주의 주장 완장을 차는 안영규는 광주 수비의 든든한 버팀목으로 활약할 전망이다.

2023시즌 기록

5	2,812(32) MINUTES 출전시간(경기수)	2 GOALS 득점	2 ASSISTS 도움	0	4 WEEKLY BEST 11 주간베스트11
강점	탁월한 빌드업 능력		특징	광주 역대 첫 3시즌 연속 주장	
약점	아쉬운 스피드		별명	인간승리	

GWANGJU FC　　　　　SQUAD　　선수소개

최경록
1995년 3월 15일 | 29세 | 대한민국 | 176cm | 68kg

경력
장크트파울리2(14~15)
▷ 장크트파울리(15~18)
▷ 카를스루어(18~23)
▷ 광주(24~)

K리그 통산기록
—

대표팀 경력
—

올겨울 이정효 감독의 승부수다. 최경록은 풍생고 출신으로 2013년 아주대에 진학했으나 중퇴하고 독일로 넘어가 입단 테스트를 통해 FC장크트파울리 유소년 팀에 입단, 19경기 9골 6도움을 기록했고 이듬해 2014년 프로팀 계약을 해 프로생활을 시작했다. 데뷔전에서 2골 1도움을 기록하며 스포트라이트를 받았다. 손흥민이 거쳐 간 레버쿠젠에서 오퍼를 받기도 했다. 6년간 장크트파울리에서 성장한 최경록은 2018년 카를루스어로 이적하며 꾸준한 경기력을 보여줬다. 10년 가까이 독일 무대에서 활약한 최경록의 깜짝 K리그행을 이끈 건 이정효 광주 감독이다. 이 감독은 축구 공부차 잉글랜드를 다녀온 12월말, 아주대 감독 시절 제자였던 최경록을 만나 영입을 설득했다. 이 감독과 꾸준히 소통하던 최경록은 '정효볼'에 매력을 느끼며, 광주행을 결심했다. 29세의 나이에 K리그 데뷔를 앞둔 최경록은 왼발잡이로 기본기가 좋아 킥에 강점이 있다. 번뜩이는 센스로 팀의 공격 루트를 다변화할 자원으로 꼽힌다. 다양한 미드필더 포지션이 소화 가능한 멀티플레이어이기도 하다. 아시아 무대를 병행하는 광주는 예산문제로 기대만큼의 영입하지 못했지만, 최경록의 가세는 분명 큰 힘이 될 전망이다. 기대만큼 활약을 펼쳐준다면, 올 시즌 광주는 지난 시즌 이상의 공격 전술을 보여줄 것이다.

■ 독일 2부 리그 기록

2023시즌 기록

1	618(11) MINUTES 출전시간(경기수)	0 GOALS 득점	0 ASSISTS 도움	0	- WEEKLY BEST 11 주간베스트11
강점	미드필드 전지역을 소화하는 멀티 능력		특징		형제가 함께 독일에서 축구 선수로 활동
약점	아쉬운 활동량		별명		전직 분데스리거

선수 소개 SQUAD GWANGJU FC

두현석

1995년 12월 21일 | 29세 | 대한민국 | 169cm | 65kg

경력
광주(18~)

K리그 통산기록
142경기 13득점 16도움

대표팀 경력
-

두게로에서 두베스로, 두현석은 포지션 변경의 가장 완벽한 성공사례다. 연세대를 졸업하고 2018년 광주에 입단한 두현석은 신인임에도 주전 공격수를 상징하는 등번호 9번을 받을 정도로 높은 기대를 받았다. 첫 해 나상호의 백업 역할을 충실히 하며, 2골 4도움, 프로 연착륙에 성공했다. 2019년에도 특급 조커로 활약하며, 시즌 베스트11 후보에도 올랐다. 성공시대를 이어가는 듯했지만, 이후 부상으로 주춤했다. 2020년과 2021년 모두 1골에 그쳤다. 공격수로서는 치명적인 기록이었다. 이정효 감독 부임과 함께 대반전이 일어났다. 두현석의 재능을 본 이 감독은 사이드백으로 포지션 변경을 제안했고, 이는 결국 신의 한 수가 됐다. 특유의 빠른 발과 낮은 무게중심, 많은 활동량을 갖춘 두현석은 공격수로서는 아쉬웠던 부분이, 측면 수비수로서는 엄청난 장점이 됐다. 풀백의 역할을 강조하던 이 감독은 두현석을 돌격대장으로 활용했고, 두현석은 딱 부러지는 활약으로 '정효볼'의 첨병 역할을 확실히 해냈다. 오른발 킥 능력까지 좋으며 세트피스에서도 위력을 보인 두현석은 많은 전문가의 호평을 끌어내며, 대표급 자원으로 손색이 없다는 평가를 받았다. 상무 탈락으로 이제 현역병으로 입대해야 하는 두현석은 마지막일지도 모르는 올 시즌, 모든 것을 불태우겠다는 각오다.

2023시즌 기록

| 3 | 3,157(38) MINUTES 출전시간(경기수) | 2 GOALS 득점 | 7 ASSISTS 도움 | 0 | 5 WEEKLY BEST 11 주간베스트11 |

| 강점 | 탁월한 오른발 킥능력 | 특징 | 돌격대장, 포변의 완벽한 성공 사례 |
| 약점 | 부족한 탈압박 | 별명 | 두게로(두현석+아게로) |

광주FC 57

GWANGJU FC SQUAD 선수소개

가브리엘
Gabriel Tigrão

2001년 10월 13일 | 23세 | 브라질 | 182cm | 80kg
경력 | 보타포구(21~22) ▷ 카넬라스(23) ▷ 광주(24~)
K리그 통산기록 | -
대표팀 경력 | -

182cm, 80kg의 당당한 체구를 자랑하는 가브리엘은 폭발력과 균형 잡힌 피지컬로 상대를 압도하는 최전방 공격수다. 뛰어난 드리블과 강력한 왼발 슛에 크로스 능력까지 갖춰 측면에서도 뛸 수 있다. 이정효 감독은 가브리엘의 발전 가능성에 주목했다. 가브리엘은 2021년 브라질 보타포구에서 데뷔해 2022년 포르투갈 3부리그 카넬라스로 이적해 리그 7경기 1골 2도움을 남겼다. 강등 라운드 6경기에선 2골 1도움을 기록하며 팀이 강등을 면하는데 앞장섰다. 2023 시즌엔 리그 14경기 3골 1도움, 컵대회 3경기 1골 1도움을 기록했다. '강원 가브리엘' 만큼 입단 첫 시즌부터 맹활약을 해주면 금상첨화다.

2023시즌 기록
| 3 | 0 | 1,221(14) MINUTES 출전시간(경기수) | 3 GOALS 득점 | 1 ASSISTS 도움 | - WEEKLY BEST 11 주간베스트11 | 강점 다부진 피지컬, 빼어난 키핑력 | 약점 풍부하지 않은 경험 |

■ 포르투갈 3부리그 기록

베카
Beka Mikeltadze

1997년 11월 26일 | 27세 | 조지아 | 185cm | 77kg
경력 | 제스타포니(14) ▷ 디나모트빌리시(15~17) ▷ 루스타비(18) ▷ 아노르토시스파마구스타(18~19) ▷ 루빈카잔(19~20) ▷ 로토르볼고그라드(20) ▷ 크산티(21) ▷ 뉴캐슬제츠(21~23) ▷ 광주(23~)
K리그 통산기록 | 10경기 2득점
대표팀 경력 | -

조지아 연령별 대표팀을 두루 거친 엘리트 선수다. 러시아 명문 루빈 카잔에서 뛰는 등 기량을 인정받았다. 지난 시즌 음주 운전으로 팀을 떠난 산드로를 대신해, 후반기 전격적으로 영입이 되며 많은 관심을 모았지만, 정효볼 적응에 시간이 걸리며 많은 경기를 나서지는 못했다. 하지만 훈련장에서 보여준 모습과 울산전 환상 발리골에서 보여준 탁월한 기량으로 기대감이 높은 선수다. 올시즌은 동계부터 함께한 만큼, 이정효 감독은 최전방과 2선에 두루 베카를 활용할 계획이다. 연계 플레이와 위치 선정은 광주에서 가장 뛰어나다는 평가다.

2023시즌 기록
| 0 | 0 | 512(10) MINUTES 출전시간(경기수) | 2 GOALS 득점 | 0 ASSISTS 도움 | 1 WEEKLY BEST 11 주간베스트11 | 강점 빼어난 연계 플레이 | 약점 아쉬운 수비력 |

빅톨
João Magno

1997년 2월 15일 | 27세 | 브라질 | 195cm | 80kg
경력 | 아르술(16~17) ▷ 세라넨세(17) ▷ 아나폴리스(17~22) ▷ 자타이엔세(17) ▷ 브라가 B(18) ▷ 레알SC(19) ▷ 아나폴리스(20·임대) ▷ 레알SC(20~21) ▷ 카넬라스(21~22) ▷ 파수스두페헤이라(22) ▷ 뒤들랑주(22~23) ▷ 고이아스(23) ▷ 광주(24~)
K리그 통산기록 | -
대표팀 경력 | -

195cm, 83kg의 강력한 신체조건을 지닌 빅톨은 큰 신장을 앞세운 높이는 물론, 스피드까지 갖췄다는 평가다. 연계 플레이와 결정력이 장점인 전형적인 9번 유형의 선수다. 2015년 아르술에서 프로 생활을 시작한 빅톨은 유럽 무대도 경험했다. 포르투갈을 거쳐 2022~23시즌 룩셈부르크 뒤들랑주에서 17골 14도움이라는 커리어 하이를 기록했다. 2023년 브라질 1부 고이아스로 이적해 3골~2도움을 올린 빅톨은 골잡이를 찾던 이정효 감독의 눈에 띄어 광주 유니폼을 입었다. 광주의 최전방 약점을 해결해 줄 선수로 기대를 받고 있다.

2023시즌 기록
| 2 | 0 | 989(13) MINUTES 출전시간(경기수) | 3 GOALS 득점 | 2 ASSISTS 도움 | - WEEKLY BEST 11 주간베스트11 | 강점 가공할 높이 | 약점 아시아 첫 경험 |

■ 브라질 1부리그 기록

선수 소개 SQUAD GWANGJU FC

박태준

1999년 1월 19일 | 25세 | 대한민국 | 176cm | 75kg
경력 | 성남(18~23) ▷ 안양(21) ▷ 이랜드(22) ▷ 광주(24~)
K리그 통산기록 | 106경기 4득점 9도움
대표팀 경력 | −

성남 성골 유스인 박태준은 입단 첫해인 2018년 고졸 신인임에도 주눅 들지 않고 자신의 기술을 뽐내며 주목을 받았다. 2019년 U-20 월드컵에도 나서며 준우승에 일조했다. 승승장구할 것 같았던 박태준은 이후 오히려 내리막을 탔다. 2020년 다시 반짝했지만, 2021년 안양, 2022년 이랜드로 임대를 전전했다. 이랜드 시절에는 부상으로 7경기 출전에 그쳤다. 부침 있는 모습을 보이던 박태준은 과거 성남에서 함께 한 이정효 감독의 부름을 받고 올겨울 광주로 이적했다. 재능 있는 선수인만큼, 정효볼과의 조우는 큰 기대를 모으고 있다.

		2023시즌 기록			-	강점	약점
0	0	1,754(20) MINUTES 출전시간(경기수)	1 GOALS 득점	2 ASSISTS 도움	WEEKLY BEST 11 주간베스트11	빼어난 탈압박 능력	아쉬운 위치선정

■ K리그2 기록

하승운

1998년 5월 4일 | 26세 | 대한민국 | 180cm | 80kg
경력 | 포항(19~21) ▷ 전남(20) ▷ 안양(21) ▷ 광주(22~)
K리그 통산기록 | 100경기 6득점 6도움
대표팀 경력 | −

아마추어 시절 하리즈만(하승운+그리즈만)이라는 별명을 얻었을 정도로 알아주는 유망주였다. 2019년 포항을 통해 K리그에 입성한 하승운은 기대만큼의 모습을 보이지 못했다. 2020년 전남, 2021년 안양 임대를 거친 하승운은 2022년 트레이드를 통해 고향팀인 광주로 입성했다. 2022년 4골 4도움을 기록하며 승격에 보탬이 된 하승운은 2023년 조커로 뛰며, 고비마다 알토란 같은 득점포를 쏘아올렸다. 과거처럼 폭발적인 돌파를 보여주지는 못하지만, 효율성은 더욱 높아졌다는 평가다. 올 시즌도 조커로, 후반 분위기를 바꿀 선수로 활용될 전망이다.

		2023시즌 기록			1	강점	약점
1	0	574(18) MINUTES 출전시간(경기수)	2 GOALS 득점	1 ASSISTS 도움	WEEKLY BEST 11 주간베스트11	빼어난 돌파력	아쉬운 결정력

여봉훈

1994년 3월 12일 | 30세 | 대한민국 | 178cm | 70kg
경력 | 알코르콘(14~15) ▷ 마리노데루아응코(14~15) ▷ 질비센트(15~17)
▷ 빌라베르덴스(16~17) ▷ 광주(17~) ▷ 충주(22~23)
K리그 통산기록 | 115경기 3득점 3도움
대표팀 경력 | −

광주 '사냥개'가 돌아왔다. 지난 시즌 사회 복무를 마치고 돌아왔지만, 부상 등이 겹치며 뛰지 못했다. 하지만 이정효 플랜에는 있었다. 동계훈련부터 함께한 만큼 올 시즌에는 출전시간을 늘릴 전망이다. 측면 수비와 3선을 모두 소화할 수 있는 여봉훈은 스쿼드 운용에 큰 보탬이 될 수 있는 선수다. 광주대를 중퇴하고, 유럽으로 넘어간 여봉훈은 스페인과 포르투갈을 오가다. 2017년 광주를 통해 K리그에 입성했다. 미칠듯한 활동량을 앞세워 광주의 핵심 자원으로 활약했다. 터프한 수비력이 장점인 선수로, 실제 성격은 180도 다르다.

		2023시즌 기록			-	강점	약점
-	-	-(-) MINUTES 출전시간(경기수)	- GOALS 득점	- ASSISTS 도움	WEEKLY BEST 11 주간베스트11	악착같은 수비	아쉬운 패싱력

GWANGJU FC — SQUAD — 선수소개

이희균

1998년 4월 29일 | 26세 | 대한민국 | 168cm | 66kg
경력 | 광주(19~)
K리그 통산기록 | 101경기 4득점 4도움
대표팀 경력 | -

이정효 감독의 페르소나. 이 감독이 온오프라인에서 대놓고 애정을 과시하는 선수다. 2023년을 앞두고 "올 시즌 광주에서 가장 크게 성장할 선수"라 했는데, 그 말 그대로였다. 중앙과 측면을 오가며, 광주 공격의 속도를 올려줬다. 마무리에서 아쉬움이 있었지만, 적극적인 움직임과 빠른 돌파를 앞세워 광주의 공격을 다이나믹하게 만들었다. 광주 유스 최초로 광주에서만 100경기를 소화한 이희균은 올 시즌을 앞두고 부주장으로 선임되며 책임감이 더욱 커졌다. 이 감독이 올 시즌도 "이희균의 성장을 기대한다"고 한만큼 주목할 필요가 있다.

2023시즌 기록

| 6 | 0 | 2,154(34) MINUTES 출전시간(경기수) | 2 GOALS 득점 | 1 ASSISTS 도움 | 1 WEEKLY BEST 11 주간베스트11 | 강점: 탁월한 오프더볼 움직임 | 약점: 떨어지는 결정력 |

이건희

1998년 2월 17일 | 26세 | 대한민국 | 187cm | 79kg
경력 | 이랜드(20~22) ▷ 광주(22~)
K리그 통산기록 | 55경기 12득점 2도움
대표팀 경력 | -

광주의 특급 조커로 성장했다. 어린 시절 괜찮은 스트라이커로 주목받았던 이건희는 이랜드에서 가능성을 보이며, 이정효 감독의 눈에 띄었다. 2022년 6골을 넣으며, 광주로 완전 이적에 성공한 그는 정효볼에 완벽히 녹아들며, 2023년 기대 이상의 모습을 보였다. 주로 교체로 나선 이건희는 전북, 울산 등을 상대로 극장골 같은 영양가 만점의 득점포를 가동하며 만점 활약을 펼쳤다. 좋은 피지컬을 앞세운 포스트 플레이는 물론, 탁월한 오프더볼 움직임을 앞세워 공간을 파고드는 움직임까지 좋다. 유명한 동명이인 때문에 별명은 '회장님'.

2023시즌 기록

| 1 | 0 | 706(26) MINUTES 출전시간(경기수) | 5 GOALS 득점 | 0 ASSISTS 도움 | 1 WEEKLY BEST 11 주간베스트11 | 강점: 위력적인 포스트플레이 | 약점: 아쉬운 연계력 |

이으뜸

1989년 9월 2일 | 35세 | 대한민국 | 176cm | 74kg
경력 | 안양(13~14) ▷ 광주(15~) ▷ 아산무궁화(17~18)
K리그 통산기록 | 216경기 8득점 34도움
대표팀 경력 | -

지난 시즌 불의의 부상으로 제 기량을 발휘하지 못했다. 시즌 전 연습경기에서 쇄골이 부러지는 중상을 당했다. 이정효 감독이 개막 미디어데이에 이으뜸의 유니폼을 뒤집어 입고 나와 그를 위로하기도 했다. 5월 복귀했지만, 이후 부상이 이어지며, 결국 2경기 출전에 그쳤다. 빼어난 왼발 킥능력을 보유한 이으뜸은 리그 최고 수준의 크로스와 프리킥을 자랑한다. 적지 않은 나이 탓에 전성기보다 힘과 속도는 줄었지만, 그래도 여전히 광주의 왼쪽 공격에 큰 힘을 실어줄 수 있는 선수다. 2015년부터 지금까지 광주에서 뛰고 있다.

2023시즌 기록

| 0 | 0 | 11(2) MINUTES 출전시간(경기수) | 0 GOALS 득점 | 0 ASSISTS 도움 | - WEEKLY BEST 11 주간베스트11 | 강점: 왼발 스페셜리스트 | 약점: 아쉬운 공중볼 처리 능력 |

선수 소개 SQUAD GWANGJU FC

김한길
1995년 6월 21일 | 29세 | 대한민국 | 177cm | 69kg
경력 | 서울(17~20) ▷ 전남(20~22) ▷ 김천(21~22) ▷ 광주(23~)
K리그 통산기록 | 115경기 6득점 4도움
대표팀 경력 | -

김한길은 측면 전 포지션을 소화할 수 있는, 측면의 스페셜리스트다. 좌우는 물론, 윙포워드부터 윙백까지 모두 뛸 수 있다. 스피드와 기술을 두루 갖췄고, 많은 지도자에게 큰 관심을 받았지만, 정작 확실한 임팩트는 남기지 못했다. 2017년 서울에서 데뷔해, 전남, 김천을 거쳐, 2023년 광주로 이적한 김한길은 측면 자원을 잘 활용하는 이정효 감독 밑에서 부활의 가능성을 보였다. 출전 시간을 늘렸고, 나간 경기에서 좋은 모습을 보였다. 수비보다는 공격쪽으로 주로 활용되고 있다. 올 시즌도 주전과 조커 사이에서 활용될 전망이다.

2023시즌 기록
| 5 | 0 | 1,457(29) MINUTES 출전시간(경기수) | 3 GOALS 득점 | 0 ASSISTS 도움 | 1 WEEKLY BEST 11 주간베스트11 | **강점** 탁월한 온더볼 | **약점** 아쉬운 킥력 |

허율
2001년 4월 12일 | 23세 | 대한민국 | 194cm | 87kg
경력 | 광주(20~)
K리그 통산기록 | 84경기 11득점 8도움
대표팀 경력 | -

외국인 선수 이상 가는 사이즈로 기대를 모으는 선수다. 여기에 스피드까지 갖췄다. 허율은 고등학교 무대를 평정하고, 우선지명으로 프로에 직행했다. 광주의 비밀병기라는 평가 속 출전 시간을 늘렸다. 꾸준한 웨이트 트레이닝을 통해 힘을 늘린 허율은 이정효 감독 밑에서 착실한 성장을 거듭하고 있다. 아직 기대에 비해 보여준 것이 없지만, 워낙 가진게 많은 선수인만큼, 많은 이들이 주목하고 있다. 아직 상대를 압도하지 못하고 있지만, 잘만 성장한다면 한국 축구의 스트라이커 계보를 이을 수도 있기에 이정효 감독이 특히 더 공을 들이고 있다.

2023시즌 기록
| 6 | 0 | 1,659(33) MINUTES 출전시간(경기수) | 3 GOALS 득점 | 3 ASSISTS 도움 | 1 WEEKLY BEST 11 주간베스트11 | **강점** 괴물 같은 피지컬 | **약점** 2% 부족한 포스트플레이 |

변준수
2001년 11월 30일 | 23세 | 대한민국 | 190cm | 82kg
경력 | 대전(20~23) ▷ 광주(24~)
K리그 통산기록 | 35경기 1득점 1도움
대표팀 경력 | -

경희고 시절부터 알아주는 수비 유망주였다. 제공권, 파워, 맨마킹, 수비리딩에 빌드업 능력까지 갖춘 변준수는 연령별 대표에 꾸준히 뽑히며, 기대를 모았다. 2020년 대전에 입단한 변준수는 2021년 데뷔전을 치렀고, 2022년 B팀에서 좋은 모습을 보이며 콜업, 19경기에 나서며 연착륙에 성공했다. 2023년 15경기에 출전했지만, 팀내 기대치만큼의 모습을 보이지는 못했다. 23세가 된 변준수는 팀내 입지가 애매해졌고, 결국 아론과의 트레이드로 광주 유니폼을 입었다. 이정효 감독의 픽인만큼, 많은 출전시간을 받을 전망이다.

2023시즌 기록
| 3 | 0 | 489(15) MINUTES 출전시간(경기수) | 1 GOALS 득점 | 0 ASSISTS 도움 | - WEEKLY BEST 11 주간베스트11 | **강점** 안정적인 수비 리딩 | **약점** 느린 스피드 |

광주FC 61

GWANGJU FC SQUAD 선수소개

1 GK

김경민

1991년 11월 1일 | 33세 | 대한민국 | 189cm | 81kg
경력 | 제주(14~20) ▷ 부산(17·임대) ▷ 포천(19~20) ▷ 이랜드(21) ▷ 광주(22~)
K리그 통산기록 | 129경기 127실점
대표팀 경력 | -

광주의 수호신이다. 2014년 제주에 입단하며, 데뷔 첫해부터 조금씩 출전 기회를 얻었던 김경민은 이후 부침 있는 모습으로 확실한 넘버1 등극에 실패했다. 부산, 포천, 이랜드 등을 오가던 김경민은 2022년 윤보상과 트레이드로 광주 유니폼을 입었다. 영입 당시만 하더라도, 광주가 밑지는 트레이드라는 평가가 지배적이었지만, 김경민은 K리그2 베스트11에도 오르는 등 최고의 활약을 펼치며, 자신을 둘러싼 부정적인 평가를 바꿨다. 특히 장기인 빌드업 기술이 정효볼과 만나 꽃을 피웠다. 선방 능력도 더욱 향상된 모습이다.

2023시즌 기록

| 1 | 0 | 2,322(26) MINUTES 출전시간(경기수) | 22 LOSS 실점 | 75 SAVE 선방 | 3 WEEKLY BEST 11 주간베스트11 | 강점 리그 정상급 빌드업 능력 | 약점 가끔씩 오는 뇌절 플레이 |

27 DF

김진호

2000년 1월 21일 | 24세 | 대한민국 | 178cm | 74kg
경력 | 강원(22~23) ▷ 광주(24~)
K리그 통산기록 | 53경기 5득점 4도움
대표팀 경력 | -

김진호는 2022년 혜성 같이 등장한, 사이드백 유망주다. 광운대를 중퇴하고 고향팀인 강원에 입단한 김진호는 B팀에서 좋은 모습을 보인 후, 1군으로 콜업돼 곧바로 강한 임팩트를 남겼다. 하지만 2023년 2년차 징크스를 겪은데다, 윤정환 감독이 포백으로 전술을 바꾸며 설자리를 잃었다. 주전 자리에서 밀린 김진호였지만, 그의 가능성을 본 많은 팀들이 관심을 보였고, 이정효 감독이 이적료까지 줘가며 김진호를 품었다. 스피드와 기술 등 김진호의 장점이 '정효볼'과 궁합이 잘 맞을 것이라는 평가가 많아, 올 시즌 기대해볼 만한 선수다.

2023시즌 기록

| 2 | 0 | 946(23) MINUTES 출전시간(경기수) | 2 GOALS 득점 | 2 ASSISTS 도움 | - WEEKLY BEST 11 주간베스트11 | 강점 스피드를 활용한 돌파 | 약점 부족한 템포 조절 능력 |

21 GK

이 준

1997년 7월 14일 | 27세 | 대한민국 | 188cm | 78kg
경력 | 포항(19~21) ▷ 광주(22~)
K리그 통산기록 | 24경기 24실점
대표팀 경력 | -

든든한 넘버2. 지난 시즌 주전 골키퍼 김경민이 자리를 비울 때마다 그 공백을 완벽하게 막아줬다. 김경민이 개인사로 막판 뛰지 못하는 상황에서, 매경기 놀라운 선방쇼를 펼쳤다. 민첩성과 순발력이 탁월하다는 평가다. 연세대 시절부터 능력을 인정받아 2017년 U-20 월드컵에도 나섰던 이준은 2018년 포항에 입단해 프로에 발을 디뎠다. 2021년 중반 당시 주전 골키퍼 강현무의 부상으로 기회를 얻은 이준은 치명적인 실수를 범하기도 했지만, 이후 안정된 모습을 보이며, 눈도장을 찍었다. 윤평국과의 트레이드로 2022년 광주 유니폼을 입었다.

2023시즌 기록

| 2 | 0 | 1,099(13) MINUTES 출전시간(경기수) | 13 LOSS 실점 | 29 SAVE 선방 | 1 WEEKLY BEST 11 주간베스트11 | 강점 탁월한 민첩성 | 약점 선방에 비해 아쉬운 킥 |

전지적 작가 시점

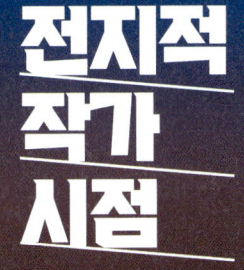

박찬준이 주목하는 광주의 원픽!
빅톨

지난 시즌 광주는 이보다 더 좋을 수 없는 시즌을 보냈다. 구단 창단 후 최고 성적인 3위에 오르며 아시아챔피언스리그 엘리트 진출권을 따냈다. 중심에는 단연 이정효 감독이 있었다. 이정효 감독은 K리그에서 볼 수 없는 전술 축구로, 판도를 뒤흔들었다. 수비는 전북과 함께 리그 최소 실점을 기록할 정도로 안정된 모습을 보였고, 공격에서는 측면을 활용한 적절한 하프스페이스 공략으로 상대를 괴롭혔다. 모든 것이 좋았지만, 아쉬웠던 것은 딱 하나 득점이었다. 광주는 47골에 그쳤다. 최다득점 5위였다. 물론 나쁘지 않은 기록이었지만, 광주의 유려했던 공격 전개와 이에 따라 만들어진 수많은 찬스를 생각하면, 아쉬운 수치였다. 그래서 올 겨울 골을 넣어줄 수 있는 선수를 데려오는데 많은 공을 들였고, 없는 살림에 스트라이커 영입에는 그래도 돈을 쏟아부었다. 그렇게 데려온 선수가 빅톨이다. 브라질 현역 1부 리거로, 힘과 높이, 스피드까지 갖췄다는 평가다. 무엇보다 마무리 능력이 좋다. 이 감독은 올 시즌에도 공격적인 전술로 골을 노릴 생각이다. 지난 시즌만큼의 찬스를 만든다는 전제 하에, 기대대로 빅톨이 앞에서 마무리를 해준다면, 광주는 올 시즌도 돌풍을 일으킬 공산이 크다.

지금 광주에 이 선수가 있다면!
김영권

정효볼의 시작은 빌드업이다. 뒤에서 빠르게 미드필드로 볼을 보내고, 가운데서 주고 받다가, 측면으로 볼이 가고, 측면에서 숫자를 늘려 부분 전술을 펼친 후 하프스페이스를 공략하는게 주요 포인트다. 그런 광주식 빌드업의 핵심은 수비수 안영규다. 안영규는 30대 이후 장기였던 빌드업을 더욱 업그레이드 시키며, 리그 최고 수준의 수비수로 자리매김했다. 지난 시즌 티모는 탄탄한 수비와 과감한 공격 가담으로 안영규 파트너 역할을 잘 해냈다. 그런 티모가 떠난 데다, 든든한 주전급 백업이었던 아론 마저 대전으로 이적했다. 광주는 변준수, 포포비치 등을 영입했지만, 전임자에 비해 안정감이 떨어지는게 사실이다. 무엇보다 확실한 왼쪽 센터백이 없다. 왼발잡이 센터백이 중앙 수비 왼쪽에 포진할 경우, 그만큼 빌드업이 용이해진다. 광주에 김영권 같은 유형이 있다면 한층 더 정교한, 풍성한 빌드업이 완성될 수 있을 것이다. 광주가 공격 전환에 약점이 있는만큼, 킥 능력을 자랑하는 김영권의 플레이는 큰 도움이 될 수 있다. 홀로 수비를 리딩하는 안영규의 짐도 내릴 수 있다. 김영권은 스피드는 느리지만 풍부한 경험을 갖고 있어, 좋은 콤비네이션을 보일 수 있다.

송민규
문선민
이동준
한교원
권창훈
안현범
박진섭
이수빈
맹성웅
김진수
김태환
정우재
최철순
이재익
정태욱
홍정호
페트라섹
정민기
김정훈

전북현대모터스

JEONBUK HYUNDAI MOTORS   TEAM   팀 소개

'절대 1강'의 위용 반드시 되찾는다

전북 현대

'절대 1강'의 명성에 금이 간 모습이다. 전북은 1994년 전북 버팔로라는 이름으로 첫발을 뗀 후, 만년 하위권이었던 전북 다이노스를 지나 2000년 마침내, 지금의 전북 현대 모터스로 자리매김했다. 2005년 최강희 감독 부임과 함께 비상이 시작됐다. 2006년 아무도 예상 못 한 아시아챔피언스리그 우승을 차지하며 도약의 기틀을 마련한 전북은 2009년 '레전드' 이동국과 김상식을 영입하며 마침내 K리그 정상에 올랐다. 이후 스토리는 우리가 아는 대로다. 2009년부터 무려 9번이나 리그 우승을 차지했다. K리그 최다 우승 기록이다. FA컵 역시 5회 우승을 차지하며, 최다 우승팀으로 기록돼 있다. 리그 최고의 스쿼드에 누구나 부러워하는 최고의 클럽하우스까지, 전북은 자타공인 K리그 넘버1 클럽이다. 하지만 최근 자존심을 구겼다. 호기롭게 K리그 6연패에 도전한 2022년 '라이벌' 울산에 밀렸다. 절치부심에 나선 2023년 또 한 번 폭풍 영입을 통해 우승 도전에 나섰지만, 더 큰 좌절에 빠졌다. 리그는 물론 FA컵마저 결승에서 포항에 패하며, 2014년 이후 처음으로 빈손으로 시즌을 마무리했다. 반등이 필요한 시점이다.

구단 소개

정식 명칭	전북 현대 모터스 축구단
구단 창립	1994년 12월 12일
모기업	현대자동차
상징하는 색	녹색
경기장(수용인원)	전주월드컵경기장 (36,781명)
마스코트	나이티, 써치
레전드	최진철, 김도훈, 에닝요, 조성환, 김상식, 이동국
서포터즈	매드그린보이즈
커뮤니티	에버그린

우승

K리그	9회 (2009, 2011, 2014, 2015, 2017, 2018, 2019, 2020, 2021)
FA컵	5회 (2000, 2003, 2005, 2020, 2022)
AFC챔피언스리그(ACL)	2회 (2006, 2016)

최근 5시즌 성적

시즌	K리그	FA컵	ACL
2023시즌	4위	준우승	16강
2022시즌	2위	우승	4강
2021시즌	1위	16강	8강
2020시즌	1위	우승	조별리그
2019시즌	1위	32강	16강

감독 소개 MANAGER — JEONBUK HYUNDAI MOTORS

'우승 제조기' 페트레스쿠
그의 진가는 올 시즌부터

단 페트레스쿠
1967년 12월 22일 | 57세 | 루마니아

K리그 전적
20전 8승 6무 6패

2023년 5월, 믿었던 김상식 감독이 사퇴한 후, 전북은 고심 끝 외국인 감독 카드를 꺼냈다. 결론은 '루마니아 레전드' 단 페트레스쿠 감독이었다. 현역 시절, 월드컵과 유로 대회, 유럽챔피언스리그 등을 누빈 명 풀백이었던 페트레스쿠 감독은 은퇴 후 지도자로 변신, 수많은 트로피를 들어올렸다. 자국 명문 클럽 클루지에서 4차례나 리그 우승을 달성하는가 하면, 아시아 무대에서도 발자취를 남겼다. 모라이스에 이어 역대 두 번째로 전북의 외국인 사령탑이 된 페트레스쿠 감독은 기대와 달리, 첫 시즌 아시아챔피언스리그엘리트 진출에 실패하며 체면을 구겼다. 공격적이지만 단조로운 전술은 실망스러웠다. 시작부터 함께하는, 사실상의 첫 시즌 페트레스쿠 감독은 우승 제조기로의 명성 회복을 노린다.

선수 경력

스테아우아 부쿠레슈티	포자 칼초	제노아	셰필드 웬즈데이	첼시	브레드포드	사우샘프턴	프로그레술 부쿠레슈티

지도자 경력

비스와 크라쿠프	우니레아 우르지체니	크라스노다르	디나모 모스크바	알 아라비	트르구무레슈	장쑤 쑤닝	크라스노다르
알 나스르	클루지	구이저우 헝펑	클루지	카이세리스포르	클루지	전북(23~)	

주요 경력

1994년 미국월드컵	유로1996	1998년 프랑스월드컵	유로2000

선호 포메이션	4-4-2	3가지 특징	우승 제조기	다혈질적인 성격	탁월한 팬서비스

STAFF

수석코치	코치	GK코치	피지컬코치	B팀코칭스태프	의무 담당관	비디오분석관	장비담당관	통역
발레리우 보르데아누	박원재 조성환	최은성	신용주 보그단 알데아	안대현(감독) 정혁(코치) 정부선(GK코치)	지우반 올리베이라 김재오 김병선	이선구 이규열 박정훈	김기현	남경윤	김민수 최동은

JEONBUK HYUNDAI MOTORS — 2023 SEASON REVIEW / 2023 시즌 리뷰

2 0 2 3   R E V I E W

다이나믹 포인트로 보는 전북의 2023시즌 활약도

잊고 싶은 한해였다. 울산과의 개막전부터 패하더니, 10라운드 강원전 패배로 강등권까지 추락했다. 결국 팬들의 극심한 비판을 받던 '레전드' 김상식 감독이 지휘봉을 내려놓았다. 소방수로 나선 김두현 감독대행 시절 반등에 성공한 전북은 페트레스쿠 감독을 통해 승부수를 띄웠지만, 많은 부상과 아시안게임 차출 문제 등이 겹치며 가까스로 파이널A 진입에 성공했다. 파이널 라운드에서도 기대만큼의 모습을 보이지 못하며 4위에 그쳤다. 마지막 희망이었던 FA컵에서도 준우승에 머무르며 체면을 구겼다.

FW
- 송민규 29,640 전체 25위
- 문선민 23,872 전체 54위
- 구스타보 18,905 전체 86위
- 하파 실바 10,989 전체 149위

MF
- 맹성웅 8,224 전체 178위
- 한교원 20,159 전체 78위
- 백승호 27,496 전체 34위
- 아마노준 12,313 전체 138위
- 류재문 11,784 전체 143위
- 이수빈 6,517 전체 204위
- 보아텡 12,277 전체 139위

DF
- 안현범 9,274 전체 167위
- 구자룡 16,567 전체 101위
- 홍정호 9,856 전체 157위
- 정태욱 28,198 전체 33위
- 김진수 13,977 전체 123위
- 정우재 16,752 전체 100위
- 박진섭 32,235 전체 19위

GK
- 김정훈 31,039 전체 22위
- 정민기 9,815 전체 158위

2023시즌 다이나믹 포인트 상위 20명 ■ 포인트 점수

포지션 평점
- FW ⚽⚽
- MF ⚽⚽⚽⚽
- DF ⚽⚽⚽
- GK ⚽⚽⚽

출전시간 TOP 3
순위	선수	기록
1위	김정훈	2,905분
2위	정태욱	2,902분
3위	구자룡	1,847분

득점 TOP 3
순위	선수	기록
1위	송민규	7골
2위	구스타보, 문선민	6골
3위	조규성	5골

도움 TOP 3
순위	선수	기록
1위	아마노준, 안현범, 송민규	3도움
2위	류재문 외 3명	2도움
3위	이호준 외 6명	1도움

주목할 기록
- **451** 2023년 파울수(전체 1위)
- **1,021** 2023년 공중경합 성공수 (전체 1위)

성적 그래프

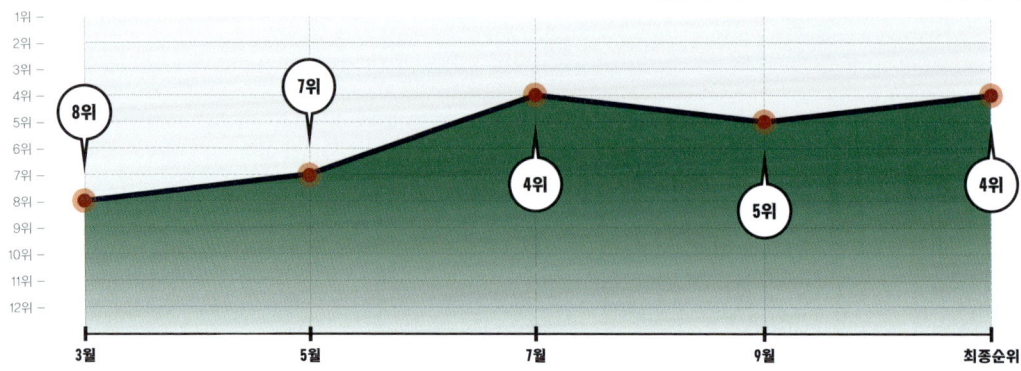

3월 8위 → 5월 7위 → 7월 4위 → 9월 5위 → 최종순위 4위

2024 시즌 프리뷰 2024 SEASON PREVIEW　JEONBUK HYUNDAI MOTORS

2024 시즌 스쿼드 운용 & 이적 시장 인앤아웃

IN
- 김태환_울산
- 티아고 전병관_대전
- 이영재_수원FC
- 에르난데스_인천
- 비니시우스_아틀레티코우일라
- 권창훈_수원삼성
- 이재익_서울이랜드
- 장민준_경남
- 마지강_김해
- 엄승민_목포
- 공시현 박시화
- 성진영 장남웅
- 박주영 진시우
- 황재윤_이상 신인

OUT
- 백승호_버밍엄
- 안드레 루이스_쿠이아바
- 박진성_대전
- 아마노 준_요코하마F.마리노스
- 하파 실바_크루제이루
- 유예찬_에히메
- 전지완_FC류큐
- 구스타보_상하이하이강
- 류재문_서울
- 이성윤_전남
- 오재혁_성남, 임대
- 강상윤_수원FC, 임대
- 윤명선_계약만료
- 이유현_강원

ⓒ 주장　■ U-22 자원

목표는 타이틀 탈환이다. 이를 위해 대대적인 영입에 나섰다. 지난 몇 년과 달리, '전북다운 겨울'이라는 평가가 많았다. 필요한 선수는 무조건 손에 넣었다. 제카를 놓친 것이 아쉽지만, 득점력은 더 좋은 티아고를 데려왔고, 에르난데스, 이영재, 이재익, 김태환, 권창훈 등을 영입했다. 창의적인 플레이메이커, 왼발잡이 센터백 등 팀에 필요한 부분을 요소요소에 채웠다. 백승호, 류재문, 오재혁 등이 떠나며 중앙 뎁스가 다소 약해졌지만, 우승을 할 만한 스쿼드임에는 분명하다. 지난 시즌 최악이었던 외국인 선수진도 '적응'을 키워드로 검증된 선수로 싹 바꿨다. 변수는 페트레스쿠 감독이다. 냉정히 지난 시즌 후반기는 아쉬웠다. 이제 동계 훈련부터 선수 영입까지 자신의 구미에 맞게 새 판을 짠 만큼, 더 이상 변명은 없다. 클루지 시절 밥 먹듯 우승했던 그 DNA가 필요하다.

주장의 각오
김진수

주장을 맡겨주신 것이 상당히 영광스럽다. 선배들이 잘했던 것만큼 팀을 잘 이끌어야 한다. 나는 구성원의 한 사람일 뿐, 특별한 위치는 아니다. 승리를 위해 싸우겠다.

JEONBUK HYUNDAI MOTORS — BEST 11 / 베스트 11

2024 예상 베스트 11

이적시장 평가

약점인 포지션에 힘을 실었다. 검증을 마친 티아고와 에르난데스는 두 자릿수 득점이 가능해, 지난 시즌 득점 부진을 씻어줄 수 있는 선수들이다. 이영재는 전북에 창의적인 패스를 공급할 수 있는 플레이메이커며, 김태환은 속도와 사기를 올려줄 수 있는 선수다. 권창훈은 부활한다면, 웬만한 특급 선수 이상의 역할을 할 수 있다. 특히 왼발잡이 자원이 많아졌다는 것이 고무적.

저자 5인 순위 예측

2위_'폭풍 영입' 이견 없는 최강의 전력, 개성 강한 '고참'은 부담, 감독 리스크도 변수

3위_전력 보강은 매 시즌 부족함이 없었다. 결국 전북의 문제는 리더와 전략에서 나오는 것.

2위_'백업이 문선민?' 스쿼드 무게로 상대를 찍어 누르는 전북이 돌아왔다. 울산 긴장해.

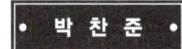

1위_모처럼 전력의 균형을 맞췄다. 감독 리스크가 있지만, 타 팀에 비해 체급이 워낙 압도적.

2위_누가 봐도 가장 강력한 우승후보다. 그러나 압도적인 기대감은 오히려 부담이다.

선수 소개 SQUAD JEONBUK HYUNDAI MOTORS

티아고 Tiago Pereira da Silva

1993년 10월 28일 | 31세 | 브라질 | 190cm | 75kg

9 FW

경력

아라리피나(12)
▷ 포르투지카루아루(12~14)
▷ 소코렝시(14~15) ▷ 코루리피(15~16)
▷ 자퀴펜시(16) ▷ 콘피안사(16)
▷ 캄피넨시클루비(17)
▷ 카디시아SC(17~18)
▷ 마링가(19)
▷ 아메리카지나타우(20)
▷ 포르탈레자(20~21)
▷ 알자발라인(21~22) ▷ 경남(22)
▷ 대전(23)
▷ 전북(24~)

K리그 통산기록

73경기 36득점 10도움

대표팀 경력

—

올겨울, 전북의 첫 번째 과제는 스트라이커 영입이었다. K리그 안에서 레이더를 돌렸다. 거듭된 실패로 인해 확실히 검증된 자원을 원했다. 당초 첫 번째 픽은 제카였다. 하지만 제카는 산둥 타이산의 러브콜을 받고, 중국으로 향했다. 전북은 주저없이 두 번째 카드를 꺼냈고, 그게 티아고였다. 2022년 K리그에 입성한 티아고는 2년 만에 리그 최고의 공격수 반열에 올랐다. 2022년 경남에서 19골을 넣은 티아고는 2023년 1부로 승격한 대전 유니폼을 입었다. 'K리그 2 최고의 외인은 K리그1에서도 통한다'는 명제를 다시 한번 증명했다. 대전의 주포로 활약하며 무려 17골을 넣었다. 티아고의 활약 속에 대전은 잔류에 성공했다. 득점력 부재로 고생한 전북은 두 시즌간 36골을 넣은 티아고를 더하며, 최전방 고민을 말끔히 씻었다. 티아고의 장점은 역시 탁월한 결정력. 좋은 신체조건을 바탕으로 어느 각도, 어떤 상황에서도 골을 만들 수 있다. 헤더 능력은 타의 추종을 불허하고, 양발을 모두 잘 쓴다. 여기에 수비 가담도 적극적이고, 인성까지 좋다. 티아고의 올 시즌 목표는 전북의 우승, 그리고 득점왕이다. 2022년과 2023년 아쉽게 득점왕 타이틀을 놓쳤다. 골 기록은 같았지만, 경기수 차이로 아쉽게 2위에 머물렀다. 더 좋은 동료들과 함께하는 만큼. 올 시즌 가능성은 충분하다.

2023시즌 기록

4	2,571(36) MINUTES 출전시간(경기수)	17 GOALS 득점	7 ASSISTS 도움	0	4 WEEKLY BEST 11 주간베스트11

강점	탁월한 결정력, 정상급 뚝배기, 헌신적인 압박	특징	히샬리송, 에미넴 닮은꼴
약점	브라질 선수 답지 않은 투박함	별명	배트맨

에르난데스 Hernandes Rodrigues 1999년 9월 2일 | 25세 | 브라질 | 183cm | 75kg

경력

- 상카에타누(17~19)
- ▷ 그레미우(19~20)
- ▷ 전남(20)
- ▷ 경남(21~22)
- ▷ 인천(22~23)
- ▷ 전북(24~)

K리그 통산기록

104경기 31득점 17도움

대표팀 경력

–

그를 지도했던 조성환 인천 감독의 표현에 따르면 재능만큼은 세징야를 능가하는 선수다. 그레미우 유스 시절부터 K리그 관계자들의 눈에 띈 에르난데스는 2020년 전남을 통해 K리그에 입성했다. 이후 경남으로 떠나 에이스로 맹활약을 펼쳤다. 2021년 다소 부침이 있었지만, 2022년에는 전반기에만 8골 4도움을 기록하는 맹활약을 펼쳤다. 여름 무고사가 떠나자 오래 전부터 에르난데스를 눈여겨봤던 조성환 감독이 손을 내밀었다. 에르난데스는 인천에서 마침내 잠재력을 폭발시켰다. 측면이 아닌 중앙 공격수로 자리를 옮긴 에르난데스는 무릎을 다치기 전까지 4골 4도움의 압도적인 활약을 펼쳤다. 오랜 재활 속 돌아온 에르난데스는 2023년 부상 여파로 기대만큼은 아니었지만, 그래도 순간순간 번뜩이는 클래스를 과시했다. 2024년 겨울 변화의 기로 속에 놓인 에르난데스는 전북행을 택했다. 에르난데스는 전형적인 천재과다. 감정의 영향을 많이 받는다. 인천 입단 첫해 그랬듯 의지가 충만할수록 좋은 모습을 보인다. 그래서 에르난데스가 전북에서 좋은 모습을 보일 것이라는 기대가 크다. 수준 높은 선수들과 환경 속에서 잠재력을 폭발시킬 가능성이 높다. 실제 각오도 남다르다. 에르난데스가 기대대로 터진다면 전북은 모처럼 확실한 에이스를 얻게 된다.

2023시즌 기록

4	2,221(33) MINUTES 출전시간(경기수)	6 GOALS 득점	5 ASSISTS 도움	0	4 WEEKLY BEST 11 주간베스트11
강점	뛰어난 테크닉, 강력한 슈팅		특징		무시무시한 SNS 활동량, Siuuuuuu 세리머니
약점	널뛰는 감정기복, 아쉬운 헤더		별명		게으른 천재

선수 소개 SQUAD · JEONBUK HYUNDAI MOTORS

이영재

1994년 9월 13일 | 30세 | 대한민국 | 174cm | 60kg

8 MF

경력
울산(15~18)
▷ 부산(16)
▷ 경남(19)
▷ 강원(19~20)
▷ 수원FC(21~23)
▷ 김천(22~23)
▷ 전북(24~)

K리그 통산기록
224경기 27득점 36도움

대표팀 경력
5경기

지난 시즌 전북의 공격은 총체적 난국이었다. 페트레스쿠 감독 부임 후 빠르게 앞쪽으로 볼을 보내는 전술로 탈바꿈했는데, 새롭게 가세한 보아텡의 롱패스에 의존하는 양상이었다. 가뜩이나 전방 무게감이 떨어졌는데, 뒤에서도 양질의 패스가 나가지 못하다 보니 공격이 더욱 답답해졌다. 그래서 찾은 게 정상급 플레이메이커였고, 그래서 낙점을 받은게 이영재였다. 이영재는 K리그 최고의 미드필더 중 하나다. 용인대 시절부터 재능을 인정받은 이영재는 울산 유니폼을 입었다. 울산의 두터운 미드필드진에서도 나름 존재감을 과시했지만, 강한 인상을 남기지는 못했다. 경남을 거쳐, 2019년 강원에서 마침내 포텐이 폭발하기 시작했다. 병수볼의 에이스로 활약하며, 커리어 하이를 찍은 이영재는 생애 첫 국가대표 승선까지 성공했다. 2021년 승격한 수원FC에 새 둥지를 튼 이영재는 최고의 활약을 펼쳤다. 군복무 후 2023년 전역한 이영재는 당시 강등권에 있던 팀을 구해냈다. 두 번의 플레이오프에서 모두 공격포인트를 올리며, 주장의 품격을 과시했다. 시즌 종료 후 울산의 관심을 받은 이영재는 가장 좋은 조건을 제시한 전북 유니폼을 입으며 또 한 번 도전에 나선다. 정평이 나 있는 왼발킥 능력과 창의적인 플레이는 올 시즌 절치부심을 노리는 전북에 큰 힘이 될 전망이다.

2023시즌 기록

| 2 | 2,481(29) MINUTES 출전시간(경기수) | 3 GOALS 득점 | 6 ASSISTS 도움 | 0 | 1 WEEKLY BEST 11 주간베스트11 |

강점	탁월한 왼발킥, 창의적인 패스, 경기 조율 능력	특징	뒷자리수 등번호, 은근한 저니맨
약점	심한 기복, 잦은 부상	별명	그라운드의 유희열

JEONBUK HYUNDAI MOTORS   SQUAD   선수소개

김태환

1989년 7월 24일 | 35세 | 대한민국 | 177cm | 72kg

39 DF

경력

서울(10~12)
▷ 성남(13~14)
▷ 울산(15~23)
▷ 상주(17~18)
▷ 전북(24~)

K리그 통산기록

398경기 21득점 55도움

대표팀 경력

30경기 / 2022 월드컵, 2023 아시안컵

김태환은 우승 탈환을 노리는 전북의 숨은 승부수다. 과거만큼 승부처에서 몸을 던질 수 있는 투지 넘치는 선수가 필요하다고 판단한 전북은 울산과 계약이 만료된 김태환을 영입했다. 김태환은 성격에 관해서는 K리그에서 둘째 가라면 서러운 터프가이다. 특히 동료들에게 강한 태클이 들어오면 누구보다 빨리 달려가 신경전도 불사한다. 전북은 김태환을 영입하며 국대 좌우 풀백을 완성했는데, 실력도 실력이지만 이런 김태환의 기질을 원하고 있다. 김태환은 2010년 드래프트를 통해 K리그에 입성했다. 크게 주목받지는 못했지만, 특유의 독종 같은 플레이로 또래보다 먼저 눈도장을 찍었다. 2012년 런던올림픽에는 나서지 못했지만, 올림픽 대표팀에도 꾸준히 이름을 올렸다. 성남에서 에이스로 활약하던 김태환은 2015년 겨울, 울산으로 이적했다. 울산대 이후 6년만의 울산 복귀였다. 윙어로도 경쟁력을 보이던 김태환은 2018년 윙백으로 포지션을 바꿨고, 이는 신의 한 수가 됐다. 윙백으로 더 큰 경쟁력을 보인 김태환은 카타르월드컵에 나서는 등 준수한 윙어에서 최고 수준의 윙백으로 자리매김했다. 올겨울 울산을 떠나 전북으로 이적하는 과정에서 울산 팬들의 집중포화를 받은 김태환은 지난 시즌 아마노 준이 그랬던 것처럼 올 시즌 현대가더비를 뜨겁게 만드는, 이슈의 중심에 설 전망이다.

	2023시즌 기록			
5	1,645(21) MINUTES 출전시간(경기수)	1 GOALS 득점	1 ASSISTS 도움	0	2 WEEKLY BEST 11 주간베스트11

강점	폭발적인 스피드, 왕성한 활동량	특징	터프한 성격, 의외의 패션센스
약점	거친 플레이, 부정확한 크로스	별명	치타

선수 소개　SQUAD　　　JEONBUK HYUNDAI MOTORS

이재익

1999년 5월 21일 | 25세 | 대한민국 | 186cm | 82kg

경력

강원(18~19)
▷ 알라이안(19~21)
▷ 로열앤트워프(20~21)
▷ 서울이랜드(21~23)
▷ 전북(24~)

K리그 통산기록

128경기 4득점 3도움

대표팀 경력

1경기

지난 몇 년간 전북을 지탱해온 것은 사실 공격보다도 수비였다. 리그 최소 실점을 도맡아 했다. 최악의 부진을 겪은 지난 시즌에도 광주와 함께 리그 최소 실점을 기록했다. 그런 전북의 수비에도 약점이 있었는데, 바로 왼발잡이 센터백의 부재였다. 왼발잡이가 왼쪽 센터백으로 기용되면, 특히 빌드업 과정에서 상당한 어드밴티지가 있는데, 전북은 이 부분에서 굉장한 마이너스일 수밖에 없었다. 대한민국 최고의 왼발잡이 센터백 김영권이 버티고 있는 울산과 가장 대조되는 부분이었다. 이재익은 이 약점을 단숨에 씻어줄 수 있는 선수다. 이재익은 자타공인 최고의 유망주 중 하나다. 2019년 그 유명한 U-20 월드컵 준우승 신화의 주역 중 하나였다. 당시 이재익은 엄청난 수비와 그를 뛰어넘는 빌드업 능력으로 당시 A대표팀을 이끌던 벤투 사단의 극찬을 받았다. A대표팀에도 승선했다. 하지만 성장세는 기대에 미치지 못했다. 강원, 알라이얀, 로열 앤트워프 등을 거친 이재익은 승격을 노리던 이랜드로 이적했지만, 부침 있는 모습을 보였다. 하지만 재능만큼은 확실하다. 항저우 아시안게임 대표팀에도 승선했고, 금메달에도 일조했다. 공격적인 능력이 중요한 전북에서는 자기 능력을 더 펼칠 공산이 크다. 이재익 입장에서도 이제 뭔가 보여줄 타이밍이기도 하다.

■K리그2 기록

2023시즌 기록

| 5 | 1,846(21) MINUTES 출전시간(경기수) | 1 GOALS 득점 | 1 ASSISTS 도움 | 0 | 0 WEEKLY BEST 11 주간베스트11 |

강점	수준급 기술+빌드업 능력, 빠른 스피드	특징	이강인도 휘어잡는 리더십
약점	부족한 몸싸움 능력	별명	쿨가이

JEONBUK HYUNDAI MOTORS — SQUAD 선수소개

11 FW

이동준

1997년 2월 1일 | 26세 | 대한민국 | 173cm | 64kg
경력 | 부산(17~20) ▷ 울산(21) ▷ 헤르타BSC(22) ▷ 전북(23~)
K리그 통산기록 | 155경기 35득점 18도움
대표팀 경력 | 4경기, 2020 올림픽

분명 기대에 미치지 못했다. 이동준은 지난 시즌 많은 관심 속에 독일에서 돌아와 전북 유니폼을 입었다. 독일에서 잦은 부상 속 실패한 이동준은 전북 우승 탈환의 조타수가 될 것으로 보였다. 개막전에서 보여준 만점 활약은 더욱 기대를 높였다. 하지만 거기까지였다. 이후 햄스트링 부상으로 오랜기간 그라운드를 떠난 이동준은 시즌 내내 가다 서기를 반복했다. 시즌 막판에서야 득점포를 가동했을 정도다. 고개를 숙인 이동준은 입대를 미루면서까지 부활을 노리고 있다. 이동준이 과거 울산에서 보여준 경기력을 찾는다면, 전북의 우승도 가까워진다.

2023시즌 기록

옐로카드	레드카드	MINUTES 출전시간(경기수)	GOALS 득점	ASSISTS 도움	WEEKLY BEST 11 주간베스트11	강점	약점
0	0	1,099(23)	0	2	1	폭발적인 스피드	잦은 부상

23 DF

김진수

1992년 6월 13일 | 32세 | 대한민국 | 177cm | 77kg
경력 | 알비렉스니가타(12~14) ▷ 호펜하임(14~16) ▷ 전북(17~20) ▷ 알나스르(20~) ▷ 전북(21~)
K리그 통산기록 | 140경기 9득점 15도움
대표팀 경력 | 65경기 2골, 2022 월드컵, 2023 아시안컵

대한민국 최고의 왼쪽 풀백. 오버래핑과 언더래핑을 자유자재로 구사하는 폭발적인 공격력에 수준급 크로스 능력, 악착같은 수비력까지, 전성기에서 한 단계 내려왔다고 해도 여전히 최고급 기량을 과시한다. 다만 나이 때문인지 예전보다 부상 빈도가 늘어나는 모습이다. 알비렉스니가타와 호펜하임을 거쳐, 2017년 전북을 통해 K리그 무대를 밟은 김진수는 사실상 전북맨이다. 지난 시즌 알 나스르와의 계약을 끝내고, 완전 이적에 성공하며, 전북에서 선수 생활을 마무리할 공산이 커졌다. 올 시즌에도 전북 전력의 핵심이자 리더다.

2023시즌 기록

옐로카드	레드카드	MINUTES 출전시간(경기수)	GOALS 득점	ASSISTS 도움	WEEKLY BEST 11 주간베스트11	강점	약점
8	0	1,702(19)	0	1	2	탁월한 공격력, 정상급 크로스	다혈질 성격

10 FW

송민규

1999년 9월 12일 | 24세 | 대한민국 | 179cm | 72kg
경력 | 포항(18~21) ▷ 전북(21~)
K리그 통산기록 | 141경기 32득점 18도움
대표팀 경력 | 13경기 1득점, 2020 올림픽, 2022 월드컵

적응기를 지나 마침내 에이스로 우뚝 섰다. 2021년 무려 21억원에 전북 유니폼을 입은 송민규는 이후 부침 있는 모습으로 기대에 미치지 못했다. 하지만 지난해는 달랐다. 공격진이 줄파울진에 빠진 가운데, 유일하게 제 몫을 해냈다. 특유의 힘 넘치는 돌파에 패스, 슈팅 마무리까지 좋아졌다. 측면 뿐만 아니라 중앙을 오가며, 역할도 더욱 다양해졌다. 항저우아시안게임에도 나서며 병역 문제까지 해결했다. 윙어들이 대거 가세하며, 올 시즌은 섀도 스트라이커로 주로 출전할 공산이 크다. 현재 성장세와 폼이라면 그 자리에서도 제 몫을 할 가능성이 높다.

2023 시즌 기록

옐로카드	레드카드	MINUTES 출전시간(경기수)	GOALS 득점	ASSISTS 도움	WEEKLY BEST 11 주간베스트11	강점	약점
2	0	1,910(30)	7	3	4	저돌적인 드리블	느린 스피드

선수 소개 SQUAD — JEONBUK HYUNDAI MOTORS

홍정호 — 26 DF

1989년 8월 12일 | 34세 | 대한민국 | 187cm | 82kg
경력 | 제주(10~13) ▷ 아우크스부르크(13~16) ▷ 장쑤쑤닝(16~19) ▷ 전북(18~)
K리그 통산기록 | 211경기 9득점 6도움
대표팀 경력 | 42경기 2득점, 2014 월드컵

김민재 이전, 홍정호가 있었다. 홍정호는 독일 아우크스부르크에 진출하며, 한국인 최초의 빅리그 중앙 수비수라는 타이틀을 달았다. 시간이 흘렀지만, 홍정호는 여전히 가장 꾸준한 수비였다. 부상에 시달린 적도 많았지만, 그래도 나선 경기에서는 안정된 수비력을 보여줬다. 2021년 수비수로는 24년만에 MVP를 거머쥐며 정점을 찍었던 홍정호는 여전히 젊은 선수 못지않은 신체 능력은 물론, 특유의 수비 센스에 탁월한 리딩 능력까지 최고의 기량을 자랑한다. 줄다리기 끝에 재계약에 서명한 홍정호는 새 시즌도 전북의 중앙을 지킨다.

2023 시즌 기록

| 6 | 0 | 1,496(22) MINUTES 출전시간(경기수) | 0 GOALS 득점 | 0 ASSISTS 도움 | 0 WEEKLY BEST 11 주간베스트11 | 강점: 모든 것을 갖춘 육각형 수비수 | 약점: 유리몸 |

박진섭 — 4 DF

1995년 10월 23일 | 28세 | 대한민국 | 186cm | 79kg
경력 | 안산(18~19) ▷ 대전(20~21) ▷ 전북(22~)
K리그 통산기록 | 186경기 18득점 7도움
대표팀 경력 | 5경기, 2023 아시안컵

2023년은 박진섭에게 잊을 수 없는 한 해였다. K리그 입단조차 실패했던 무명 선수가 와일드카드로 아시안게임에 나서 금메달을 목에 걸더니, A대표팀까지 입성해 아시안컵까지 누볐다. 사실 박진섭의 진가는 K리그 팬이라면 모두 안다. 안산과 대전을 지나, 전북까지 알토란 같은 활약을 펼쳤다. 2022년 센터백으로 변신해, 2022년 K리그 베스트11 수비수 부문에 이름을 올리는 기염을 토한 박진섭은 페트레스쿠 감독 체제에서는 붙박이 수비형 미드필더로 활약 중이다. 자리가 어디든, 박진섭은 전북 척추 라인에서 가장 중요한 이름이다.

2023 시즌 기록

| 3 | 0 | 2,712(32) MINUTES 출전시간(경기수) | 1 GOALS 득점 | 2 ASSISTS 도움 | 4 WEEKLY BEST 11 주간베스트11 | 강점: 크지 않은 키에도 탁월한 공중볼 능력 | 약점: 세밀한 플레이 |

정태욱 — 3 DF

1997년 5월 16일 | 27세 | 대한민국 | 194cm | 92kg
경력 | 제주(18) ▷ 대구(19~22) ▷ 전북(23~)
K리그 통산기록 | 159경기 5득점 3도움
대표팀 경력 | 2020 올림픽

열 번 찍어 영입한 선수치고는 아쉬웠다. 전북 수비진 세대교체의 첨병으로 지목되며, 전임 김상식 감독의 강력한 요청 속 2023년 전북 유니폼을 입었다. 대구식 스리백에 익숙한 정태욱은 포백 적응에 어려움을 겪었고, 때문에 기대만큼의 모습을 보이지는 못했다. 신체 조건을 강조하는 페트레스쿠 체제에서 중용됐지만, 빌드업에 대한 아쉬움이 컸다. 그 때문에 올 시즌이 중요하다. 자칫 빅클럽에서 통하지 않는 선수라는 이미지가 덧씌워질 수도 있다. 가진 것은 분명히 있다. K리그에 저 체구에 저 정도 경험을 가진 선수는 많지 않다.

2023시즌 기록

| 5 | 0 | 2,674(31) MINUTES 출전시간(경기수) | 1 GOALS 득점 | 0 ASSISTS 도움 | 3 WEEKLY BEST 11 주간베스트11 | 강점: 괴물같은 피지컬 | 약점: 떨어지는 발밑 |

JEONBUK HYUNDAI MOTORS — SQUAD 선수소개

문선민

27 FW

1992년 6월 9일 | 31세 | 대한민국 | 172cm | 68kg
경력 | 외스테르순드(12~15) ▷ 유르고덴스(15~16) ▷ 인천(17~18) ▷ 전북(19~20) ▷ 상무(20~21 · 군복무) ▷ 전북(21~)
K리그 통산기록 | 196경기 43득점 27도움
대표팀 경력 | 14경기 2골, 2018 월드컵, 2023 아시안컵

국가대표 윙어. 빠른 발과 잔발을 이용한 드리블 돌파는 외국인 선수급이다. 나이키 오디션을 통해 스웨덴 3부리그에서 프로 경력을 시작한 문선민은 이후 2017년 인천을 통해 K리그에 입성했다. 인천에서 맹활약을 펼친 문선민은 2018 러시아 월드컵에도 나서는 등 능력을 인정받았고, 결국 '최강' 전북 유니폼을 입었다. 윙어 천국 전북에서는 다소 부침 있는 모습을 보였다. 경기 외적인 문제도 겹치며, 잘할 때와 그렇지 않을 때의 갭이 컸다. 지난 시즌 페트레스쿠 체제에서는 코너킥과 프리킥까지 차는 등 이전과는 다른 쓰임새로 주목을 받았다.

2023시즌 기록

| 4 | 0 | 1,731(34) MINUTES 출전시간(경기수) | 6 GOALS 득점 | 1 ASSISTS 도움 | 3 WEEKLY BEST 11 주간베스트11 | 강점 폭발적인 순간 스피드 | 약점 아쉬운 판단력 |

김정훈

1 GK

2001년 4월 20일 | 23세 | 대한민국 | 188cm | 80kg
경력 | 전북(19~) ▷ 김천(21~22 · 군복무)
K리그 통산기록 | 41경기 32실점
대표팀 경력 | -

전북의 새로운 넘버1. 지난 시즌 '부동의 골키퍼' 송범근을 일본으로 보낸 전북의 고민은 골문이었다. 정민기를 새롭게 영입했지만, 넘버1은 군에서 돌아온 '유스 출신' 김정훈이었다. 김정훈은 이전과 달리, 한 단계 업그레이드된 모습으로 전북의 골문을 든든히 지켰다. 과거부터 인정받는 특유의 빌드업 능력에, 경험이 쌓이자 선방 능력까지 좋아지며 정상급 활약을 펼쳤다. 군필임에도 아시안게임 대표팀에서 조력자 역할을 톡톡히 했다. J리그 러브콜을 뒤로하고 재계약까지 맺은 김정훈은 올 시즌에도 전북의 주전 수문장으로 나설 전망이다.

2023시즌 기록

| 2 | 0 | 2,610(29) MINUTES 출전시간(경기수) | 25 LOSS 실점 | 99 SAVE 선방 | 1 WEEKLY BEST 11 주간베스트11 | 강점 탁월한 빌드업 | 약점 경기운영 능력 |

이수빈

6 MF

2000년 5월 7일 | 24세 | 대한민국 | 180cm | 70kg
경력 | 포항(19~22) ▷ 전북(20 · 임대) ▷ 전북(23~)
K리그 통산기록 | 102경기 1득점 3도움
대표팀 경력 | -

포항 유스 출신의 이수빈은 지난 시즌 전북으로 이적을 택했다. 이미 연이 있었다. 이수빈은 3년 전 임대로 전북에서 뛴 바 있다. 포항 데뷔 시절 그야말로 센세이셔널한 모습을 보이며, 차세대 미드필더로 평가받았던 것과 달리, 아직은 그때의 임팩트를 보여주지 못하고 있다. 하지만 왕성한 활동량과 탁월한 패싱센스까지, 가진 것만은 확실한 선수다. '사이즈'가 큰 선수를 선호하는 페트레스쿠 감독 부임 후 잊히는 듯했던 이수빈은 올 동계훈련에서 주목받는 선수 중 하나다. 기회만 받는다면, 1인분 이상은 늘 할 수 있는 선수다.

2023시즌 기록

| 4 | 0 | 829(14) MINUTES 출전시간(경기수) | 0 GOALS 득점 | 0 ASSISTS 도움 | - WEEKLY BEST 11 주간베스트11 | 강점 탁월한 패싱센스 | 약점 아쉬운 몸싸움 |

선수 소개 SQUAD — JEONBUK HYUNDAI MOTORS

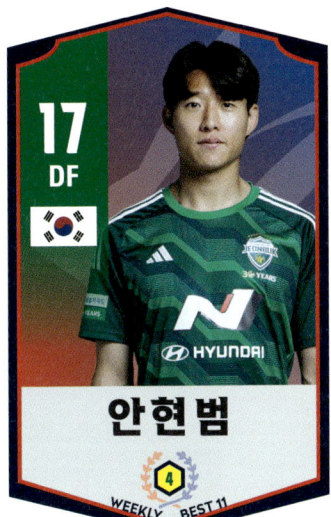

17 DF 안현범

1994년 12월 21일 | 30세 | 대한민국 | 178cm | 73kg
경력 | 울산(15) ▷ 제주(16~23) ▷ 아산(18~19) ▷ 전북(23~)
K리그 통산기록 | 232경기 29득점 18도움
대표팀 경력 | 1경기

전북이 지난 시즌 4위라도 할 수 있었던 데는 안현범의 활약이 있었다. 안현범은 지난해 여름, 전북이 김문환을 중동으로 보내며 대체자로 영입한 선수였다. 사실 전북은 오래전부터 안현범을 원했다. 페트레스쿠 감독식 포백 시스템에서 적응을 하지 못하던 안현범은 원래 뛰어났던 윙어로 자리를 옮겨 맹활약을 펼쳤다. 특유의 스피드를 앞세운 안현범은 알토란 같은 득점포를 쏘아올렸다. 국대 오른쪽 풀백 김태환이 영입되며, 올 시즌은 처음부터 '윙현범'이다. 전북이 측면에 많은 선수들을 영입했지만, 안현범의 폭발적인 스프린트는 그중에서도 독보적이다.

2023시즌 기록

| 0 | 0 | 1,963(26) MINUTES 출전시간(경기수) | 4 GOALS 득점 | 3 ASSISTS 도움 | 4 WEEKLY BEST 11 주간베스트11 | 강점: 폭발적인 스피드 | 약점: 부정확한 크로스 |

7 FW 한교원

1990년 6월 15일 | 34세 | 대한민국 | 182cm | 73kg
경력 | 인천(11~13) ▷ 전북(14~) ▷ 화성(17·군복무)
K리그 통산기록 | 320경기 69득점 30도움
대표팀 경력 | 9경기 1득점

과거 무명에 가까운 선수였지만, 철저한 자기관리와 특유의 성실함으로 전북에 없어서는 안 되는 선수로 자리매김했다. 인천에서 가능성을 보인 한교원은 2014년 전북에 입단해, 올해로 꼬박 10년째 활약 중이다. 전성기 시절 폭발적인 스피드를 앞세워 터치라인을 누볐다면, 이제는 순간순간마다 번뜩이는 한방으로 자기 몫을 해낸다. 조용히 한방을 터뜨리는 그를 향해 팬들은 '스텔스'라는 별명을 지어줬다. 지난 시즌에도 5골 2도움을 기록했다. 전화 세리머니는 그만의 상징. 올겨울 측면 자원들이 늘어났지만, 한교원만의 경쟁력은 여전히 유효하다.

2023시즌 기록

| 1 | 0 | 1,403(28) MINUTES 출전시간(경기수) | 5 GOALS 득점 | 2 ASSISTS 도움 | 3 WEEKLY BEST 11 주간베스트11 | 강점: 해결사 본능 | 약점: 부정확한 크로스 |

19 MF 보아텡   Nana Boateng

1994년 5월 10일 | 30세 | 가나 | 180cm | 76kg
경력 | 맨체스터시티(12~17) ▷ 스트룀스고세(12~16) ▷ 콜로라도(17~19) ▷ 팔로세우라(20~21) ▷ 클루지(21~23) ▷ 전북(23~)
K리그 통산기록 | 13경기 1득점
대표팀 경력 | -

페트레스쿠 감독의 페르소나다. 페트레스쿠 감독이 여름이적시장이 열리자, 가장 먼저 영입을 요청한 선수가 보아텡이다. 맨시티 출신으로, 스웨덴, 미국, 핀란드 등을 오간 보아텡은 2021년 페트레스쿠 감독이 있는 클루지에서 기량이 만개했다. 공격에 숫자를 많이 두는 페트레스쿠식 축구에서 미드필더는 왕성한 활동량과 정확한 패싱력이 필요한데, 보아텡은 이 역할을 완벽히 수행했다. 전북에서는 아직 100%의 모습을 보여주지 못했는데, 순간순간 볼센스만큼은 클래스를 느끼기에 충분했다. 올 시즌은 진짜 보아텡을 볼 수 있는 기회다.

2023시즌 기록

| 1 | 0 | 1,009(13) MINUTES 출전시간(경기수) | 1 GOALS 득점 | 0 ASSISTS 도움 | - WEEKLY BEST 11 주간베스트11 | 강점: 정확한 롱패스 | 약점: 거친 태클 |

JEONBUK HYUNDAI MOTORS   SQUAD   선수소개

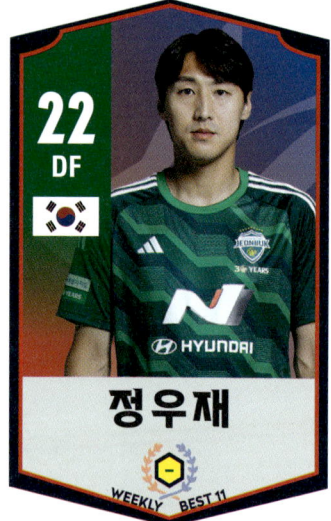

정우재

1992년 6월 28일 | 32세 | 대한민국 | 179cm | 70kg
경력 | 츠에겐가나자와(11~12) ▷ 성남(14) ▷ 충주험멜(15) ▷ 대구(16~18) ▷ 제주(19~22) ▷ 전북(23~)
K리그 통산기록 | 254경기 12득점 20도움
대표팀 경력 | -

밑바닥부터 올라 전북 유니폼까지 입은 입지전적인 선수다. 드래프트 지명을 받지 못해 일본 풋볼 리그로 건너간 정우재는 이후 성남의 추가지명을 받고 어렵사리 K리그 무대에 입성했다. 어렵게 테스트를 받고 입단한 충주험멜에서 조금씩 빛을 봤다. 2016년 대구로 이적한 정우재는 특유의 폭발적인 플레이로 마침내 이름을 알리기 시작했다. 십자인대 파열이라는 중상에도 불굴의 투지로 복귀했고, 제주에서 핵심 윙백으로 자리매김했다. 2023년 이주용과 트레이드로 전북에 온 정우재는 백업 이상의 역할을 하고 있다. 좌우를 모두 소화할 수 있다.

2023시즌 기록				-	강점	약점
1	0	1,947(26) MINUTES 출전시간(경기수)	0 GOALS 득점	1 ASSISTS 도움	WEEKLY BEST 11 주간베스트11	폭발적인 오버래핑	집중력 부재

최철순

1987년 2월 8일 | 37세 | 대한민국 | 175cm | 68kg
경력 | 전북(06~) ▷ 상무(12~14)
K리그 통산기록 | 443경기 3득점 21도움
대표팀 경력 | 11경기

최철순은 올겨울 전북과 2년 재계약을 맺었다. 그의 등번호 25번처럼 2025년까지 뛸 수 있게 됐다. 최철순은 전북의 혼이다. 2006년 입단 이래, 전북의 암흑기부터 전성기를 함께 했다. 마지막 남은 2006년 아시아챔피언스리그 우승 멤버로, 2009년 전북의 첫 우승부터 2021년 우승까지 9번이나 리그 우승을 차지했다. K리그 역사상 가장 많은 리그 우승을 경험한 선수다. 전성기 때보다 스피드나 체력이 떨어졌지만, 투지를 앞세운 수비력은 여전하다. 많은 경기에 뛰지 못하지만, 경기장 안팎에서 '최투지'의 영향력은 유효하다.

2023시즌 기록				-	강점	약점
1	0	855(19) MINUTES 출전시간(경기수)	0 GOALS 득점	1 ASSISTS 도움	WEEKLY BEST 11 주간베스트11	풍부한 경험	투박한 터치

권창훈

1994년 6월 30일 | 30세 | 대한민국 | 174cm | 69kg
경력 | 수원삼성(13~16) ▷ 디종(17~19) ▷ 프라이부르크(19~21) ▷ 수원삼성(21~23) ▷ 김천(22~23) ▷ 전북(24~)
K리그 통산기록 | 144경기 21득점 10도움
대표팀 경력 | 43경기 12득점, 2016 올림픽, 2020 올림픽, 2022 월드컵

올겨울 가장 놀라운 이적 중 하나. 그만큼 수원의 상징과도 같은 선수였다. 전성기 시절, K리그 최고의 크랙으로 불렸다. 저돌적인 돌파와 강력한 왼발을 앞세운 권창훈은 최고의 플레이를 펼쳤고, 유럽 진출에도 성공했다. 유럽에서도 성공시대를 열던 중 2018년 불의의 무릎 부상을 당했다. 이 부상 후 권창훈은 내리막을 타고 있다. 지난 시즌 전역 후 수원으로 복귀했지만, 한 경기도 뛰지 못하고 팀의 강등을 지켜봐야 했다. 길을 잃은 권창훈에게 전북이 손을 내밀었다. 전북 입장에서 권창훈이 부활한다면, 특급 선수를 영입한 것과 같다.

2023시즌 기록				-	강점	약점
0	0	312(8) MINUTES 출전시간(경기수)	2 GOALS 득점	1 ASSISTS 도움	WEEKLY BEST 11 주간베스트11	저돌적인 돌파를 앞세운 공격적 플레이	유리몸

전지적 작가 시점

박찬준이 주목하는 전북의 원픽!
티아고

전북의 최전방은 화려했다. 이동국, 에두, 김신욱 등 당대 최고의 스트라이커들이 자리했다. 하지만 지난 시즌 명맥이 끊겼다. 지난 시즌 전북의 최대 고민은 '득점'이었다. '닥공'이 무색하게 단 45골에 그쳤다. 2008년 이후 가장 낮은 득점이었다. 외국인 선수들의 부진이 결정적이었다. 구스타보가 6골, 하파 실바가 3골, 아마노 준이 1골 밖에 넣지 못했다. 안드레 루이스는 아예 단 한 개의 공격포인트도 올리지 못했다. 조규성마저 시즌 중 유럽으로 떠난 상황에서, 외국인 공격수들이 합쳐 10골밖에 넣지 못하다 보니, 도통 힘을 쓰지 못했다. '득점왕' 주민규가 포진한 울산의 최전방과 비교하면, 그 차이는 두드러졌다. 그래서 올 겨울 전북의 최우선 과제는 확실한 스트라이커 영입이었다. 고심 끝 낙점된 선수가 티아고다. K리그1과 2를 넘나들며 두 시즌간 무려 36골을 넣었다. 득점력만큼은 확실히 검증을 마쳤다. 2선 지원이 훨씬 좋은 전북에서는 더 많은 골을 넣을 공산이 크다. 티아고는 머리와 발을 모두 잘 쓰는 선수다. 티아고가 기대대로 20골에 가까운 득점을 해줄 경우, 전북의 우승 탈환 가능성은 그만큼 높아진다. 그래서 티아고는 올 시즌 전북의 키플레이어다.

지금 전북에 이 선수가 있다면!
이승우

전북의 올 겨울 눈에 띄는 변화 중 하나는 윙어들의 대거 가세다. 지난 시즌 전북은 측면 자원 부재로 고생했다. 문선민, 송민규, 이동준, 한교원이 포진했지만 송민규는 아시안게임 대표팀 차출로, 이동준은 잦은 부상으로 결장하는 일이 많았다. 여름이적시장에서 윙백으로 영입한 안현범을 위로 올려쓰며, 가까스로 공백을 메웠다. 페트레스쿠식 축구에서 측면이 중요한만큼, 올 겨울 전북의 영입도 측면 강화에 초점을 맞췄다. 비니시우스, 권창훈, 전병관, 박주영이 새롭게 더해지며, 측면 자원은 무려 9명으로 늘어났다. 최전방도 가능한 에르난데스까지 포함하면, 10명이다. 헌데 가운데서 창의적인 플레이를 펼칠 수 있는 10번 유형은 없다. 중앙 미드필더 이영재가 올라오거나, 송민규가 중앙에서 뛰어야 한다. 비니시우스도 가능하지만, 그는 전형적인 10번은 아니다. 때문에 이 자리가 올 시즌 전북의 취약점일 수 밖에 없다. 리그 최고의 10번 '코리안 메시' 이승우의 이름이 떠오르는 이유다.

무고사
제르소
천성훈
음포쿠
김보섭
송시우
지언학
이명주
김도혁
신진호
홍시후
문지환
박진홍
최우진
박승호
민경현
김연수
오반석
요니치
델브리지
김동민
권한진
김준엽
민성준
이범수

인천유나이티드

INCHEON UNITED TEAM 팀 소개

진격의 파검 군단, 우승까지 GO!

인천 유나이티드

2014년부터 2021년까지 8위 이상의 성적을 낸 적이 없는 '만년 하위권' 인천은 최근 들어 드라마틱한 반전을 이뤘다. 2022년엔 깜짝 4위를 달성하고, 2023년엔 5위, FA컵 4강에 진출했다. 구단 역사상 처음으로 아시아챔피언스리그(ACL) 무대를 경험했다. 번듯한 내 집(클럽하우스) 마련에 성공한 인천은 항구적인 상위권 팀으로 변모하는 과정에 와있다. 그만큼 목표치도 높다. 2024년 TOP4, ACL 티켓을 노린다. 창단 후 20년 넘도록 메이저 트로피가 없는 인천은 이제 비로소 FA컵 왕좌도 노려볼 수 있다. 지난 시즌 도중 복귀한 '파검의 피니셔' 무고사가 올해는 풀타임으로 준비한다. K리그 적응을 마친 제르소의 파괴력이 더욱 무서워질 것으로 기대된다. 8년 만에 돌아온 '무결점 수비수' 요니치도 든든하다. 2023년 막바지에 무궁무진한 잠재력을 보여줬던 유망주 박승호와 최우진이 스텝업에 성공한다면 더 바랄 것이 없다. 2020년 지휘봉을 잡은 조성환 감독의 노력이 점차 결실로 다가오는 느낌이다. 조성환 감독은 화려하고 빠르지는 않지만 꾸준하고 묵묵하게 인천을 성장시키고 있다. 항상 지난 시즌보다 발전하는 인천의 올해가 궁금하다.

구단 소개

정식 명칭	인천 유나이티드 프로축구단
구단 창립	2003년 12월 12일
모기업	시민구단
상징하는 색	블루 & 블랙
경기장(수용인원)	인천축구전용경기장 (20,356명)
마스코트	유티
레전드	임중용, 김이섭, 전재호, 라돈치치, 무고사 등
서포터즈	파랑검정
커뮤니티	인천네이션

우승

K리그	-
FA컵	-
AFC챔피언스리그(ACL)	-

최근 5시즌 성적

시즌	K리그	FA컵	ACL
2023시즌	5위	4강	조별리그
2022시즌	4위	3라운드	-
2021시즌	8위	3라운드	-
2020시즌	11위	3라운드	-
2019시즌	10위	32강	-

감독 소개 MANAGER INCHEON UNITED

쇼 미 더 트로피!
이제 인천은 강팀 반열에 오른다

조성환 | 1972년 1월 12일 | 52세 | 대한민국

K리그 전적
283전 107승 81무 95패

'조성환의 인천'이 이제 2단계로 돌입한다. 조성환 감독은 2020년 시즌 도중 표류하던 인천 사령탑에 부임했다. 첫 시즌은 11위로 마감했다. 그는 서두르지 않았다. 멀리 보고 차근차근 팀을 구성했다. 2021년 8위로 올라섰다. 2016년 이후 9위에서 11위만 맴돌던 인천은 8위도 소기의 성과였다. 그는 번뜩이는 지략가는 아니다. 하지만 그는 선수들의 투지와 열정을 이끌어내고 팀을 하나로 만들어 능력을 극대화한다. 조성환은 가속 페달을 밟았다. 인천은 2022년 4위, 2023년 5위에 오르며 상위권에 안착했다. 첫 번째 숙제 만년 하위권 탈출은 사실상 완수했다. 인천의 20년 넘은 갈증, 트로피에 대한 욕심도 이제는 꿈이 아니다. 동시에 아시아챔피언스리그(ACL) 단골 손님으로 거듭나길 희망한다.

선수 경력

유공	부천	전북

지도자 경력

전북 플레잉 코치	전북 코치	제주 2군 감독	제주 감독	인천 감독(20~)

주요 경력

-

선호 포메이션	3-4-3	**3가지 특징**	강력한 전방 압박	실력과 인품을 겸비한 덕장	믿어주는 지도자

STAFF

수석코치	코치	GK코치	피지컬코치	전력분석관	통역
변재섭	박용호 김재성 김광석	김이섭	오지우	김종민	표석환

INCHEON UNITED — 2023 SEASON REVIEW / 2023 시즌 리뷰

2 0 2 3 R E V I E W

다이나믹 포인트로 보는 인천의 2023시즌 활약도

작년 2023시즌은, 2022년 인천의 돌풍이 '반짝'이 아니었음을 증명했던 시즌이다. 비록 순위는 4위에서 5위로 한 칸 내려갔지만 상위권에서 버텼다는 점이 중요하다. 제르소가 7골 6도움을 기록했다. 팀 내 최다 골과 최다 도움이다. 다이나믹 포인트 또한 1위다. 하지만 제르소는 전체 순위는 13위다. 팀 내 에이스가 리그 TOP10에도 들지 못한 점은 아쉽다. 심지어 에르난데스는 떠났다. 김보섭 오반석 이명주 김도혁 등이 건실하게 중심을 잡아줬다. 시즌 중간에 합류한 무고사도 올 시즌을 기대하게 하기에 충분했다.

2023시즌 다이나믹 포인트 상위 20명 ■ 포인트 점수

FW
- 무고사 7634 전체 187위
- 천성훈 17,226 전체 97위
- 에르난데스 29,018 전체 27위
- 홍시후 7725 전체 184위
- 김보섭 24,023 전체 52위
- 제르소 34,380 전체 13위
- 김민석 7560 전체 188위

MF
- 이명주 20,907 전체 72위
- 김도혁 20,754 전체 73위
- 음포쿠 17,120 전체 99위
- 민경현 8831 전체 170위
- 신진호 18,345 전체 89위

DF
- 오반석 23,568 전체 56위
- 멜브리지 19,791 전체 79위
- 김준엽 15,423 전체 108위
- 권한진 12,481 전체 136위
- 김연수 18,047 전체 91위
- 김동민 17,122 전체 98위
- 문지환 15,222 전체 111위

GK
- 김동현 21,687 전체 66위

포지션 평점

- FW ⚽⚽⚽⚽
- MF ⚽⚽⚽
- DF ⚽⚽
- GK ⚽⚽⚽

출전시간 TOP 3
순위	선수	기록
1위	김동민	2,409분
2위	오반석	2,352분
3위	에르난데스	2,221분

득점 TOP 3
순위	선수	기록
1위	제르소	7골
2위	에르난데스	6골
3위	천성훈	6골

도움 TOP 3
순위	선수	기록
1위	제르소	6도움
2위	에르난데스	5도움
3위	김보섭	4도움

주목할 기록
- **11** 제르소 2023시즌 베스트11 MF 선정
- **2** 2년 연속 파이널A 상위스플릿 진출

성적 그래프

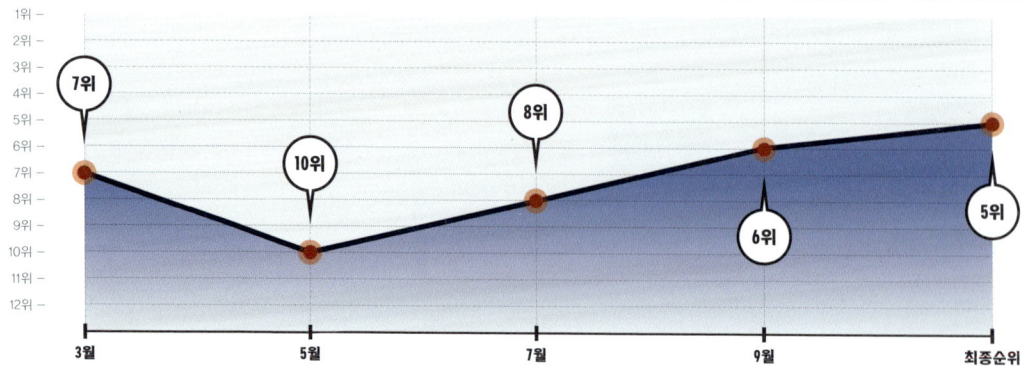

3월 7위 → 5월 10위 → 7월 8위 → 9월 6위 → 최종순위 5위

2024 시즌 프리뷰   2024 SEASON PREVIEW   INCHEON UNITED

2024 시즌 스쿼드 운용 & 이적 시장 인앤아웃

IN
- 이범수_부천
- 성윤수_세종바네스
- 요니치_자유계약
- 김훈 이가람
- 강도욱 백민규
- 최승구_이상 신인

OUT
- 김대중_계약만료
- 에르난데스_전북
- 이동수_부산
- 김준범_대전
- 박현빈_부천
- 이준석_수원
- 김동헌_상무입대
- 이태희 강윤구 _이상 공익입대

ⓒ 주장   ■ U-22 자원

2024시즌 인천의 가장 긍정적인 요소는 바로 '전력 보존'이다. 작년 인천보다 위에 있던 팀은 울산, 전북, 포항, 광주다. 이 중에서 포항과 광주는 인천이 욕심을 내볼 만하다. 포항은 꾸준한 성적을 내왔지만 지난 시즌과 비교해 변화 폭이 엄청 크다. 감독이 바뀌고 주전 공격수와 중앙 수비수가 다 교체됐다. 광주는 2023년 3위 깜짝 돌풍을 일으켰으나 불과 2년 전만 해도 K리그2에 있던 팀이다. 연속성에 물음표가 붙는 게 사실이다. 반면 인천은 2020년부터 조성환 감독이 만든 조직력이 잘 유지되고 있다. 공격수 에르난데스가 전북으로 이적했을 뿐이다. 기존 선수들로 대체가 가능하다. 제르소와 무고사의 파괴력은 호흡을 맞춰가며 더욱 강해질 전망이다. 요니치를 영입해 수비는 더 강화됐다. 3년 연속 파이널A와 아시아챔피언스리그(ACL) 티켓 확보는 물론 그 이상도 가능하다.

주장의 각오
이명주

조성환 감독님이 지금까지 우리가 해온 대로만 하면 할 수 있다고 용기를 주셨다. 최고의 인천 팬 여러분을 위해 뛰겠다. 올 시즌 인천답게 피치 위에서 모든 것을 쏟아 부을 수 있도록 이끌겠다.

INCHEON UNITED — BEST 11 — 베스트 11

2024 예상 베스트 11

이적시장 평가

인천은 사실 올 시즌 요니치 영입 외에는 굵직한 보강이 없다. 전력 누수가 거의 발생하지 않았기 때문이다. 에르난데스가 높은 이적료를 안고 전북으로 떠났으나 무고사가 복귀했다. 베스트11이 고스란히 남았다. 오히려 불안요소였던 수비진에 요니치가 오면서 마지막 퍼즐 조각을 맞춘 느낌이다. 골키퍼 김동헌, 이태희가 나란히 입대하며 백업 골키퍼 2명도 착실하게 보강했다.

저자 5인 순위 예측

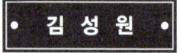

4위_탄탄한 중원, 무서운 젊은피의 성장세. '빅4'로 손색없는 다크호스, 관건은 스타트

4위_지난해 전력에서 큰 변동이 없는 대신 목표치도 현실적으로 낮췄다. 현실파악을 정확히 해서 더 무섭다.

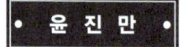

4위_인천을 누가 시민구단이라고 생각할까? 탑4에 어울리는 라인업 그리고 홈 열기.

5위_쉬어갈 겨울이지만 나간 공백이 크지 않다. 젊은 자원의 성장에 따라 다크호스가 될 수도.

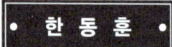

4위_지난 시즌 베스트11이 그대로. 연속성이 보장된 인천. 작년보다 윗자리가 타당하다.

선수 소개　　SQUAD　　　　　　　　　　INCHEON UNITED

무고사　Stefan Mugosa

1992년 2월 26일 | 32세 | 몬테네그로 | 189cm | 81kg

경력

- FK부두치노스트포드고리차(11~13)
- ▷FK믈라도스트포드고리차(13~14)
- ▷FC카이저슬라우테른(14~15)
- ▷TSV1860뮌헨(15~17)
- ▷FC셰리프티라스폴(17~18)
- ▷인천(18~22)
- ▷비셀고베(22~23)
- ▷인천(23~)

K리그 통산기록

138경기 71득점 11도움

대표팀 경력

53경기 15득점

파검의 피니셔. 더 어떤 설명이 필요할까. 무고사는 2018년 인천과 계약하며 K리그에 입성했다. 35경기 19골을 폭발하며 단숨에 인천 팬들을 사로잡았다. 다섯 시즌 동안 128경기 68골을 터뜨렸다. 2022년 전반기에만 18경기 14골을 작렬했다. J리그 비셀 고베가 바이아웃을 쏘며 무고사를 덜컥 데려갔다. 무고사가 빠진 인천은 골 갈증에 시달렸다. 무고사는 2023년 여름, 1년 만에 인천으로 컴백했다. 9경기 3골을 맛보며 건재를 과시했다. 올해는 드디어 무고사가 풀타임으로 달린다. 무고사는 현대 축구에서 매우 인기가 많은 '키 크고 발밑 좋은' 공격수다. 우월한 신체조건을 바탕으로 공중볼 다툼에도 능한데 발기술까지 좋다. 전방에서 왕성하게 움직인다. 종종 2선까지 내려와 빌드업에 관여한다. 포스트플레이, 연계플레이 모두 준수하다. K리그 레벨에서는 딱히 단점이 드러나지 않는 육각형 공격수다. 팀이 잘 풀리지 않아도 개인 능력으로 한 방을 해줄 것 같은 기대를 심어주는 스타 플레이어다. 굳이 약점을 꼽자면 키에 비해 헤딩 능력이 그렇게 엄청나게 위협적이지는 않다.

2023시즌 기록

| 1 | 596(9) MINUTES 출전시간(경기수) | 3 GOALS 득점 | 1 ASSISTS 도움 | 0 | 1 WEEKLY BEST 11 주간베스트11 |

강점	무결점 스트라이커	특징	사실상 인천 원클럽맨
약점	굳이 꼽자면 헤더	별명	파검의 피니셔

INCHEON UNITED

SQUAD 선수소개

제르소 Gerso Fernandes

1991년 2월 23일 | 33세 | 포르투갈 | 172cm | 62kg

경력

코임브라(10~11)
▷ 이스토릴프라이아(11~16)
▷ 벨레넨세스(16~17)
▷ 스포팅캔자스시티(17~20)
▷ 제주(21~22)
▷ 인천(23~)

K리그 통산기록

103경기 20득점 15도움

대표팀 경력

—

컨디션이 좋은 날이면 상대 수비수에게 제르소는 재앙이다. K리그 최정상급 '크랙'이다. 엄청난 스피드와 예측불허 드리블을 앞세워 저돌적으로 돌파한다. 수비를 뒷걸음질 치게 만드는 강력한 공격 옵션이다. 제주에서 두 시즌을 뛰며 검증을 끝냈다. 작년에 인천 유니폼을 입고 완벽하게 적응했다. 왼발잡이다. 기술이 뛰어나 반대발 윙어도 문제없다. 공격 센스가 훌륭해 처진 스트라이커도 가능하다. 활동량도 왕성하다. 개인기를 갖춘 선수가 헌신적으로 뛰어주니 더 바라면 욕심이다. 전방 어디에 세워도 자기 몫을 해내는 누구나 탐내는 자원이다. 연계플레이가 좋은 무고사와 상당한 시너지 효과가 기대된다. 다만 킥이 부정확하다는 점이 아쉽다. 중거리슛이나 크로스가 상대 수비에 커다란 위협이 되지 않는다. 그 때문에 수비 입장에서는 선택지를 줄이고 대비 가능하다. 주변에 조력자가 위치했을 때 위력이 배가되는 스타일이다. 애매한 위치에서 좁은 공간 속에 고립된다면 제르소도 속수무책이다. 2022년 8골 7도움, 2023년 7골 6도움을 기록했다. 무고사와 풀타임 호흡을 맞춘다면 10골 10도움도 꿈은 아니다.

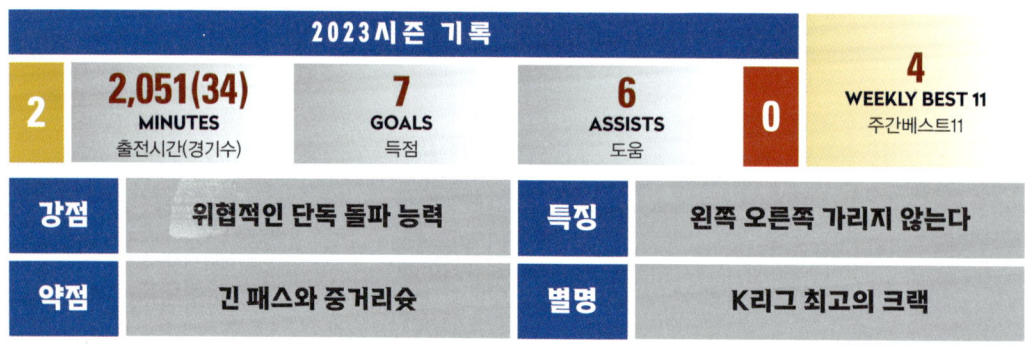

선수 소개 SQUAD INCHEON UNITED

이명주

1990년 4월 24일 | 34세 | 대한민국 | 176cm | 75kg

경력
포항(12~14)
▷ 알아인(14~16)
▷ 서울(17)
▷ 경찰(18~19)
▷ 서울(19)
▷ 알와흐다(20~21)
▷ 인천(22~)

K리그 통산기록
211경기 33득점 33도움

대표팀 경력
17경기 1득점

2024시즌 뉴 캡틴이다. 지난해 부주장으로 공로를 인정받았다. "투지와 열정 넘치는 플레이로 피치 위에서 모든 것을 쏟아붓겠다"고 선언했다. 국가대표 출신 이명주는 인천 중원의 필수요소다. 박스 투 박스 미드필더의 교과서다. 수비형 공격형 모두 가능하다. 압도적인 활동량은 기본이다. 어마어마한 체력을 자랑한다. 시야도 넓고 롱킥도 정확한 편이다. 3선에서 전환패스로 단번에 골찬스를 창출하는 장면을 종종 연출한다. 거친 몸싸움을 피하지 않는다. 악착같이 볼을 경합하는 모습은 팬들을 즐겁게 하고 동료들에게 투지를 심어 준다. 탈압박 능력도 준수하다. 툭 찌르는 침투패스도 예리해 쓰임새가 다양하다. 그라운드의 야전사령관이다. 확실한 킬러본능을 갖춘 무고사, 리그 정상급 스피드를 가진 제르소를 앞에 두고 뛴다면 매우 파괴적인 공격력을 과시할 것으로 기대된다. 다만 이제 체력도 부상도 관리가 필요하다. 이명주는 2022시즌 34경기에 출전했다. 하지만 작년에는 전반기와 후반기에 한 차례씩 다쳐 꽤 길게 결장했다. 25경기에 나왔다. 체력적인 문제가 점차 드러나도 이상하지 않다.

2023시즌 기록

5	1,990(25) MINUTES 출전시간(경기수)	2 GOALS 득점	1 ASSISTS 도움	0	2 WEEKLY BEST 11 주간베스트11
강점	발군의 경기 조율 능력		특징	공이 있는 곳에 어디에든 있다	
약점	에이징커브가 두렵다		별명	에너자이저	

INCHEON UNITED SQUAD 선수소개

김도혁

1992년 2월 8일 | 32세 | 대한민국 | 173cm | 71kg

경력

인천(14~17)
▷경찰(18~19)
▷인천(19~)

K리그 통산기록

271경기 15득점 21도움

대표팀 경력

—

인천을 대표하는 원클럽맨이자 어느 자리든 소화 가능한 멀티플레이어다. 일단 김도혁은 잘 다치지 않는다. 언제나 스쿼드를 지켜주는 든든한 국밥 같은 남자다. 3년 연속 30경기 이상 출전했다. 본래 포지션은 중앙 미드필더다. 윙어와 윙백으로도 뛰었다. 가장 큰 장점은 역시 성실성을 바탕으로 한 활동량이다. 기본기가 탄탄해 볼 키핑 실수가 적다. 상대와 적극적으로 경합한다. 높은 위치로 스스로 운반 드리블을 펼쳐 공격을 전개하는 능력이 우수하다. 짧은 패스는 물론 롱킥도 준수하다. 때때로 위협적인 중거리슛을 보여준다. 2~3선에만 머무는 스타일도 아니다. 오프 더 볼 움직임이 훌륭하다. 기습적으로 침투해 상대 골문을 직접 노리는 경우도 많다. 굳이 구분하자면 수비할 때 보다는 공격적일 때 빛나는 스타일이다. 다만 경기력이 꾸준하지 못하다는 점은 아쉽다. 여러 포지션을 맡았기 때문이라고 볼 수도 있다. 확실히 김도혁은 본업에 충실할 때 가장 돋보인다. 측면에서는 김도혁이 가진 능력이 극대화되지 않았다. 이명주와 중원 조합을 이룬다면 공수 밸런스가 매우 조화롭다. 기복만 줄인다면 드라마틱한 스텝업이 확실하다.

2023시즌 기록

3	2,109(32) MINUTES 출전시간(경기수)	1 GOALS 득점	3 ASSISTS 도움	0	3 WEEKLY BEST 11 주간베스트11
강점	금강불괴		**특징**		원클럽맨
약점	높은 경기력 유지가 관건		**별명**		하프스타

선수 소개　SQUAD　　　　　　　　　　　　　　INCHEON UNITED

신진호

1988년 9월 7일 | 36세 | 대한민국 | 177cm | 73kg

경력

포항(11~13)
▷ 카타르SC(13~14)
▷ 알사일리야(14~15)
▷ 에미리츠(15)
▷ 포항(15)
▷ 서울(16)
▷ 상무(16~17)
▷ 서울(18)
▷ 울산(19~20)
▷ 포항(21~22)
▷ 인천(23~)

K리그 통산기록

274경기 19득점 53도움

대표팀 경력

—

2023년은 너무 아쉬웠다. 1년 내내 부상에 시달렸다. 16라운드부터 결장하기 시작했다. 28라운드에 돌아왔지만 또 시련이 닥쳤다. 31라운드에 다치면서 시즌 아웃됐다. 2021년과 2022년 포항 소속으로 2년 연속 30경기 이상 소화했던 신진호가 작년은 절반이나 날렸다. 인천은 지난해 신진호를 영입하며 큰 기대를 걸었다. 신진호는 포항 울산 서울 등 K리그 여러 강팀에서 활약한 검증된 공격형 미드필더다. 활동량이 왕성해 수비에 열심히 가담한다. 팀에 큰 도움을 준다. 기술도 훌륭하다. 세밀한 패스플레이와 연계 능력이 발군이다. 2선에서 공격 전개에 중심을 잡아줄 핵심 자원이다. 오프더볼 움직임과 롱킥도 부족하지 않다. 순간적인 판단력과 센스도 갖췄다. 인천은 이런 보물을 절반밖에 써먹지 못했으니 아쉬울 따름이다. 신진호 또한 새 팀에 와서 첫 시즌에 다쳐 올해는 절치부심 준비했다. 다만 수비력 자체가 뛰어난 편은 아니다. 수비형 미드필더로 두기엔 부담이 따른다. 또한 이제 젊은 나이가 아니다. 부상 재발 위험이 도사리며 회복도 예전 같지 않다. 체력 관리도 필수다.

2023시즌 기록

5	1,379(17) MINUTES 출전시간(경기수)	1 GOALS 득점	3 ASSISTS 도움	0	- WEEKLY BEST 11 주간베스트11
강점	체력 기술 다 갖춘 완성형 미드필더		특징	인경더비에서 마주할 김기동 감독	
약점	지치지 말아줘, 다치지 말아줘		별명	신진호랑이	

INCHEON UNITED — SQUAD 선수소개

민성준

1999년 7월 22일 | 25세 | 대한민국 | 188cm | 82kg
경력 | 인천(20) ▷ 몬테디오야마가타(20~21) ▷ 인천(22~)
K리그 통산기록 | 6경기 6실점
대표팀 경력 | –

인천 홈그로운 자원이다. U15, U18 모두 인천에서 성장했다. 대건고 시절부터 초고교급 골키퍼로 주목을 받았다. 청소년 대표팀에도 발탁된 유망주다. 2018년 FA컵 서울이랜드와 연장 120분 사투를 무실점으로 막아낸 뒤 승부차기까지 승리로 책임진 경기가 유명하다. 일본 J2리그 임대를 다녀왔다. 2022년 K리그 1경기 출전에 그쳤지만 지난해 5경기에 나서며 입지를 넓혔다. 주전 골키퍼 김동헌이 입대했다. 민성준에게는 다시 기회이자 경쟁이 찾아왔다. 선방 능력은 뛰어나지만 현대 축구에서 요구되는 빌드업 관여가 아쉽다는 평가다.

2023시즌 기록

경고	퇴장	출전시간(경기수)	실점	선방	WEEKLY BEST 11	강점	약점
0	0	450(5) MINUTES	4 LOSS	10 SAVE	– 주간베스트11	동급최강 반사신경	후방 빌드업 연계 플레이

김연수

1993년 12월 29일 | 31세 | 대한민국 | 185cm | 78kg
경력 | 강릉시청(16) ▷ 서울이랜드(17) ▷ 안산(18~19) ▷ 인천(20~21) ▷ 서울이랜드(22) ▷ 인천(23~)
K리그 통산기록 | 140경기 1득점 1도움
대표팀 경력 | –

김연수는 실업 축구에서 커리어를 시작했다. 차근차근 올라와 최상위 리그까지 정복했다. 2020년 인천에 입단하며 실력이 급성장했다. 2022년 서울이랜드로 이적했다가 작년에 인천으로 복귀했다. 전반기에는 적응에 애를 먹었는지 다소 주춤했지만 후반기부터는 자리를 잡았다. 수비수로서 스피드가 매우 빠른 편이라 상당한 강점이다. 공중볼 다툼에도 능하다. 상대 공격수 입장에서는 껄끄럽고, 같은 편이면 든든한 터프한 스타일이다. 약점으로 지적받던 세밀한 패스도 개선되는 모습이다. 다만 큰 키에 비해 슬림한 편이라 몸싸움은 아쉽다.

2023시즌 기록

경고	퇴장	출전시간(경기수)	득점	도움	WEEKLY BEST 11	강점	약점
3	0	1,740(22) MINUTES	0 GOALS	0 ASSISTS	1 주간베스트11	든든한 터프가이	섬세하면 더 좋을 듯?

오반석

1988년 5월 20일 | 36세 | 대한민국 | 190cm | 80kg
경력 | 제주(11~18) ▷ 알와슬SC(18~19) ▷ 무앙통유나이티드(19) ▷ 전북(20) ▷ 인천(20~)
K리그 통산기록 | 282경기 10득점 1도움
대표팀 경력 | 2경기, 2018 월드컵

제주에서 8시즌 동안 주전으로 활약했다. 다소 폼이 떨어질 때쯤 UAE와 태국 리그 등을 거치며 해외 무대도 경험했다. 이후 K리그 최강팀 전북의 부름을 받았지만 주전 경쟁에서 밀려났다. 2020년 인천으로 팀을 옮기며 제2의 전성기가 시작됐다. 수비형 미드필더도 가능한 센터백이다. 거친 플레이를 즐기는 파이터 스타일이다. 제공권만큼은 단연 리그 최고라 자부할 수 있다. 몸싸움에도 능하다. 다만 이제 적은 나이가 아니라 부상 방지는 신경 써야 한다. 스피드는 약점이다. 볼 간수는 안정적이나 공격적인 빌드업은 잘 보여주지 않는다.

2023시즌 기록

경고	퇴장	출전시간(경기수)	득점	도움	WEEKLY BEST 11	강점	약점
1	0	2,352(27) MINUTES	3 GOALS	0 ASSISTS	3 주간베스트11	공중볼은 나의 것	스피드는 취약해

선수 소개　　SQUAD　　　　　　　　　　　　　　　　　INCHEON UNITED

문지환

1994년 7월 26일 | 30세 | 대한민국 | 184cm | 76kg
경력 | 성남(17~19) ▷ 인천(20~21) ▷ 상무(21~22) ▷ 인천(23~)
K리그 통산기록 | 122경기 5득점
대표팀 경력 | -

어린 시절에는 미드필더를 봤다. 성장하며 센터백으로 변신했다. 성남에서는 다시 수비형 미드필더까지 소화하면서 멀티플레이어로 거듭났다. 인천에 와선 중앙 수비수로 기용되다가 중원으로 올라섰다. 이명주 신진호 등과 좋은 조합을 보여줬다. 현재로서는 수비형 미드필더 자리에서 가장 안정적인 모습을 보여준다. 수비수 출신답게 수비력은 의심의 여지가 없다. 태클과 공중볼 경합 능력이 좋다. 매우 저돌적으로 들이받는 스타일이다. 시야가 넓어 때때로 허를 찌르는 침투나 전환 패스가 돋보인다. 다만 센터백으로는 아쉽고 중원에서는 주전 경쟁이 불가피하다.

		2023시즌 기록			2 WEEKLY BEST 11 주간베스트11	강점	약점
8	0	1,647(27) MINUTES 출전시간(경기수)	2 GOALS 득점	0 ASSISTS 도움		축구 센스와 적극성	멀티 플레이어지만 애매한 입지

최우진

2004년 7월 18일 | 20세 | 대한민국 | 175cm | 68kg
경력 | 인천(23~)
K리그 통산기록 | 5경기 1득점 1도움
대표팀 경력 | -

작년 신인이다. 윙어와 풀백이 가능한 왼쪽 측면 자원이다. 31라운드 강원과 경기에 데뷔했다. 주눅 들지 않은 모습으로 공격적으로 플레이해 눈도장을 확실하게 찍었다. 두 번째 출전인 35라운드 광주전에 깜짝 중거리포로 데뷔골을 넣었다. 37라운드 울산전에는 크로스로 도움도 기록했다. 이를 바탕으로 4경기 연속 출전하며 기분 좋게 시즌도 마무리했다. 경기 수가 많지는 않지만 K리그에서도 윙과 윙백으로 모두 통할 수 있다는 가능성을 보여줬다. 기대대로 성장한다면 스쿼드 운용에 엄청난 유연성을 가져다줄 선수다. 스피드와 드리블이 강점이다. 수비력은 아직 미숙하다는 평가다.

		2023시즌 기록			2 WEEKLY BEST 11 주간베스트11	강점	약점
0	0	316(5) MINUTES 출전시간(경기수)	1 GOALS 득점	1 ASSISTS 도움		번뜩이는 돌파력	물러서는 수비는 아직 불안

김준엽

1988년 5월 10일 | 36세 | 대한민국 | 178cm | 76kg
경력 | 제주(10~12) ▷ 광주(13) ▷ 경남(14~17) ▷ 경찰(16~17) ▷ 부천(18) ▷ 대구(19) ▷ 인천(20~)
K리그 통산기록 | 277경기 9득점 19도움
대표팀 경력 | -

프로 15년차를 맞는 베테랑이다. 윙어 출신 윙백이다. 커리어 내내 시즌을 날릴 정도로 큰 부상을 당한 적이 한 차례도 없을 정도로 자기관리에 뛰어나다. 많은 팀을 거쳤는데 2020년 인천 유니폼을 입은 뒤로는 눌러앉았다. 인천에 와서 벤치에도 앉고 주전 경쟁도 하면서 굴곡이 많았지만 그는 항상 이겨냈다. 언제든 준비된 자세가 인상적이다. 스피드와 돌파, 정확한 크로스가 일품이다. 무엇보다 윙백이면서도 가끔 박스 안까지 적극적으로 침투하는 모습이 돋보인다. 최근 유행하는 인버티드 풀백의 시초가 아닌가 생각이 들 정도다.

		2023시즌 기록			- WEEKLY BEST 11 주간베스트11	강점	약점
3	0	2,178(28) MINUTES 출전시간(경기수)	1 GOALS 득점	2 ASSISTS 도움		네가 왜 박스에서 나와? 예측 불허 침투력	잔부상 및 체력관리 필수

INCHEON UNITED

SQUAD — 선수소개

20 DF

델브리지
Harrison Delbridge

1992년 3월 15일 | 32세 | 호주 | 190cm | 87kg

경력 | 벤츄라카운티퓨전(13) ▷ 새크라멘토리퍼블릭(14) ▷ 포틀랜드팀버스(15) ▷ 신시내티(16~17) ▷ 멜버른시티(18~20) ▷ 인천(21~)

K리그 통산기록 | 92경기 1득점 3도움

대표팀 경력 | -

델브리지는 호주 사람이지만 미국에서 축구를 시작했다. 풀백도 소화 가능한 센터백이다. 26세에 호주 A리그 멜버른시티와 계약하며 모국으로 돌아왔다. 호주에서 한층 물오른 기량을 뽐내 K리그 레이더에 포착됐다. 2021시즌 인천에 입단했다. 매 시즌 발전하는 성장형 외인이다. 인천에서도 기량이 늘어 호주 국가대표에 발탁되는 영광을 누렸다. 장신 수비수답게 제공권은 안심이다. 스피드도 준수하며 롱킥이 정확해 은근히 위협적이다. 다만 너무 공격적인 성향을 노출하다가 뒷공간을 허용하는 장면이 종종 보인다. 시즌 초반 부상 데미지를 얼마나 빨리 극복하느냐가 중요하다.

2023시즌 기록

| 4 | 0 | 1,929(25) MINUTES 출전시간(경기수) | 0 GOALS 득점 | 0 ASSISTS 도움 | 1 WEEKLY BEST 11 주간베스트11 | **강점** 압도적인 제공권 | **약점** 가끔 치명적인 뒷공간 |

25 GK

이범수

1990년 12월 10일 | 34세 | 대한민국 | 190cm | 85kg

경력 | 전북(10~14) ▷ 서울이랜드(15) ▷ 대전(16) ▷ 경남(17~19) ▷ 강원(20~21) ▷ 전북(21) ▷ 부천(23) ▷ 인천(24~)

K리그 통산기록 | 159경기 196실점

대표팀 경력 | -

전 국가대표 골키퍼 이범영의 동생. 현재 버전으론 '형보다 나은 아우'다. 인천이 1, 2순위 골키퍼였던 김동헌과 이태희가 한꺼번에 군복무로 이탈하면서 이범수를 영입했다. 이보다 좋을 수 없는 대체자다. 이범수는 우승권팀부터 강등권팀, 2부팀을 두루 거쳤고, NO.1과 NO.2를 오갔다. 2019년 경남, 2021년 강원에서 주전 골키퍼로 K리그 무대를 누볐다. 2023시즌 부천에서 안정적인 선방 능력으로 다시금 존재감을 알렸다. 경쟁자 민성준과 비교하면 경험이 훨씬 풍부하고 노련하다는 점이 우위다. 다만 번뜩이는 반사신경이나 슈퍼세이브 측면에서는 민성준이 앞선다.

2023시즌 기록

| 2 | 0 | 2,880(32) MINUTES 출전시간(경기수) | 32 LOSS 실점 | 80 SAVE 선방 | - WEEKLY BEST 11 주간베스트11 | **강점** 풍부한 경험을 바탕으로 한 안정감 | **약점** 롱킥은 좋은데 숏패스는 글쎄 |

※ K리그2

27 FW

김보섭

1998년 1월 10일 | 26세 | 대한민국 | 183cm | 75kg

경력 | 인천(17~19) ▷ 상무(19~21) ▷ 인천(21~)

K리그 통산기록 | 142경기 11득점 11도움

대표팀 경력 | -

인천의 아들이다. U12, U15, U18까지 모두 인천에서 성장했다. 윙어, 윙백, 공격형 미드필더, 공격수까지 가능한 전천후 옵션이다. 2017년 인천에 입단하며 19세의 나이로 프로에 직행했다. 하지만 높은 벽을 실감했다. 2020년 상무에 입단하며 반전 계기가 찾아왔다. 출전 시간을 늘려 기량도 발전했다. 2022년 잠재력을 만개했다. 34경기에 출전해 5골 4도움을 기록했다. 지난해에도 33경기에 나왔다. 돌파와 스피드, 과감한 슈팅이 장점이다. 전지훈련에서 발목을 다쳤다. 회복에 전념하느라 시즌 준비가 제대로 됐을지가 걱정이다. 서두르면 4월, 늦어도 6월 복귀가 예상된다.

2023시즌 기록

| 2 | 0 | 1,928(33) MINUTES 출전시간(경기수) | 3 GOALS 득점 | 4 ASSISTS 도움 | 2 WEEKLY BEST 11 주간베스트11 | **강점** 만능 공격 옵션 | **약점** 오프시즌 부상이라니 |

선수 소개   SQUAD

INCHEON UNITED

민경현

2001년 12월 16일 | 23세 | 대한민국 | 175cm | 68kg
경력 | 인천(22~)
K리그 통산기록 | 57경기 1득점 1도움
대표팀 경력 | -

2022년 입단 첫해부터 주전을 꿰찼다. 다만 데뷔 시즌부터 30경기 출전 강행군을 버틴 탓인지 체력 문제가 발생한 듯 보인다. 시즌 후반으로 갈수록 다소 둔해진 모습이 나타났다. 작년에는 '소포모어 징크스'라고 하기에는 애매하지만 확실히 2022년보다는 폼이 떨어졌다. 어린 연차 선수들이 겪는 전형적인 고비다. 풀타임에 적응했으니 한 시즌을 완주하는 노하우가 이제는 생겼으리라 기대된다. 경험에 비해 매우 침착하고 동시에 과감하다. 빠르고 저돌적이지만 잔기술이 부족해 디테일이 아쉽다. U-22를 벗어난 올시즌 주전 경쟁을 이겨내야 한다.

		2023시즌 기록			- WEEKLY BEST 11 주간베스트11	강점 저돌적이고 거침없다	약점 경험 부족에 따른 컨디션 관리
1	0	1,721(27) MINUTES 출전시간(경기수)	0 GOALS 득점	1 ASSISTS 도움			

홍시후

2001년 1월 8일 | 23세 | 대한민국 | 175cm | 65kg
경력 | 성남(20~21) ▷ 인천(22~)
K리그 통산기록 | 77경기 4득점 3도움
대표팀 경력 | -

9세 이하, 23세 이하 대표팀에도 발탁될 정도로 재능있는 공격 자원이다. 윙어와 윙백으로 플레이가 가능하다. 성남에서 자리를 잡지 못하던 홍시후를 인천이 데리고 왔다. 2022년 많은 기회를 받았지만 인상적인 모습을 보여주지 못했다. 작년에는 2022년보다 적은 12경기에 출전했지만 골은 더 많이 넣었다. 올해를 반등 계기로 삼아야 한다. 전방 압박을 성실하게 수행하는 공격수다. 활동량이 많아 팀에 큰 도움을 주는 선수다. 하지만 경기가 잘 풀리지 않자 소극적으로 변하는 모습을 노출하기도 했다. 문전에서 결정력이 약한 편이다.

		2023시즌 기록			1 WEEKLY BEST 11 주간베스트11	강점 성실성, 포지션 변경 성공적	약점 자신감 회복이 절실
2	0	411(12) MINUTES 출전시간(경기수)	2 GOALS 득점	1 ASSISTS 도움			

음포쿠   Paul-Jose MPoku Ebunge

1992년 4월 19일 | 32세 | 콩고 · 벨기에 | 180cm | 79kg
경력 | 토트넘(08~11) ▷ 리에주(11~15) ▷ 베로나(15~17) ▷ 알와흐다(20~21) ▷ 콘야스포르(21~22) ▷ 인천(23~)
K리그 통산기록 | 24경기 3득점 2도움
대표팀 경력 | -

음포쿠는 유럽 무대 경험이 풍부하다. 윙어와 중앙 미드필더를 소화하는 특이하면서도 매우 유용한 유틸리티 능력을 갖췄다. 토트넘 출신이다. 프리미어리그 데뷔는 하지 못했지만 영국, 이탈리아, 크리스, 튀르키예 리그에서 활약했다. K리그에 와서는 개성 넘치는 플레이를 자주 보여줬다. 프리롤로 풀어놨을 때 창의적이고 위협적인 장면을 자주 연출해준다. 킥과 패스가 좋아 자신이 많이 뛰기보다는 남을 많이 뛰게 한다. 단단한 체격 조건을 바탕으로 볼을 잘 간수한다. 다만 성실하게 수비에 가담하고 헌신하는 스타일은 아니다.

		2023시즌 기록			2 WEEKLY BEST 11 주간베스트11	강점 웬지 혼자서 다 해줄 것 같은 기대감	약점 혼자만 할 것 같은 불안감
5	0	1,321(24) MINUTES 출전시간(경기수)	3 GOALS 득점	2 ASSISTS 도움			

INCHEON UNITED — SQUAD 선수소개

김동민

1994년 8월 16일 | 30세 | 대한민국 | 180cm | 75kg
경력 | 인천(17~19) ▷ 상무(20~21) ▷ 인천(21~)
K리그 통산기록 | 121경기 1득점 2도움
대표팀 경력 | –

지난 시즌 인천 출전시간 1위다. 인천의 최후방을 책임지는 든든한 원클럽맨 수비수다. 풀백, 수비형 미드필더, 중앙 수비수 모두 가능하다. 프로 초기에는 풀백으로 뛰었다. 2022년 후반부터 센터백으로 자리를 굳히기 시작했다. 적극적이고 단단한 대인마크가 장점이다. 매우 공격적으로 전진 운반하는 모습도 자주 보여준다. 힘이 좋아 몸싸움에 능하다. 빌드업이나 롱킥도 나쁘지 않은 수준이다. 다만 저돌적인 움직임이 가끔 과한 경우가 있다. 공간을 허용하게 되고 무리한 반칙의 빌미를 자초하곤 한다. 퇴장을 두 차례나 당했다.

		2023시즌 기록				강점	약점
5	2	2,409(27) MINUTES 출전시간(경기수)	0 GOALS 득점	0 ASSISTS 도움	3 WEEKLY BEST 11 주간베스트11	적극적이고 까다로운 수비수	카드를 부르는 다혈질

박승호

2003년 9월 1일 | 21세 | 대한민국 | 180cm | 72kg
경력 | 인천(23~)
K리그 통산기록 | 9경기 1득점
대표팀 경력 | –

단국대 1학년 시절에 U리그 16경기 15골을 폭발했다. 센터포워드, 윙포워드, 처진 스트라이커까지 가능하다. 대학 1학년을 마치고 바로 프로에 왔다. 37라운드 울산전에서 데뷔골을 터뜨렸다. 경기 MOM으로 뽑혔다. 37라운드 베스트11에도 등극했다. 시야가 넓어 패스 루트가 다양하다. 스스로 침투 움직임도 훌륭해 '10번'의 재능이 돋보인다. 축구를 쉽게 한다는 표현이 잘 어울리는 선수다. K리그에서 출전 시간을 차츰 늘리면서 경험을 더 축적한다면 대형 공격수로 성장할 자질이 충분하다.

		2023시즌 기록				강점	약점
1	0	509(9) MINUTES 출전시간(경기수)	1 GOALS 득점	0 ASSISTS 도움	1 WEEKLY BEST 11 주간베스트11	축구를 쉽게 한다	아직은 보여준 시간이 부족

요니치 *Matej Jonjic*

1991년 1월 29일 | 33세 | 크로아티아 | 187cm | 83kg
경력 | 하이두크스플리트(09~14) ▷ 인천(15~16) ▷ 세레소오사카(17~20) ▷ 상하이선화(21) ▷ 세레소오사카(22~23) ▷ 인천(24~)
K리그 통산기록 | 71경기
대표팀 경력 | –

8년 만에 돌아왔다. K리그 역대 최고의 외국인 수비수라고 표현해도 무방하다. 2015년 인천과 계약하며 K리그 무대를 처음 밟았다. 데뷔 시즌에 바로 리그 베스트11에 등극했다. 2년 연속 베스트11에 선정된 후 J리그로 떠났다. 인천은 지난 시즌 종료 후 FA가 된 요니치를 재빠르게 잡았다. K리그 레벨에서는 별다른 약점이 눈에 띄지 않는 완성형 수비수다. 제공권, 태클, 활동량, 공간 커버 등 모자람이 없다. 매우 성실하고 헌신적이며 적극적으로 움직인다. 슬슬 30대 중반이 꺾이는 나이, 그리고 K리그에 오랜만에 돌아왔다는 점 외에는 걱정할 변수가 없다.

		2023시즌 기록				강점	약점
1	0	1,600(22) MINUTES 출전시간(경기수)	0 GOALS 득점	0 ASSISTS 도움	- WEEKLY BEST 11 주간베스트11	K리그 최강 만능 수비수	굳이 꼽자면 나이

■ 일본 J1리그 기록

전지적 작가 시점

한동훈이 주목하는 인천의 원픽!
최우진

인천의 전력은 어느 정도 계산이 서는 수준까지 올라왔다. 작년 전력을 잘 보존했지만 반대로 눈에 띄는 굵직한 영입은 요니치 정도다. 여기서 인천이 한 단계 도약하려면 유망주의 폭발을 기대해야 한다. '잘 되는 팀'은 항상 물음표가 느낌표로 바뀔 때 완성된다. 최우진이 터지면 대박이다. 작년 신인 최우진은 시즌 막바지에 눈도장을 제대로 찍었다. 윙어와 풀백이 모두 가능해 측면에서 활용도가 매우 높다. 최우진은 빠르고 매우 도전적이다. 때때로 과감한 드리블 능력도 뽐낸다. 이미 검증된 무고사-제르소 라인에 최우진이 측면에서 휘저어준다면 엄청나게 위협적인 조합이 완성된다. 최우진은 작년 마지막 4경기에 연속 출전했다. 상승세 속에서 시즌 마침표를 찍었다. 풀백 갈증에 시달리는 한국 축구의 한줄기 빛으로 성장한다면 더할 나위가 없다. 보여준 잠재력만큼은 차세대 국대급이라 평가해도 과언이 아니다. 다만 작년에 고작 5경기에 나왔다. 프로 2년차다. 급격하게 출전 시간이 불어나면 밸런스가 깨질 위험이 있다. 수비력도 보완할 필요가 있다.

지금 인천에 이 선수가 있다면!
조현우

올해 가장 걱정스러운 포지션은 사실 골키퍼다. 조현우 같은 선수가 와야 한다. 지난 시즌 출전시간 1, 2위를 나눠 가진 김동헌 이태희가 모두 군 복무를 위해 떠났다. 1·2 옵션이 한꺼번에 사라져 난감하다. 물론 유망주 민성준이 성장 중이다. 부천에서 베테랑 골키퍼 이범수도 영입했다. 만일에 대비해 K4리그 세종바네스에서 성윤수도 데리고 왔다. 구색은 갖췄지만 물음표가 확실하게 지워지지는 않는다. 민성준은 경험이 더 필요하다. 이범수도 K리그1에서 완전히 풀타임을 뛴 적은 없다. 지난 아시안컵에서 일본이 온몸으로 증명했듯이 골키퍼는 엄청나게 중요하다. 일본은 골키퍼 경험 부족 탓에 대회 내내 불안에 떨었다. 1인분을 해도 티가 나지 않지만 조금만 부족해도 팀 전체가 우르르 흔들린다. 문지기의 안정감은 아무리 강조해도 지나치지 않다. 골키퍼 외에 포지션은 사실 작년과 거의 그대로다. 전력이 제대로 보존됐다. K리그 최고의 골키퍼가 지금 인천에 온다면 그야말로 화룡점정이다. 조현우는 발밑이 다소 아쉽다는 지적이 있지만 아시안컵에서 상당 부분 약점을 해소한 모습을 증명했다. K리그에서 그 이상은 더 바랄 것도 없다.

에드가
세징야
벨툴라
요시노
바셀루스
김민영
김영준
정재상
고재현
박세진
손승민
이용래
김진혁
최민기
권광덕
홍철
장성원
고명석
박진영
황재원
김강산
정은우
이원우
오승훈
최영은

DAEGU FC　　　　　　　　　　　TEAM　　팀 소개

업그레이드 딸깍 축구, 기대하시라

대구 FC

K리그를 대표하는 시민구단 중 하나다. 어엿한 '축구도시'인 대구의 '대팍'(DGB대구은행파크)에 울려 퍼지는 '쿵쿵짝' 응원은 대구 명물이다. 다른 팀의 성공을 멀찍이서 부러워만하던 대구는 다른 구단의 부러움을 사는 구단으로 변모했다. 대구만큼 똑같은 철학으로 한 길을 걷는 팀은 드물다. 중심엔 국가대표 선수, 국가대표팀 감독 출신인 조광래 대표이사가 있다. 대구의 역사는 조광래 대표 선임 전후로 나뉜다고 해도 과언이 아니다. 젊은 지도자 최원권 감독이 '대행' 꼬리표를 떼고 야심차게 맞이한 2023시즌은 대구의 가능성과 한계를 명확하게 보여줬다. 최 감독은 2022시즌 강등 위기를 극복하게 한 '선수비, 후역습' 스타일, 이른바 '딸깍 축구'를 시즌 초반부터 확실하게 팀의 스타일로 내세웠다. 단단한 수비 라인을 유지하며 상대의 공세를 막아낸 뒤 세징야와 에드가, 고재현 등 파괴력을 지닌 공격수들을 앞세워 상대의 허를 찌르는 전술. 하지만 얇은 스쿼드를 쥐어짜면서 생긴 누적 피로, 줄부상이 시즌 막판 결정적인 순간 발목을 잡을 뻔했다. 최 감독과 대구 선수들은 이런 아쉬움을 새로운 발전의 원동력으로 바꾸기 위한 준비를 하고 있다. 더욱 단단하고 날카로운 '딸깍 축구'를 대구 팬들에게 선보일 예정이다.

구단 소개

정식 명칭	대구시민 프로 축구단
구단 창립	2002년 10월 9일
모기업	시민구단
상징하는 색	하늘색
경기장(수용인원)	DGB대구은행파크 (12,419명)
마스코트	빅토, 리카
레전드	박종진, 세징야
서포터즈	그라지예
커뮤니티	대구스토

우승

K리그	–
FA컵	1회(2018)
AFC챔피언스리그(ACL)	–

최근 5시즌 성적

시즌	K리그	FA컵	ACL
2023시즌	6위	16강	–
2022시즌	8위	4강	16강
2021시즌	3위	준우승	16강
2020시즌	5위	16강	–
2019시즌	5위	16강	본선진출

HOME　　　GK　　　AWAY

감독 소개 MANAGER　　　DAEGU FC

뚝심의 막내 감독
2년 차는 기회다

최원권
1981년 11월 8일 | 43세 | 대한민국

K리그 전적
49전 18승 18무 13패

첫인상은 다소 유약해 보일지 몰라도 가슴 속에는 확고한 자신만의 축구 철학과 뜨거운 정열이 도사리고 있는 '진짜 사나이'라고 할 수 있다. 지난 시즌 그가 팀을 이끈 방식을 보면 그의 캐릭터가 잘 드러난다. 정식 감독으로 승격했지만, 사실 얇은 선수층과 상대적으로 높은 평균연령 때문에 팀의 선전을 장담하기 어려운 상황이었다. 실제로 개막 후 7경기에서 단 1승에 그치며 팬들의 거센 비난 앞에 놓이기도 했다. 하지만 그는 전혀 흔들리지 않았다. 선수들에 대한 믿음, 자신이 추구하는 축구에 대한 강한 확신이 있었기 때문이다. 결국 그 뚝심으로 위기를 이겨낸 결과 2년 만에 팀을 파이널A로 올려놨다. 그 경험을 바탕으로 이제 최원권 감독은 'ACL 진출'이라는 더 높은 목표를 향해 나아가려 한다.

선수 경력

안양	서울	제주	한국수력원자력	대구

지도자 경력

대구 플레잉코치	대구 수석코치	대구 감독대행	대구 감독(23~)

주요 경력

2004년 아테네 올림픽

선호 포메이션	3-4-3	3가지 특징	어떤 위기가 찾아와도 포기하지 않는 뚝심	선수와 수평적인 소통으로 신뢰를 만드는 지도자	신중하지만, 야심은 크다

STAFF

코치	GK코치	피지컬코치	선수 트레이너	물리치료사	전력분석관	통역
정선호 이용래	이용발	이종현	박해승 이대균	노현욱	박준철	이상민

DAEGU FC
2023 SEASON REVIEW / 2023 시즌 리뷰

2 0 2 3 R E V I E W

다이나믹 포인트로 보는 대구의 2023시즌 활약도

'딸깍 축구'의 가능성과 한계를 여실히 보여준 2023시즌이었다. 2022시즌 도중 팀을 이어받아 극적인 잔류 성공을 이끌어 낸 최원권 감독이 정식 감독으로 승격해 '선수비, 후역습' 전술을 확고하게 앞세운 대구는 시즌 개막 후 7경기에서 단 1승에 그치며 첫 위기를 겪었다. 그러나 흔들림 없는 감독의 뚝심이 선수들의 투지를 일깨운 덕분에 반등에 성공했다. 결국 33라운드를 앞두고 파이널A 진출을 확정했다. 그러나 얇은 스쿼드로 인한 뒷심부족으로 파이널 라운드 1승(1무3패)에 그치며 아쉬움을 곱씹을 수밖에 없었다.

2023시즌 다이나믹 포인트 상위 20명 ■ 포인트 점수

출전시간 TOP 3
순위	선수	기록
1위	김진혁	3,293분
2위	고재현	3,042분
3위	홍정운	2,930분

득점 TOP 3
순위	선수	기록
1위	고재현, 에드가	9골
2위	세징야	8골
3위	바셀루스	5골

도움 TOP 3
순위	선수	기록
1위	홍철	6도움
2위	세징야	5도움
3위	장성원	4도움

주목할 기록
35.1	2023시즌 대구 평균 점유율 (K리그 최저)
81	팀 경고 2년 연속 전체 1위

성적 그래프

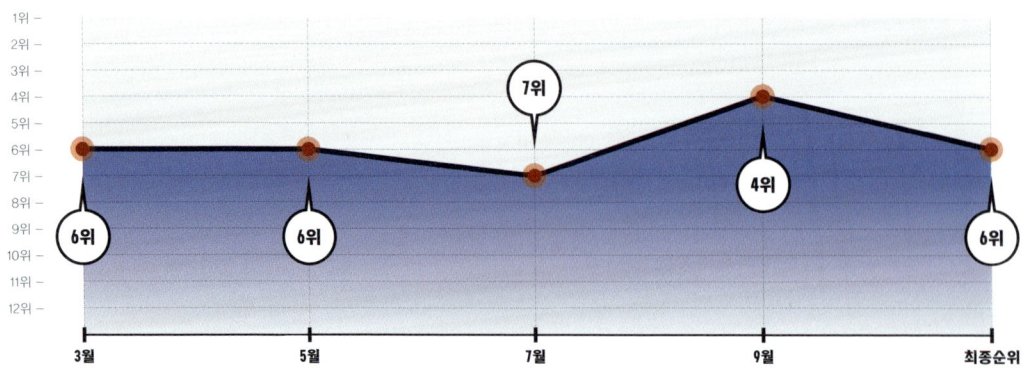

2024 시즌 스쿼드 운용 & 이적 시장 인앤아웃

IN
고명석_수원
요시노_요코하마FC
정은우 김정현
_이상 자유계약
박상영 권광덕
손승민 정재상
심연원 박진영
정헌택 한서진
김민섭 김민영
김현준 박세민
임지민_이상 신인

OUT
홍정운_대전
이진용 조진우
_이상 김천상무
유지운_추카리츠키
김희승_부산
케이타 이준희
손승우 서도협
박재경 김동현
김리관 이종훈
신한결_이상 계약만료

ⓒ 주장   ■ U-22 자원

최원권 감독의 올 시즌 목표는 명확하다. 지난해 팀을 파이널A로 이끈 자신감과 경험을 원동력 삼아 올해에는 팬들이 염원하는 '아시아축구연맹(AFC) 챔피언스리그 진출'. 1월 태국 전지훈련에서부터 당당히 목표를 밝혔다. 이를 위해 특유의 '딸깍 축구'를 더욱 업그레이드해서 경쟁력을 갖추겠다는 게 최 감독의 전략. 물론 지난해 수준의 경기력이 유지되면서 선수들이 좀 더 자신감을 내준다면, AFC 챔피언스리그 진출 목표가 불가능한 건 아니다. 하지만 너무 낙관할 수는 없는 상황이다. 여전히 팀 공격의 주축인 세징야와 에드가의 노쇠화 문제가 지속적인 고민거리가 될 듯하다. 특히 스리백 수비의 핵심이었던 홍정운의 이적과 조진우의 상무 입대 공백이 생겼고, 이적시장에서 확실한 대안을 마련하지 못한 게 우려되는 대목이다. 베테랑 김진혁에 이적생 고명석, 지난해 합류한 김강산 등으로 후방을 꾸려야 하는데 불안 요소가 적지 않다. 시즌 초반이 최대 고비가 될 듯하다.

주장의 각오

홍철

선수단이 하나가 되어 팀이 원하는 목표를 이룰 수 있도록 솔선수범하겠다. '대팍'을 찾아주시는 팬분들을 위해 올시즌 최선을 다하는 모습을 보여드리겠다. 아낌없는 응원과 지지 부탁드린다.

DAEGU FC   BEST 11   베스트 11

2024 예상 베스트 11

이적시장 평가

냉정히 말해 이번 이적시장에서 대구는 득보다는 실이 많았다. 팀 수비라인의 핵심인 홍정운을 대전에 내줬고, 또 다른 스리백의 주역인 조진우마저 상무에 입단하며 수비라인에 공백이 생겼다. 대안으로 수원에서 고명석을 영입하고, J리그에서 커리어를 쌓은 요시노를 영입했는데, 아무래도 이름값이 떨어지는 편. 6월에 임대 계약이 끝나는 벨톨라를 완전 영입하지 못한다면, 중원 걱정도 해야 할 터이다.

저자 5인 순위 예측

8위_수비 조직력은 물음표. 그래도 무시할 수 없는 '세드가'의 한 방. 전력은 파이널B

5위_여전히 '세징야 + 에드가' 조합에 기대를 건다는 게 안쓰러울 뿐. 잘되면 현상 유지, 안되면 폭망.

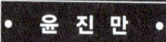

9위_스몰(S)에서 투엑스스몰(2XS)로 줄어든 것만 같은 얇은 스쿼드. 특히 불안한 스리백.

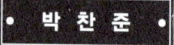

10위_무게감이 떨어진 스리백, 에이징커브 우려가 있는 세드가, '딸깍'으로 버티기 힘들어 보인다.

7위_겨울나기가 나쁘지 않았다. 그러나 경쟁자들이 워낙 쟁쟁한데? 파이널A 잔류도 험난하다.

선수 소개　　SQUAD　　　　　　　　　　　　　　　DAEGU FC

세징야

César Fernando Silva Melo　　　1989년 11월 29일 | 35세 | 브라질 | 177cm | 77kg

경력
SC코리ント치안스(10)
▷ 우니앙바르바렌시(11~12)
▷ CA브라간치누(12~16)
▷ 대구(16~)

K리그 통산기록
232경기 88득점 58도움

대표팀 경력
—

명실상부 대구FC를 상징하는 간판스타다. 실력과 리더십을 겸비해 지난해 주장까지 맡았다. 최원권 감독과 대구 팬은 이런 세징야의 존재감이 있었기에 2023시즌에 대한 기대감을 크게 갖고 있었다. 하지만 결과적으로 세징야는 자신을 향한 큰 기대를 충족시키지 못했다. 우려됐던 에이징 커브 문제 때문은 아니었다. 포항 스틸러스와의 개막전 골을 비롯해 초반 4경기에서 2골 1도움을 기록하며 좋은 페이스로 시즌을 출발했다. 그러나 잦은 부상이 결국 세징야의 발목을 잡았다. 전반기에는 햄스트링 부상으로 5, 6라운드 결장에 이어 수원FC와의 9라운드 이후 다시 한 달간 결장했고, 시즌 막판 강원FC와의 29라운드 경기 때 갈비뼈 골절 부상을 당해 그대로 시즌 아웃되고 말았다. 강한 책임감을 지닌 세징야는 고향인 브라질까지 가서 치료에 집중하며 복귀를 시도했지만, 끝내 무산되면서 대구 합류 이후 가장 적은 공격포인트(8득점 5도움)에 그치고 말았다. 다행인 점은 현재 세징야가 완전히 건강한 상태로 돌아왔다는 점. 2024시즌을 '제2의 전성기'로 만들겠다는 각오를 불태우고 있다. 세징야가 건강하게 풀타임을 소화한다면 대구의 순위는 확실히 2023시즌보다 올라갈 수 있다.

2023시즌 기록

4	1,868(23) MINUTES 출전시간(경기수)	8 GOALS 득점	5 ASSISTS 도움	0	5 WEEKLY BEST 11 주간베스트11
강점	타고난 득점감각과 책임감		특징	대구의 리빙레전드	
약점	많은 나이와 잦은 부상		별명	대구의 왕	

DAEGU FC　　　　　　　　　　　　　　SQUAD　　선수소개

에드가　Edgar Silva　　　　　1987년 1월 3일 | 37세 | 브라질 | 191cm | 87kg

경력
- 조인빌리EC(05~06)
▷ FC포르투(07~08)
▷ 바스쿠다가마(09~10)
▷ 비토리아SC(10~12)
▷ 알샤밥(12~15)
▷ 알와슬(15~16)
▷ 아다나스포르(16~17)
▷ 대구(18~)

K리그 통산기록
129경기 44득점 18도움

대표팀 경력
—

지난해 팀의 에이스인 세징야가 잦은 부상으로 10경기 이상 결장했음에도 대구가 파이널A에 진출할 수 있던 건 상당 부분 에드가의 기여 덕분이다. 2022년을 부상으로 완전히 날린 에드가가 대구와 재계약했다는 소식이 전해졌을 때는 반신반의의 시선이 지배적이었다. 하지만 에드가는 자신에 대한 의구심을 실력으로 날려버렸다. 탁월한 헤더 능력과 영리한 플레이로 두 자릿수 공격포인트를 달성하며 기량을 회복했다는 것을 실력으로 입증해냈다. 덕분에 올 시즌에도 대구의 최전방 공격라인을 책임질 예정이다. 관건은 30대 후반의 나이에서 오는 기량 저하 문제와 고질적인 부상 이슈를 어떻게 제어하느냐에 달려 있다. 하지만 최원권 감독의 신뢰는 여전하다. 에드가가 비록 나이가 많지만, 지금까지 보여준 능력을 믿는다며 확고한 믿음을 보이고 있다. 에드 역시 태국 전지 훈련에 조기 합류해 몸을 만드는 등 새 시즌 준비를 착실히 하고 있다. 스피드는 더 이상 예전만큼 나오지 않지만, 영리한 위치 선정과 몸싸움 능력이 건재하기 때문에 그의 머리에서 올해도 많은 골이 터질 가능성이 크다. 부상만 피한다면 2023시즌 성적(9골 3도움) 이상을 기대해도 좋을 것이다.

2023시즌 기록

4	2,322(34) MINUTES 출전시간(경기수)	9 GOALS 득점	3 ASSISTS 도움	1	1 WEEKLY BEST 11 주간베스트11
강점	K리그 최강의 헤더능력		**특징**		자신의 장점을 극대화시키는 플레이스타일
약점	다치기 쉬운 몸		**별명**		에드가사우르스

선수 소개   SQUAD   DAEGU FC

고재현

1999년 3월 5일 | 25세 | 대한민국 | 180cm | 67kg

경력
대구(18~)

K리그 통산기록
129경기 26득점 6도움

대표팀 경력
—

2018시즌에 신인으로 입단했던 고재현은 2020시즌 K리그2 서울 이랜드로 임대돼 스스로의 역량을 몇 단계 업그레이드 시킨 뒤 2022시즌에 대구로 돌아와 확실한 팀의 공격 주축으로 자리매김했다. 2022년 팀내 최다골에 이어 지난 시즌에도 9골을 넣으며 에드가와 함께 팀내 최다골의 주인공이 됐다. 이제 고재현이 없는 대구의 공격라인은 상상하기 어려울 정도. 어느덧 팀내에서도 중고참으로 성장해 리더십마저 보이고 있다. 고재현은 기본적으로 스피드와 개인기가 뒷받침되기 때문에 1대1 능력도 상당히 뛰어나고, 다양한 포지션을 소화할 수 있는 선수다. 여기에 절묘한 위치 선정 능력과 골감각까지 갖춰 'K리그의 인자기'라는 평가를 받고 있다. 하지만 최원권 감독은 지난해 세징야-에드가-바셀로스의 외국인 공격수 조합을 활용하기 위해 고재현을 가끔씩 미드필더로 기용했다. 그러나 이 기용법은 득보다는 실이 더 많다는 평가를 받고 있다. 팬들은 고재현이 올해는 공격수로만 활약해주길 원하고 있다. 대구의 레전드인 이근호가 은퇴 후 그의 등번호 '10번'을 이어받은 만큼 고재현이 새로운 팀의 아이콘으로 다시 두 자릿수 골을 만들 수 있을지 주목된다.

2023시즌 기록

6	3,113(37) MINUTES 출전시간(경기수)	9 GOALS 득점	1 ASSISTS 도움	0	3 WEEKLY BEST 11 주간베스트11

강점	멀티포지션 소화능력과 골 감각	특징	점점 공격수로 특화되는 중
약점	미드필더 위치에서 떨어지는 폼	별명	태양의 손자

DAEGU FC　　　　　　　　　　　　　　　　SQUAD　선수소개

홍철

1990년 9월 17일 | 34세 | 대한민국 | 176cm | 70kg

경력
- 성남(10~12)
- ▷수원(13~20)
- ▷상무(17~18)
- ▷울산(20~21)
- ▷대구(22~)

K리그 통산기록
363경기 15득점 49도움

대표팀 경력
47경기 1득점 / 2018 월드컵

대구에서 두 번째 시즌이었던 2023년, 홍철은 비로소 자신의 이름값을 해내며, 팀에 없어서는 안될 선수로 우뚝 섰다. 물론 시련이 없던 것은 아니다. 언제나 '위험요인'이었던 부상이 시즌 초반에 발생하면서 큰 우려를 안기기도 했다. 포항과의 리그 개막전에 선발로 나왔다가 전반 10분 만에 상대의 깊은 태클에 무릎 부상을 입었기 때문. 이로 인해 무려 3개월간 재활에 매진해야 했다. 하지만 홍철은 이 시련을 제대로 극복해냈다. 수원FC와의 9라운드를 통해 복귀전을 치렀는데, 이 경기에서 곧바로 동점골을 어시스트하며 성공적인 복귀 신고식을 치른 것. 이후 시즌 마지막까지 팀의 후방을 지키며 팀의 파이널A행에 힘을 보탰다. 이런 활약 덕분에 시즌 종료 후 베스트일레븐 레프트백 후보로까지 선정된다. 특히 홍철은 리그 후반부터 팀의 임시 주장을 맡아 안정적인 리더십을 보여줬고, 덕분에 올해는 정식으로 팀의 주장으로 선수단을 대표하게 됐다. 최원권 감독의 '무한신뢰'를 한몸에 받게 된 홍철은 "무거운 책임감을 느끼고 있다"며 새 시즌에 대한 각오를 날카롭게 다지고 있다. 스피드와 오버래핑, 크로스 등 실력 면에서는 여전히 리그 톱클래스다. 올해도 부상만 피하면 된다.

2023시즌 기록

2	2,168(29) MINUTES 출전시간(경기수)	1 GOALS 득점	6 ASSISTS 도움	0	1 WEEKLY BEST 11 주간베스트11
강점	스피드는 여전히 월드클래스급		특징		빼어난 크로스 능력
약점	빠른 역습에 종종 말려드는 수비		별명		가레스 홍철

| 선수 소개 | SQUAD | | DAEGU FC |

황재원

2002년 8월 16일 | 22세 | 대한민국 | 180cm | 73kg

경력
대구(22~)

K리그 통산기록
67경기 2득점 6도움

대표팀 경력
—

소위 말하는 '2년 차 징크스'는 황재원에게 전혀 해당사항이 없는 이야기였다. 2022년 강등 위기 속에서도 대구가 발견한 '보물'로 평가받았던 황재원은 지난해 2년 차를 맞이해 한층 더 완숙해진 기량과 젊은 패기를 앞세워 팀의 핵심 수비 자원으로 자리매김했다. 특히 리그에서의 맹활약 덕분에 항저우 아시안게임 대표팀에 막내로 승선해 '황선홍호'의 주축 수비수로 본선 7경기 중 6경기에 선발 출전하는 건실한 활약으로 대표팀의 금메달 획득에 큰 힘을 보탰다. 덕분에 병역 면제 혜택까지 거머쥐며 향후 프로 커리어의 탄탄대로에 올라섰다. 비록 2년 연속 후보로 올라간 'K리그 영플레이어상' 수상에는 실패했지만, 대한축구협회(KFA) 어워즈 2023 남자 영플레이어상을 수상하며 아쉬움을 덜어냈다. 플레이적인 측면에서 황재원은 빠른 스피드와 강한 체력을 바탕으로 많은 활동량을 보여주며 윙백 포지션에서는 상당한 위력을 발휘한다. 이제 프로 2년 차임에도 이미 팀의 주전 라이트백 자리를 굳힌 것에서 그의 실력을 알 수 있다. 더구나 지난해에는 적극적인 공격 가담과 날카로운 크로스를 앞세워 팀 공격 루트의 한 축을 책임지기도 했다. 때문에 최원권 감독의 기대가 더욱 커졌다.

2023시즌 기록

| 8 | 2,918(33) MINUTES 출전시간(경기수) | 1 GOALS 득점 | 3 ASSISTS 도움 | 0 | 2 WEEKLY BEST 11 주간베스트11 |

강점	강한 킥력과 뛰어난 오프더볼 움직임	특징	공격도 수비도 모두 적극적
약점	아직은 미숙한 풀백수비	별명	대구의 보물

DAEGU FC — SQUAD 선수소개

김강산
20 DF

1998년 9월 15일 | 26세 | 대한민국 | 184cm | 77kg
경력 | 부천(20~22) ▷ 대구(23~)
K리그 통산기록 | 101경기 2득점 2도움
대표팀 경력 | -

지난해 대구에 합류해 처음 K리그1 무대를 밟은 김강산은 최원권 감독과 팀이 자신에게 원하는 바를 정확히 이해하면서 건실한 수비력과 폭넓은 활동량으로 성장 가능성을 보여줬다. 특히 팀의 주전 수비수들이 빠질 때마다 그 자리를 메워주면서 원래 포지션인 센터백 외에도 수비형 미드필더나 풀백, 윙백 등에 이르기까지 폭넓은 멀티 포지션 소화능력을 보여줬다. 올해는 더 막중한 역할을 부여받을 전망이다. 최원권 감독은 홍정운의 공백을 메울 대안으로 활동력이 좋은 김강산에게 기대를 걸고 있다.

2023시즌 기록
🟨	🟥	MINUTES 출전시간(경기수)	GOALS 득점	ASSISTS 도움	WEEKLY BEST 11 주간베스트11	강점	약점
3	0	1,172(25)	1	0	-	좋은 피지컬을 이용한 안정적인 수비	부족한 공격기여도

바셀루스
99 FW — Lucas Barcelos Damacena

1998년 7월 19일 | 26세 | 브라질 | 182cm | 82kg
경력 | 플루미넨시FC(19~21) ▷ CS알라고아누(22) ▷ 대구(23~)
K리그 통산기록 | 31경기 5득점 1도움
대표팀 경력 | -

지난 시즌 최원권 감독으로부터 바셀루스만큼 많은 지적과 질책을 받은 선수도 없을 것이다. 이는 반대로 말하면 그만큼 바셀루스에 대한 최 감독의 기대가 컸다고 해석할 수 있다. '선수비 후역습' 전술을 내세우는 대구의 특성상 바셀루스가 공격에서 많은 역할을 해줘야 팀 성적이 오를 수 있기 때문이다. 다행인 점은 전반기에 고전했던 바셀루스가 후반기에는 확실히 팀 전술에 녹아들고, 리그에 적응한 모습을 보였다는 점이다. 덕분에 최 감독도 바셀루스의 올 시즌 활약을 낙관적으로 전망하고 있다. 대구의 새로운 크랙 역할을 해줄지 주목된다.

2023시즌 기록
🟨	🟥	MINUTES 출전시간(경기수)	GOALS 득점	ASSISTS 도움	WEEKLY BEST 11 주간베스트11	강점	약점
3	0	1,590(31)	5	1	3	스피드와 공간 침투능력	투박한 드리블 스킬

벨톨라
13 MF — Victor Bobsin Pereira

2000년 1월12일 | 24세 | 브라질 | 183cm | 78kg
경력 | 그레미우(21~22) ▷ CD산타클라라(22~) ▷ 대구(23~)
K리그 통산기록 | 11경기 1득점
대표팀 경력 | -

지난해 후반기에 대구에 임대로 합류했다. 브라질 출신으로 10대 유소년 시절에는 연령별 대표팀에도 꾸준히 발탁되면서 유럽 A급 팀들의 관심을 받았다. 당시에는 '제2의 세르지오 부스케츠'라는 평가도 받았다. 유럽 이적이 무산된 이후 브라질 리그 그레미우에서 프로 무대에 데뷔했다. 이후 포르투갈 산타클라라를 거쳐 대구에 임대로 합류해 중원에서 공격의 활로를 개척하는 역할을 맡았다. 리그 후반기로 갈수록 재능이 살아나면서 중원의 핵심 자원으로 자리를 잡았다. 하지만 여전히 임대 신분이라 후반기에도 대구에서 활약할지는 미지수다.

2023시즌 기록
🟨	🟥	MINUTES 출전시간(경기수)	GOALS 득점	ASSISTS 도움	WEEKLY BEST 11 주간베스트11	강점	약점
3	1	822(11)	1	0	2	탁월한 볼 배급능력	상대적으로 약한 킥 능력

선수 소개 SQUAD　　　　　　　　　　DAEGU FC

요시노
Kyohei Yoshino

1994년 11월 8일 | 30세 | 일본 | 182cm | 75kg

경력 | 도쿄베르디(13)▷산프레체히로시마(14~19)▷베갈타센다이(20~22)
▷요코하마FC(23)▷대구(24~)

K리그 통산기록 | -

대표팀 경력 | -

대구가 지난 3년간 뛰었던 케이타와 작별한 뒤 선택한 아시아쿼터 선수. 요시노는 클럽에서 축구를 시작해 뛰어난 실력을 보이며 J리그 유스팀에 입단해 본격적으로 선수 커리어를 만들었다. 2013년 도쿄 베르디에서 프로 데뷔한 이래 J리그 1, 2에서 150경기 이상을 소화한 베테랑으로 중앙 수비수와 수비형 미드필더를 두루 소화하며 멀티플레이 능력이 장점이다. 지난해에는 요코하마FC의 주전 센터백으로 32경기를 소화하며 주전 센터백을 맡았다. 최원권 감독은 올해 요시노를 수비형 미드필더로 주로 기용할 것으로 예상된다.

		2023시즌 기록				강점	약점
7	0	2,060(32) MINUTES 출전시간(경기수)	1 GOALS 득점	0 ASSISTS 도움	- WEEKLY BEST 11 주간베스트11	수비형MF, 센터백 모두 소화가능	부상 이후 떨어진 폼

오승훈

1988년 6월 30일 | 36세 | 대한민국 | 192cm | 75kg

경력 | 도쿠시마(10~12)▷교토(13~14)▷대전(15)▷상무(16~17)▷울산(18~19)
▷제주(19~21)▷대구(22~)

K리그 통산기록 | 210경기 275실점

대표팀 경력 | -

대구에서의 두 번째 시즌이었던 작년 2023시즌은 오승훈에게는 썩 좋지 않은 기억으로 남을 듯하다. 기존 주전 골키퍼였던 최영은을 밀어내고 2년째 주전 골키퍼로 시즌을 출발했지만, 부상과 들쭉날쭉한 폼으로 인해 뒤로 갈수록 오히려 최영은보다 떨어지는 경기력을 보이며 주전 입지가 흔들렸다. 큰 키와 넓은 수비 범위가 장점인데, 종종 어이없는 실수로 골을 허용할 때가 있다. 지난해에는 이런 장면이 예년에 비해 더 자주 나왔다. 올해도 일단은 팀의 넘버원 골키퍼로 시즌을 출발하지만, 집중력과 폼을 끌어올리지 못한다면 최영은에게 밀려날 수도 있다.

		2023시즌 기록				강점	약점
3	0	2,028(21) MINUTES 출전시간(경기수)	25 LOSS 실점	51 SAVE 선방	2 WEEKLY BEST 11 주간베스트11	피지컬과 수비범위	흔들리는 폼

이용래

1986년 4월 17일 | 38세 | 대한민국 | 175cm | 71kg

경력 | 경남(09~10)▷수원(11~14)▷경찰(14~15)▷수원(15~17)▷치앙라이(18~20)
▷대구(21~)

K리그 통산기록 | 295경기 19득점 20도움

대표팀 경력 | 17경기, 2011 아시안컵

헐리우드 영화 〈벤자민 버튼의 시간은 거꾸로 간다〉의 K리그 버전 실존 인물. 30대 후반의 나이에 이미 3년 전인 2021시즌부터 대구에서 플레잉 코치 계약을 맺은 상태인데, 해가 갈수록 출전 경기수가 늘어나는 기현상을 펼쳐 보이고 있기 때문이다. 급기야 지난해에는 리그 29경기에 FA컵 1경기 등 총 30경기를 소화하며 자신의 단일 시즌 최다 출장 기록까지 달성했다. 후배들의 귀감이 된다고 볼 수도 있지만, 관점에 따라서는 대구의 미드필더 자원이 그만큼 취약하다는 증거로 볼 수도 있다. 어쨌든 올해도 노익장을 과시할 준비는 마쳤다.

		2023시즌 기록				강점	약점
2	0	881(29) MINUTES 출전시간(경기수)	0 GOALS 득점	1 ASSISTS 도움	- WEEKLY BEST 11 주간베스트11	노련함과 융화력	커리어의 마감기

DAEGU FC   SQUAD   선수소개

장성원

1997년 6월 17일 | 27세 | 대한민국 | 175cm | 70kg
경력 | 대구(18~)
K리그 통산기록 | 101경기 1득점 10도움
대표팀 경력 | –

다소 투박해 보이지만, 뚝심과 투지로 똘똘 뭉친 장성원은 올해 대구의 부주장으로 선임될 정도로 최원권 감독의 굳건한 신뢰를 받고 있다. 특유의 우직한 스타일로 동료들에게도 큰 신망을 얻고 있다. 무엇보다 올해는 조진우가 빠진 팀의 후방을 메워줘야 하는 중책을 맡게 될 전망이다. 최 감독은 장성원이 지난시즌 후반기에 돌입해 경기력이 점점 향상됐다는 점에 주목하고 있다. 장성원은 지난해 21라운드 제주전에서 K리그 데뷔골을 터뜨렸는데, 이를 기점으로 공격 기여도가 대폭 향상됐다. 올해도 저돌적인 오버래핑이 기대된다.

2023시즌 기록				강점	약점
3 / 0	1,106(29) MINUTES 출전시간(경기수)	1 GOALS 득점	4 ASSISTS 도움	2 WEEKLY BEST 11 주간베스트11	저돌적인 오버래핑, 양 측면 소화 가능	확고한 주전을 꿰차기엔 역부족

김진혁

1993년 6월 3일 | 31세 | 대한민국 | 187cm | 78kg
경력 | 대구(15~)
K리그 통산기록 | 201경기 20득점 5도움
대표팀 경력 | –

대구에서 2015년 프로에 데뷔해 임대 1년(2016)과 상주 상무(2019~2020) 시절을 제외하고 꾸준히 활약 중인 베테랑 프랜차이즈 스타다. 원래 공격수로 데뷔했지만 커리어 초반 센터백으로 전향해 이제는 붙박이 센터백으로 자리 잡았다. 지난해에는 38경기에 모두 출전해 팀의 뒷문을 든든히 지켜냈다. 37라운드 포항 원정경기에서는 K리그 통산 200경기 기록까지 달성한 베테랑으로 올해에도 팀의 주전 센터백 역할을 맡을 전망. 다만 지난해 호흡을 맞췄던 홍정운과 조진우가 각각 이적과 입대로 팀을 떠나 책임감이 더 커졌다.

2023시즌 기록				강점	약점
3 / 0	3,572(38) MINUTES 출전시간(경기수)	1 GOALS 득점	1 ASSISTS 도움	1 WEEKLY BEST 11 주간베스트11	공격력도 뛰어난 센터백	위험지역 파울

박세진

2004년 3월 19일 | 20세 | 대한민국 | 171cm | 67kg
경력 | 대구(23~)
K리그 통산기록 | 33경기 1득점 1도움
대표팀 경력 | –

박세진은 대구와 특이한 인연이 하나 있다. 8세 때 진주에서 처음으로 축구를 배운 곳이 바로 조광래 대구FC 사장이 운영하던 '조광래축구교실'이었던 것. 그런 박세진이 지난해 대구에 입단한 것은 그런 면에서 운명이었다고 할 수도 있다. 입단 초기부터 '될성부른 떡잎'으로 많은 기대를 받았는데, 그 기대만큼 지난해 착실하게 성장했다. 13라운드 광주전에서 K리그 데뷔골을 기록한 박세진은 후반으로 가면서 선발 출전이 늘어나는 등 주전 입지를 굳혔다. 수비 측면에서 다소 미숙한 점이 지적되지만, 발전 가능성이 커서 개선이 기대된다.

2023시즌 기록				강점	약점
4 / 0	1,115(33) MINUTES 출전시간(경기수)	1 GOALS 득점	1 ASSISTS 도움	- WEEKLY BEST 11 주간베스트11	드리블 능력과 연계플레이	왜소한 피지컬

선수 소개   SQUAD   DAEGU FC

6 DF

고명석

1995년 9월 27일 | 29세 | 대한민국 | 189cm | 80kg
경력 | 부천(17) ▷ 대전(18) ▷ 수원(19~23) ▷ 대구(24~)
K리그 통산기록 | 145경기 6득점
대표팀 경력 | -

주전 수비수인 홍정운(이적)과 조진우(입대)를 잃은 대구가 1월 이적시장에서 영입한 센터백 자원. 어느덧 프로데뷔 8년 차를 맞이한 고명석에게 올 시즌은 상당히 중요하다. 프로 초창기를 제외하면 지금까지 확실한 주전으로 입지를 굳히지 못했기 때문이다. 전 소속팀인 수원 삼성에서 2022시즌에 엄청난 성장세를 보이며 기대를 모았지만, 지난해에는 다시 폼이 떨어져 버렸다. 2022시즌 때의 기량을 회복한다면 대구에서 스리백 라인의 한 자리를 꿰찰 수도 있다. 피지컬과 스피드가 장점이나 종종 큰 실수를 하는데, 이 점을 반드시 개선해야 한다.

2023시즌 기록				- WEEKLY BEST 11 주간베스트11	강점	약점
1 0	1,433(23) MINUTES 출전시간(경기수)	3 GOALS 득점	0 ASSISTS 도움		큰 키와 빠른 주력	자주 반복되는 집중력 저하

15 DF

이원우

2003년 3월 16일 | 21세 | 대한민국 | 191cm | 80kg
경력 | 대구(22~)
K리그 통산기록 | 6경기
대표팀 경력 | -

장훈고 3학년 때인 2021년 입단 테스트를 통해 가능성을 인정받고 이듬해 대구에 입단한 이원우는 지난 2년간 주로 벤치를 지켰다. 지난해에는 21라운드 제주전과 35라운드 울산전 등 2경기에서 교체로 나왔는데, 긴 시간 플레이하지는 못했지만 큰 신장을 활용한 수비력과 빌드업 역량에서 발전 가능성은 보여줬다는 평가가 있다. 올해도 일단은 벤치에서 시즌을 시작할 듯하나, 조진우의 상무 입대로 인해 출전 기회가 지난해보다는 더 늘어날 가능성이 크다. 이 기회를 잘 살려 입지를 넓히는 게 이원우의 숙제다.

2023시즌 기록				- WEEKLY BEST 11 주간베스트11	강점	약점
0 0	39(2) MINUTES 출전시간(경기수)	0 GOALS 득점	0 ASSISTS 도움		장신을 활용한 몸싸움	경기 경험

19 FW

김영준

2000년 5월 2일 | 24세 | 대한민국 | 184cm | 80kg
경력 | 대구(23~)
K리그 통산기록 | 9경기
대표팀 경력 | -

K4리그와 K3리그를 거쳐 지난해 대구에 입단하며 '인간극장'급 감동 성장스토리를 완성한 김영준은 K리그1 첫 시즌에서 확실한 인상은 남기지 못했다. 주로 교체로 나오면서 조금씩 리그에 적응했고, 광주와의 13라운드 때는 첫 선발 출전까지 하는 등 총 9경기에 나왔는데, 데뷔골 사냥에는 실패했다. 지난해는 그나마 리그 후반 세징야의 부상으로 인해 출전 기회를 얻었지만, 올해는 이런 기회는 많지 않을 듯하다. 결국 자신의 실력으로 출전 기회를 늘려가는 수밖에 없다. 활동력이 뛰어나다는 장점이 있는데, 골 결정력도 갖춰야 한다.

2023시즌 기록				- WEEKLY BEST 11 주간베스트11	강점	약점
2 0	161(9) MINUTES 출전시간(경기수)	0 GOALS 득점	0 ASSISTS 도움		오프더볼 움직임	취약한 몸싸움 능력

DAEGU FC　　　　　　　　　　　　SQUAD　선수소개

손승민

2005년 5월 9일 | 19세 | 대한민국 | 175cm | 68kg
경력 | 대구(24~)
K리그 통산기록 | 2024시즌 신인
대표팀 경력 | -

지난해 영등포공고 에이스로 활약하면서 팀에 무려 6개의 우승컵을 안긴 '슈퍼 루키'. 특히 7월에 열린 전국고등리그 왕중왕전 겸 제78회 전국고교선수권 대회에서 우승할 당시 이 경기를 현장에서 관전한 조광래 대구FC 사장에게 다이렉트로 낙점돼 대구에 입단하게 됐다. 왼발을 쓰는 플레이메이커로 축구 센스가 좋고, 개인기까지 갖춰 제대로 성장한다면 장차 대구 중원의 지휘자 역할까지도 맡겨볼 만하다는 평가를 받고 있다. 대구 역시 이런 점에 기대를 걸고 1월 해외전지훈련에 데려가기도 했다. 프로 첫 시즌에 어떤 모습을 보일지 주목된다.

		2023시즌 기록			- WEEKLY BEST 11 주간베스트11	강점	약점
-	-	-(-) MINUTES 출전시간(경기수)	- GOALS 득점	- ASSISTS 도움		영리한 경기운영력	아직은 미완성 캐릭터

박진영

2002년 5월 13일 | 22세 | 대한민국 | 186cm | 84kg
경력 | 대구(24~)
K리그 통산기록 | 2024시즌 신인
대표팀 경력 | -

올해 신인 선수 중에서도 미드필더 손승민과 함께 큰 기대를 받는 인물이다. '축구명문'인 영등포공고를 거쳐 홍익대에 진학한 박진영은 대학 3학년이던 지난해 한일 대학축구정기전인 덴소컵에 출전하면서 재능을 인정받았다. 홍익대 시절에는 수비수지만, 공격에도 적극 가담해 심심치 않게 골을 기록하기도 했다. 대구에서는 센터백으로 본격적인 프로 커리어를 만들어갈 예정. 특히 전지훈련 기간에 최원권 감독으로부터 좋은 평가를 받은 것으로 알려져 있다. 선수층이 두껍지 않은 대구의 특성상 첫 시즌부터 많은 기회를 받을 듯하다.

		2023시즌 기록			- WEEKLY BEST 11 주간베스트11	강점	약점
-	-	-(-) MINUTES 출전시간(경기수)	- GOALS 득점	- ASSISTS 도움		경쟁력있는 피지컬과 빌드업 능력	첫 프로무대의 벽

최영은

1995년 9월 26일 | 29세 | 대한민국 | 189cm | 78kg
경력 | 대구(18~)
K리그 통산기록 | 77경기 92실점
대표팀 경력 | -

올 시즌이야말로 최영은이 팀의 주전 골키퍼로 도약하기 위해 승부를 걸어볼 만한 시즌이다. 2018년 대구에 입단할 때만 해도 차세대 주전 골키퍼로 기대를 받았던 최영은은 약한 멘탈과 집중력 때문에 지금까지 확실한 주전 입지를 굳히지 못했다. 하지만 지난 시즌 초반 오승훈이 부진한 틈을 타 선발로 나서며 상당히 나아진 모습을 보여 팬들에게 눈도장을 찍었다. 최원권 감독도 시즌 중후반 이후에는 최영은과 오승훈의 경쟁을 유도하는 분위기. 시즌 초반 오승훈과의 경쟁에서 안정감 있는 모습을 보여준다면 주전 확보도 불가능하지 않다.

4	0	1,667(18) MINUTES 출전시간(경기수)	18 LOSS 실점	38 SAVE 선방	1 WEEKLY BEST 11 주간베스트11	PK 선방 능력, 귀를 찌르는 고라니 소리	들쭉날쭉한 경기력

전지적 작가 시점

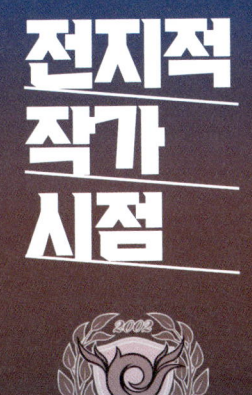

이원만이 주목하는 대구의 원픽!
세징야

대구에서만 9년째 뛰고 있는 세징야는 이제 단순히 '외국인 선수'라는 말로 표현할 수 없는 위치에 이르렀다. '대구의 왕', '브라질 한국인'이라는 수식어가 현재 K리그와 대구에서 세징야의 위상을 잘 보여준다. 어떤 면에서는 국내 선수보다 더 대구에 대한 애정을 드러내며 지난 2년간 팀의 주장직을 맡아 온몸을 내던졌다. 이렇게 팀의 에이스이자 리더로서 활약해 온 세징야는 올해 이전과는 다른 각오를 하고 있다. 이건 최원권 감독 역시 마찬가지다. 세징야에게 '다른 역할'을 부여했다. 팀 리더의 부담을 털어내고 오롯이 골에만 집중하는 에이스 역할이다. 세징야는 지난 9월 갈비뼈 골절 부상으로 시즌을 조기에 마감했다. 부상이전까지 8골-5도움을 기록하고 있었기 때문에 본인뿐만 아니라 팀 차원에서도 아쉬움이 큰 시즌이었다. 최 감독은 세징야가 팀 주장의 스트레스에서 벗어나 온전히 경기에만 집중할 수 있도록 주장을 홍철로 교체했다. 최 감독은 "주장을 맡으며 스트레스가 많았을 것"이라며 "경기에만 집중하면 작년보다 두 배 더 잘할 것"이라고 기대감을 걸고 있다. 어깨의 짐을 덜어낸 세징야의 득점력이 어떻게 폭발할지 기대된다.

지금 대구에 이 선수가 있다면!
김영권

올해 대구는 공격적인 면에서는 확실한 플랜을 마련했다. 나이가 많긴 하지만 여전히 실력은 의심의 여지가 없는 세징야와 에드가에게 기대를 걸고 있다. 최원권 감독은 '세징야 부활'에 사활을 걸었다. 이를 위해 지난 2년간 맡겼던 주장 완장까지 홍철에게 내주고 전지훈련에서부터 두 선수의 체력을 열심히 다지는 중이다. 여기에 득점 감각이 좋은 고재현을 공격수로 고정하고, 새로 영입한 요시노와 벨톨라 등의 중원 자원을 활용해 공격 루트를 다양하게 마련할 계획. 그러나 역시 대구가 선전하려면 수비에서의 안정감이 필수적이다. 최원권 감독이 추구하는 '선수비 후역습', 이른바 '딸깍축구'가 제대로 위력을 발휘하려면 후방에서 일단 상대의 공세를 잘 버텨야 하기 때문이다. 그런 면에서 현재 대구의 스리백 라인은 다소 불안감이 남는다. 특히 홍정운의 대전 이적과 조진우의 입대로 인한 수비라인의 약화는 불안감이 크다. 수비 라인의 핵심을 김강산이 맡을 전망인데, 무게감이 떨어지는 게 사실이다. 이 자리에 최적의 인물을 누구든 데려올 수 있다면 두말할 것 없이 리그 최강의 센터백인 김영권이 적임자다. 김영권이 뒷문을 책임진다면 우승권도 넘볼 수 있다.

윌리안
일류첸코
팔로세비치
제시린가드
최준
조영욱
김신진
강성진
박동진
기성용
임상협
이승모
한승규
류재문
황현수
권완규
김진야
김주성
조영광
안재민
박장한결
박성훈
이태석
백종범
최철원

FC서울

FC SEOUL   TEAM   **팀 소개**

이제 서울은 한국을 넘어 글로벌 클럽으로 나아간다

FC 서울

2023년 역사를 썼다. 2018년 K리그가 유료 관중을 집계한 이래 40만 관중(43만 29명)을 최초로 돌파했다. 평균 관중은 프로야구 등 모든 국내 프로스포츠를 통틀어 가장 많은 2만 2633명을 기록했다. 아쉽게 1차 목표였던 상위 스플릿 진출에는 실패했지만, 압도적인 관중몰이에 성공하며 '제2의 르네상스', '서울의 봄'을 맞이했다. 창단 40주년이라 더 큰 의미가 있는 성과였다. 서울은 1983년 12월 22일, 통산 5번째 프로축구팀으로 창단한 이래 늘 '아시아 최고의 클럽'을 목표로 뛰어난 성적, K리그를 선도하는 혁신적인 마케팅, 유망주 발굴 등 세 마리 토끼를 잡아야 한다는 사명감으로 40년간 쉼 없이 달렸다. 같은 맥락에서 전 맨유 공격수 제시 린가드를 영입해 축구계를 놀라게 했다. 대한민국 수도 클럽만의 '서울다움'을 유지하면서 우승의 목표에 다시 다가서기 위해 현존 최고의 명장으로 꼽히는 김기동 감독을 선임했다. 김기동 감독은 "서울이 달라져야 하는 건 첫째도 성적 둘째도 성적이다. 나를 믿어라"고 당당히 취임 일성을 밝혔다. 어둠의 터널을 벗어나 K리그 리딩클럽의 지위를 서서히 되찾아가는 서울은 2024년 반등의 열매를 수확하길 바란다.

구단 소개

정식 명칭	FC서울 프로 축구단
구단 창립	1983년 12월 22일
모기업	GS그룹
상징하는 색	레드 & 블랙
경기장(수용인원)	서울월드컵경기장 (66,700명)
마스코트	씨드, 서울이
레전드	윤상철, 이영진, 최용수, 정조국, 박주영, 고요한 등
서포터즈	수호신
커뮤니티	서울라이트

우승

K리그	6회(1985, 1990, 2000, 2010, 2012, 2016)
FA컵	2회(1998, 2015)
AFC챔피언스리그(ACL)	–

최근 5시즌 성적

시즌	K리그	FA컵	ACL
2023시즌	7위	32강	–
2022시즌	9위	준우승	–
2021시즌	7위	32강	–
2020시즌	9위	8강	조별리그
2019시즌	3위	32강	–

감독 소개　　MANAGER　　　　　　　　　　　　　　　　　　　FC SEOUL

김기동은 다르다
김기동이 하면 다르다

김기동

| 1972년 1월 12일 | 52세 | 대한민국 | **K리그 전적** 171전 73승 50무 48패 |

프로선수 초창기만 해도 체력테스트에서 꼴찌를 했단다. '산에 오를 때 죽더라도 걷지 않겠다'는 단단한 각오로 노력의 노력을 거듭한 끝에 K리그 최초 필드플레이어 500경기 출전에 빛나는 '철강왕'으로 거듭났다. 지금도 입버릇처럼 하는 말, "나는 37살에 몸상태가 제일 좋았어." 강철 체력은 '지도자 김기동'의 성공의 밑거름이 됐다. 연령별 대표팀과 프로팀 코치를 거쳐 2019년 '친정' 포항의 지휘봉을 잡은 김기동 감독은 '경기에서 지더라도 준비에선 지지 말자'는 신념으로 늦은 새벽까지 상대팀 분석에 열중했다. 니폼니시, 이광종, 황선홍, 신태용 등 선배 지도자의 장점을 흡수해 선수단 장악, 용병술, 언론 대응 등 다양한 매력을 지닌 독특한 캐릭터를 구축했다.

선수 경력

| 포항 | 부천SK | 포항 |

지도자 경력

| U-23 대표팀 코치 | 포항 수석코치 | 포항 감독 | 서울 감독(23~) |

주요 경력

| 2020시즌 K리그1 감독상 | 2023년 FA컵 우승 | 2023년 대한축구협회 올해의 지도자상 |

| 선호 포메이션 | 4-2-3-1 | 3가지 특징 | '기동매직'은 철저한 준비에서 나온다 | 지와 덕을 겸비한 '타고난 지도자' | '우월한 유전자' 아들 김준호도 K리그 스타 |

STAFF

수석코치	코치	GK코치	전력강화실장	트레이너	전력강화실장	통역
김대건	이광재 오승범	박호진	주닝요	박성률 강대성	김진규	기지용 이석진

FC SEOUL 2023 SEASON REVIEW 2022 시즌 리뷰

2 0 2 3 R E V I E W

다이나믹 포인트로 보는 서울의 2023시즌 활약도

시즌 초 이보다 좋을 수 없는 페이스였다. 2연패를 노리는 '1강' 울산과 어깨를 나란히 했다. 하지만 4월 강원전 오심으로 삐걱거린 뒤 주장 교체, 에이스 나상호의 장기 부진 등이 겹치며 승점 쌓기에 실패했다. 우승은 어려워도 '상스'(상위스플릿) 진입은 어렵지 않아 보였지만, 가을에 접어들면서 분위기가 차갑게 식었다. 안익수 감독이 8월 대구와 2대2로 비긴 홈 경기를 마치고 돌연 사퇴한 뒤 김진규 수석코치가 대행을 맡았지만, 끝내 반등에 실패했다. 용두사미로 끝난 시즌이었다.

2023시즌 다이나믹 포인트 상위 20명 ■ 포인트 점수

출전시간 TOP 3
순위	선수	기록
1위	김주성	3,338분
2위	오스마르	2,977분
3위	나상호	2,975분

득점 TOP 3
순위	선수	기록
1위	나상호	12골
2위	윌리안	8골
3위	일류첸코, 김신진	5골

도움 TOP 3
순위	선수	기록
1위	나상호	5도움
2위	기성용, 박수일	3도움
3위	윌리안, 황의조, 임상협, 박동진, 이시영	2도움

주목할 기록
- **43만**: '서울의 봄' K리그 사상 첫 유료 관중 40만 돌파
- **475**: '진격의 서울' 팀 최다 슈팅 475개로 1위

성적 그래프

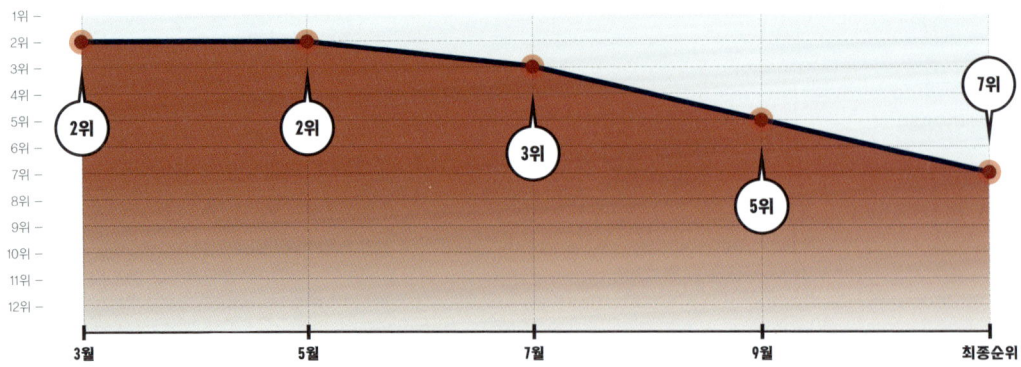

2024 시즌 스쿼드 운용 & 이적 시장 인앤아웃

ⓒ 주장   ■ U-22 자원

IN
- 제시 린가드
- 레빈 술라카_이상 FA
- 조영욱_전역
- 최준_부산
- 류재문_전북
- 박동진 임민혁
- 정한민 권성윤
- 이승재 차오연
  _이상 임대복귀
- 민지훈 최준영
- 배현서 허동민
- 함선우_이상 신인
- 시게히로_나고야
- 강상우_베이징

OUT
- 고요한_은퇴
- 나상호_마치다
- 임민혁_부산
- 이승재_화성
- 이시영_수원
- 오스마르 지동원
- 정현철 비욘존슨
- 강상희 김진성
- 김성민_이상 계약만료
- 차오연 서재민
  _이상 계약해지
- 이지석_상호 해지
- 정한민_강원
- 권성윤_부산

2023년 12월 김기동 감독을 선임하며 시선을 끌어당겼다. 1월 '리빙 레전드' 기성용과 재계약, 2월 '맨유 스타' 린가드의 파격 영입이 줄지었다. 개막을 앞두고 매달 굵직한 이슈를 선점하며 대반등에 대한 기대감을 키웠다. 최근 수년간 서울 스쿼드가 6위 미만으로 떨어질 정도인 적은 한 번도 없었다. 4시즌 연속 하위스플릿을 통해 시즌 내내 기복 없이 시즌을 끌고 가는 안정감이 무엇보다 중요하다는 교훈을 얻었다. 화려하진 않을지라도, 어떤 상대를 만나더라도 거의 일정한 경기력과 결과를 내는 능력이 '기동매직'의 비밀이다. 김기동 감독은 후반 35분 이후로도 상대를 압박할 수 있는 지구력, 한 여름에도 팔팔하게 뛸 수 있는 팀을 만들기 위해 동계 전훈지에서 체력 훈련에 매진했다. 서울 선수들은 흘린 땀의 양만큼 성적으로 보상받을 수 있을까?

주장의 각오

기성용

올해는 감독님이 새로 오시고, 팀 전력 보강도 착실하게 되어서 그 어느 때보다 중요한 해가 될 것 같다. 많은 팬분이 이번 시즌에 큰 기대를 하는만큼 정말 잘 준비해서, 서울이 한 단계 더 도약할 수 있도록 노력하겠다.

FC SEOUL — BEST 11 베스트 11

2024 예상 베스트 11

이적시장 평가

"제시 린가드가 서울에 입단한다고? 실화야?" 린가드는 서울을 넘어 K리그의 겨울 이적시장을 관통하는 키워드다. K리그 40여 년 역사를 통틀어 이 정도의 빅네임 선수가 한국을 찾은 적이 없었다. 레전드 고요한의 은퇴와 오스마르의 이탈, 나상호의 이적은 서울팬들에게 허탈감을 안겼지만, 조영욱 최준 류재문이 가세하고 기성용 팔로세비치 이태석 등과 재계약하며 스쿼드 뎁스를 유지했다. 이라크 국가대표 센터백 술라카 영입은 '마지막 퍼즐'이었다.

저자 5인 순위 예측

  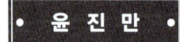 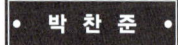 

3위_시험대 오른 '기동 매직'. 린가드는 동전의 양면, 수비 퍼즐이 문제지만 충분한 아챔 전력

2위_승부사 김기동 감독이 풍부한 지원과 좋은 스쿼드를 만났다? 거기에 린가드까지? 무조건 대박이지

3위_'K리그 미슐랭 셰프' 김기동 감독의 맛있는 요리에 린가드라는 양념을 더했다.

3위_김기동 + 린가드 조합으로 기대감 폭발. 우승권 전력은 아니지만 전체적 레벨은 높다.

6위_기대가 큰 만큼 변수도 크다. 린가드와 김기동 효과는 과연? 못해도 파이널A는 간다.

선수 소개   SQUAD   FC SEOUL

기성용

1989년 1월 24일 | 35세 | 대한민국 | 186cm | 75kg

경력

서울(06~09)
▷ 셀틱(10~12)
▷ 스완지시티(12~13)
▷ 선덜랜드(13~14)
▷ 스완지시티(14~18)
▷ 뉴캐슬(18~20)
▷ 마요르카(20)
▷ 서울(20~)

K리그 통산기록

190경기 13득점 18도움

대표팀 경력

110경기 10득점,
2008 · 2012 올림픽,
2010 · 2014 · 2018 월드컵

''기캡 리턴즈''다. 김기동 감독이 삼고초려 끝에 기성용에게 주장 완장을 채웠다는 건, 기성용이 서울 내에서 어떤 존재인지를 보여준다. 2006년, 17살의 나이로 서울에 데뷔한 기성용은 10년간 셀틱, 스완지시티, 선덜랜드, 뉴캐슬, 마요르카 등에서 성공적인 커리어를 쌓은 뒤 2020년 큰 환대 속 상암으로 귀환했다. 돌아온 서울은 많이 달라져 있었다. 기성용이 머문 3여년간 서울은 무려 3명의 감독이 교체되었고, 지난해까지 4년 연속 하위스플릿에 머물렀다. 변화가 필요한 시기에 기존 계약이 끝난 기성용은 재계약과 은퇴 사이에서 장고를 거듭한 끝에 서울과 장기 재계약을 체결하며, 팬들이 흔히 말하는 '서울 종신' 코스에 접어들었다. 거기에 주장이라는 막중한 책임감까지 떠안았다. K리그에서 최고의 평가를 받는 지도자와 K리그 최고의 커리어를 보유한 베테랑의 만남은 '웅장'할 따름이다. EPL에서 격돌했던 린가드와의 찰떡 호흡도 기대가 된다.

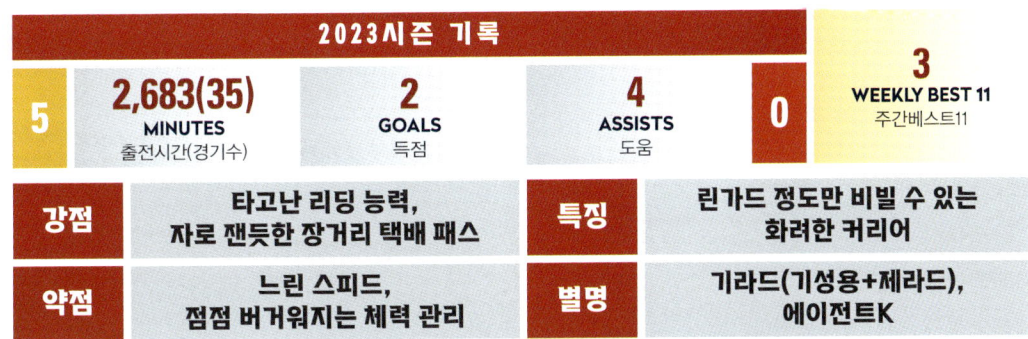

FC SEOUL

SQUAD 선수소개

제시 린가드

Jesse Ellis Lingard 1992년 12월 15일 | 32세 | 잉글랜드 | 175cm | 62kg

경력

맨체스터유나이티드(11~22)
▷ 레스터(12~13)
▷ 버밍엄(13~14)
▷ 브라이턴(14)
▷ 더비카운티(15)
▷ 웨스트햄(21)
▷ 노팅엄포레스트(22~23)
▷ 서울(24~)

K리그 통산기록

—

대표팀 경력

잉글랜드 32경기 6득점,
2018 월드컵

실제상황이다. '무려' 맨유와 잉글랜드 국가대표팀에서 활약한 '현역 플레이어'가 K리그에 왔다. 제시 린가드는 2023년 여름 전 소속팀 노팅엄포레스트를 떠나 새로운 팀을 찾다 글로벌 스타에 대한 니즈가 있던 서울과 뜻이 맞아 머나먼 한국행을 결정하며, K리그 역사에 두고두고 남을 빅네임 영입이 성사했다. 린가드는 2선의 모든 위치에서 활약하는 멀티 플레이어로, 빠른 발, 넓은 시야, 높은 전술이해도, 성실성 등을 장착했다. 조영욱, 윌리안, 팔로세비치 등과 2선에서 다양한 조합을 꾸릴 수 있고, 때에 따라선 최전방에서 득점을 노리는 역할을 맡을 수 있다. 지난 2023년 4월 이후 공식전을 치르지 못한 점 때문에 경기 감각 측면에서 우려가 있지만, 워낙 좋은 재능을 타고났고, 범접할 수 없는 커리어를 지닌 만큼 빠르게 적응만 한다면 서울의 전력에 보탬이 되는 것은 물론, K리그 흥행에도 이바지할 것으로 기대된다. 서울팬들은 린가드의 '피리 부는 사나이' 세리머니를 최대한 자주 보고 싶어 할 게 분명하다.

■ 잉글랜드 프리미어리그 기록

2023 시즌 기록

1	927(17) MINUTES 출전시간(경기수)	0 GOALS 득점	0 ASSISTS 도움	0	— WEEKLY BEST 11 주간베스트11

강점	빠른 스피드, 득점력, 멀티 성향	특징	맨유 출신이라는 자부심, 5번의 임대가 빚은 강철 멘털
약점	'쉬어도 너무 쉬었다' 경기 감각, K리그 적응 여부	별명	피리 부는 사나이, Jlingz(본인 트레이드마크)

| 선수 소개 | SQUAD | | FC SEOUL | |

조영욱

1999년 2월 5일 | 25세 | 대한민국 | 181cm | 73kg

32 FW

경력
서울(18~22)
▷ 상무(23)
▷ 서울(24~)

K리그 통산기록
171경기 36득점 17도움

대표팀 경력
4경기 1득점

군대(김천 상무)에 다녀왔더니 팀 내 입지가 확 달라졌다. 만년 유망주, 막내의 이미지가 강했던 조영욱은 한 뼘 더 성장했다. 2018 아시안게임 금메달로 전역 시점을 앞당겼다. 주장 기성용이 재계약을 체결하기 전까진 '사실상 주장'의 역할을 수행했다. '기캡'이 합류하면서 부주장을 맡았지만. 오히려 좋다. 책임감을 살짝 내려놓고 오롯이 축구, 골을 넣는데만 온 힘을 집중할 수 있기 때문이다. 조영욱의 입지가 저절로 넓어질 리 없다. 조영욱은 지난시즌 K리그2에서 13골을 터뜨리는 놀라운 활약을 펼쳤다. "군대에서 할 게 없어서 웨이트트레이닝을 했다"는 조영욱은 남부럽지 않은 근육질로 변신했다. 스피드와 슈팅력에 파워까지 겸비한 조영욱은 분명 올해 K리그1에서 가장 주목해야 하는 공격수임에는 틀림이 없다. 조영욱은 올해 K리그1을 '씹어먹고' 국가대표 재발탁의 꿈까지 반드시 이룬다는 각오로 새 시즌을 기다리고 있다.

2023시즌 기록 ■K리그2 기록

1	2,233(28) MINUTES 출전시간(경기수)	13 GOALS 득점	5 ASSISTS 도움	0	6 WEEKLY BEST 11 주간베스트11
강점	강력한 슈팅 능력, 공격진 전 포지션 소화, 근육질 파워 장착		**특징**	고요한 뒤를 잇는 서울 원클럽맨, 모두에게 사랑받는 밝은 성격	
약점	K리그1에서 2% 부족했던 득점력, 세밀한 플레이		**별명**	슈팅 몬스터, 청대 레전드(연령별 85경기 38골)	

FC SEOUL

SQUAD 선수소개

김주성

2000년 12월 12일 | 24세 | 대한민국 | 186cm | 76kg

경력
서울(19~20)
▷상무(21~22)
▷서울(22~)

K리그 통산기록
81경기 2득점 1도움

대표팀 경력
2경기
2023 아시안컵

오산중-오산고를 거쳐 서울에서 프로데뷔한 '찐 서울맨'. 마냥 앳돼 보이던 김주성은 어느덧 국가대표 일원으로 아시안컵에 참가하는 K-수비수로 성장했다. 2023년은 김주성의 성장세를 확인한 시즌이었다. 김주성은 K리그1 38경기에 모두 출전해 경력을 통틀어 처음으로 시즌을 완주했다. 전진패스 성공률(92.3%)은 전체 1위, 공중볼 경합 성공(169개)은 수비수 중 4위, 인터셉트(148개)는 전체 7위였다. 프로데뷔 4년만에 데뷔골까지 넣으며 공수에 걸쳐 맹활약했다. 기성용 오스마르 나상호 등 정상급 선수들이 즐비한 서울에서 가장 높은 평점(7.28점)을 받은 건 다름 아닌 김주성이었다. 안익수 전 감독 체제에서 중용받던 왼발 센터백은 김기동 감독이 이끄는 새로운 서울에서도 중책을 맡을 전망이다. 이제는 대선배인 '삼손' 김주성, 농구 전설 김주성 등 두 명의 동명이인 선배들의 아성에 조금씩 다가서고 있다.

2023시즌 기록

4	3,338(38) MINUTES 출전시간(경기수)	2 GOALS 득점	1 ASSISTS 도움	0	2 WEEKLY BEST 11 주간베스트11
강점	안정적인 왼발 빌드업, 공중볼 장악 능력		특징	오산이(오산고)들의 희망, 희귀한 왼발 센터백	
약점	이따금 펼치는 '뇌절 수비', 후반 막판 급감하는 체력		별명	제2의 김민재	

선수 소개 SQUAD FC SEOUL

레빈 술라카 Rebin Gharib Sulaka Adhamat

1992년 4월 12일 | 32세 | 이라크 | 192cm | 82kg

경력
▷ 에스킬스투나시티(10~13)
▷ 달쿠르드(13~14)
▷ 융실레(14~15) ▷ 시리안스카(15)
▷ AFC유나이티드(15~16)
▷ 엘베룸(16~17)
▷ 알마르키야(17~18)
▷ 알코르(18~19) ▷ 알샤하니아(19)
▷ 라드니치키니시(19~20)
▷ 아르다카르잘리(20~21)
▷ 레프스키소피아(21)
▷ 부리람유나이티드(21~23)
▷ 브롬마포이카르나(23)
▷ 서울(24~)

K리그 통산기록
—

대표팀 경력
37경기 1득점
2019, 2023 아시안컵

김기동 감독이 기다리고 기다리던 아쿼(아시아쿼터) 센터백이다. 서울은 2023 카타르 아시안컵에서 인상적인 활약을 펼친 이라크 국가대표 술라카를 팀 후방을 책임질 새 수비수로 낙점했다. 술라카는 이라크-스웨덴 이중국적자다. 이라크에서 태어나 10살 때 스웨덴으로 이민을 떠나 북유럽에서 선수 커리어를 시작했다. 2015년 이라크 국가대표로 발탁된 술라카는 이후 카타르 리그를 주무대로 삼다가 동유럽 세르비아, 불가리아를 거쳐 2021년부터 2023년까지 태국 명문 부리람에서 2시즌 연속 '도메스틱 트레블'에 일조했다. 아시안컵 조별리그에서 일본 공격진을 꽁꽁 묶으며 2대1 깜짝 승리를 이끌었고, 베트남전에선 A매치 데뷔골까지 넣었다. 2024시즌 김주성과 어떤 호흡을 보일지 기대된다.

■ 태국 리그 기록

2023시즌 기록

| 5 | 2,250(25) MINUTES 출전시간(경기수) | 0 GOALS 득점 | 0 ASSISTS 도움 | 0 | - WEEKLY BEST 11 주간베스트11 |

| 강점 | 고공 수비, 대인마크, 두 번의 아시안컵 경험 | 특징 | 슈퍼 저니맨. 서울이 프로 커리어 15번째 팀 |
| 약점 | K리그 경험, 발밑 세밀함 | 별명 | - |

FC SEOUL SQUAD 선수소개

윌리안
Willyan Da Silva Barbosa

1994년 2월 17일 | 30세 | 브라질 | 170cm | 69kg

경력 | 베이라마르(13~14)▷나시오날(14~17)▷비토리아데세투발(17~18)
▷파네톨리코스(18~19)▷광주(19~20)▷경남(21~22)▷대전(22)▷서울(23~)

K리그 통산기록 | 129경기 45득점 14도움

대표팀 경력 | -

흔히 말하는 '임대 대박'을 쳤다. 서울이 스토브리그에서 가장 먼저 한 일은 2023시즌 두 자릿수 공격포인트(8골 2도움)를 기록한 윌리안 완전영입이었다. 윌리안은 8월 울산전 극장골을 포함해 8골을 모두 어시스트없는 솔로골(Solo goal)로 넣었다. 개인 전술로 경기장 위에 차이를 만들었단 뜻이다. 위치와 거리를 가리지 않고 슛을 시도했고, 전매특허인 팬텀 드리블로 수비 사이를 파고들었다. 공격지역 태클(8개)이 전체 2위에 달할 정도로 전방 압박도 게을리하지 않았다. 나상호가 떠난 서울에서 '돌격형 윙어'는 사실상 윌리안이 유일하다. 린가드가 입단했더라도 팀이 윌리안의 솔로골을 필요로 하는 순간은 올 것이다. 반드시.

		2023시즌 기록				강점	약점
4	0	1,668(33) MINUTES 출전시간(경기수)	8 GOALS 득점	2 ASSISTS 도움	5 WEEKLY BEST 11 주간베스트11	요리조리 팬텀 드리블, 반 박자 빠른 슈팅	연계 플레이, 감독과 트러블 일으킨 전력

팔로세비치
Aleksandar Palocevic

1993년 8월 22일 | 31세 | 세르비아 | 180cm | 70kg

경력 | OFK베오그라드(11)▷신제리치베오그라드(11~12)▷FK보주도바츠(12)▷OFK베오그라드(13~15)
▷FK보이보디나(15~17)▷FC아로카(17~18)▷CD나시오날(18~19)▷포항(19~20)▷서울(21~)

K리그 통산기록 | 145경기 38득점 17도움

대표팀 경력 | 1경기

일찌감치 서울과 연장계약을 맺었다. 팔로세비치는 서울을 너무도 사랑했고, 구단은 K리그에 완벽 적응한, 볼 운반과 공격 가담, 마무리 능력을 장착한 왼발잡이 미드필더를 데려오기가 쉽지 않다는 걸 누구보다 잘 알고 있었다. 팔로세비치는 지난 3년간 서울에서 가장 꾸준히 활약한 선수다. 안익수 감독 시절 교체로 투입되었다가 다시 교체돼 나오는 '굴욕'을 겪었지만, 프로페셔널 정신으로 똘똘 뭉친 팔로세비치는 강철 멘탈로 극복해내 익수볼 체제의 서울에서도 핵심적인 역할을 했다. 2024시즌엔 포항 시절 환상 케미를 자랑한 김기동 감독까지 임명돼 마음껏 활약할 최적의 환경이 갖춰졌다. K리그 '공격포인트 괴물'은 부활할 수 있을까.

		2023시즌 기록				강점	약점
5	0	2,532(35) MINUTES 출전시간(경기수)	4 GOALS 득점	1 ASSISTS 도움	1 WEEKLY BEST 11 주간베스트11	재계약 버프, 안정적인 볼 운반, 문전 침투	점점 줄어드는 골·포 생산성, 잦은 빅찬스 미스

최 준

1999년 4월 17일 | 25세 | 대한민국 | 177cm | 72kg

경력 | 울산(20)▷경남(20)▷부산(21~23)▷서울(24~)

K리그 통산기록 | 114경기 7득점 19도움

대표팀 경력 | -

청대 시절 별명이 '치타'다. 고등학교 시절 발빠른 측면 공격수로 명성을 떨쳤다. 연세대 진학 후 측면 수비수로 전향했다. 여러모로 국가대표 김태환(전북)과 닮은 점이 많다. '큰 김태환'과 성격은 조금 다르다. 밝고 순박한 장난꾸러기다. 울산 토박이인 최준은 2020년 '큰 김태환'이 있는 울산에 입단했지만, 자리를 잡지 못하고 경남으로 임대를 떠난 뒤, 2021년부터 3년간 부산에서 주력 풀백(윙백)으로 뛰었다. 최준은 양쪽 측면 수비수를 모두 소화할 수 있어 서울에서도 다양하게 활용될 것으로 보인다. 2023 아시안게임 금메달로 병역 혜택을 받았다.

		2023시즌 기록				강점	약점
6	0	2,685(33) MINUTES 출전시간(경기수)	3 GOALS 득점	6 ASSISTS 도움	4 WEEKLY BEST 11 주간베스트11	풍부한 국제대회 경험, 부메랑 크로스	K리그 미검증, 큰 특징없는 작은 육각형

■ K리그2 기록

선수 소개 SQUAD　　　　　　　　　　　　FC SEOUL

이태석

2002년 7월 28일 | 22세 | 대한민국 | 174cm | 61kg
경력 | 서울(21~)
K리그 통산기록 | 76경기 3도움
대표팀 경력 | -

'을용타'로 유명한 이을용은 2002 월드컵에서 4강 신화를 쓴 뒤 얼마 지나지 않아 첫째를 득남하는 겹경사를 맞았다. 그 아들이 이태석이다. 아버지가 서울 선수로 뛰는 모습을 보며 성장한 이태석은 오산중, 오산고를 거쳐 2021년 서울과 프로계약을 맺었다. 아버지의 우월한 유전자와 철저한 자기관리를 '장착'한 이태석은 입단 첫해부터 빠르게 두각을 드러냈다. 1~2년차 때는 얌전하게 왼발 크로스를 뿜내는 선수였다면, 프로 3년차인 2023시즌에는 더 거친 플레이를 펼치며 프로에 완벽히 적응한 모습을 보였다. 놀랍게도 2024시즌까지 22세룰에 적용되는 만큼, 2024시즌에도 어김없이 서울의 왼쪽 수비를 책임질 듯하다.

2023시즌 기록					강점	약점
4	0	2,175(30) MINUTES 출전시간(경기수)	0 GOALS 득점	1 ASSISTS 도움	1 WEEKLY BEST 11 주간베스트11	父 이을용 빼닮은 왼발 크로스, 지독한 자기관리	작은 체구, 다소 느린 스피드

강성진

2003년 3월 26일 | 21세 | 대한민국 | 180cm | 75kg
경력 | 서울(21~)
K리그 통산기록 | 55경기 4득점 6도움
대표팀 경력 | 2경기 2득점

1821분과 214분. 강성진의 2022시즌 K리그1 출전시간과 2023시즌 출전시간이다. 초핵심 날개가 돼주리라 기대를 모은 강성진은 2023시즌 초반부터 부상없이 엔트리에 제외되는 횟수가 늘어나고, U-20 월드컵에 다녀와 부상을 당하면서 존재감없이 시즌을 끝낼 뻔했다. 10월에 그라운드로 돌아온 강성진은 리그 최종전에서 화려한 멀티골을 터트리며 짧고 강한 임팩트를 남겼다. 이런 모습을 보인 건 이번이 처음이 아니다. 광주전 4-3 대역전을 거둔 경기와 E-1 EAFF 대회 홍콩전에서 강성진의 트레이드마크인 저돌적인 돌파와 폭발적인 왼발슛을 터뜨린 바 있다. 지난 1년은 강성진에게 쓰디쓴 보약이 됐을까, 극복하기 어려운 상처로 남았을까. 2024시즌 행보를 지켜보면 그 답을 알게 될 것이다.

2023시즌 기록					강점	약점
1	0	214(7) MINUTES 출전시간(경기수)	2 GOALS 득점	0 ASSISTS 도움	1 WEEKLY BEST 11 주간베스트11	'요즘 대세' 왼발 반대발 윙어, 파괴력과 섬세함 겸비	잃어버린 1년, 잦은 턴오버

일류첸코

Stanislav Iljutcenko

1990년 8월 13일 | 34세 | 독일 | 187cm | 82kg
경력 | 라이네른(11~13) ▷ 오스나브뤼크(13~15) ▷ 뒤스부르크(15~19) ▷ 포항(19~20) ▷ 전북(21~) ▷ 서울(22~)
K리그 통산기록 | 135경기 57득점 13도움
대표팀 경력 | -

2022년 여름 전북을 떠나 서울에 입단한 일류첸코는 포항 시절 동료였던 팔로세비치와 "일 하나 하자"고 약속했다. 그 '일'은 서울의 성공, 즉 우승을 뜻하는 것으로 보이는데, 지난 2년 간 목적을 달성하지 못했다. 팔로세비치가 재계약하면서 다시 손을 맞잡은 일류첸코는 김기동 감독과 재회한 올해 상위 스플릿 재진입과 우승을 향해 힘을 합친다. 일류첸코에게 2024년은 굉장히 중요한 한 해다. 103경기 출전만에 50골을 넣으며 최단기간 50골 기록 4위에 오른 일류첸코는 2020시즌부터 2023시즌까지 19골-15골-9골-5골로, 득점수가 점점 줄었다. '일류(一流) 골잡이' 일류첸코가 아직 건재하다는 걸 보여줄 필요가 있다.

2023시즌 기록					강점	약점
0	0	985(24) MINUTES 출전시간(경기수)	5 GOALS 득점	0 ASSISTS 도움	2 WEEKLY BEST 11 주간베스트11	빼어난 골 결정력, 포스트플레이	느린 스피드

FC SEOUL SQUAD 선수소개

3 DF

권완규

1991년 11월 20일 | 33세 | 대한민국 | 183cm | 76kg
경력 | 경남(14) ▷ 인천(15~16) ▷ 포항(17~18) ▷ 상무(18~19) ▷ 포항(20~21) ▷ 성남(22) ▷ 서울(23~)
K리그 통산기록 | 241경기 10득점 6도움
대표팀 경력 | -

풀백에서 센터백으로 성공적으로 '포변'(포지션 변경)한 케이스다. 김천 상무 시절까지 라이트백과 센터백을 오가던 권완규는 포항에서 김기동 감독의 권유로 완전 전향했다. 높이에 대한 부족함은 몸싸움, 위치 선정, 스피드로 메웠다. 2021시즌 절정의 기량을 선보인 권완규는 2022시즌을 앞두고 거액의 연봉을 받고 성남에 입단했다. 상황은 술술 풀리지 않았다. 이적 첫 해 성남이 최하위로 다이렉트 강등됐다. 졸지에 2부 소속이 된 권완규는 서울과 2년 임대 계약을 맺었지만, 2023시즌 주전 경쟁에서 밀렸다. 벤치에도 앉지 못하는 신세였다. 시즌을 마치고 우울해하는 권완규에게 '김기동'이라는 한 줄기 빛이 내려앉았다. 동계 전지훈련 기간에 무려 8kg을 감량하며 반등 의지를 내보였다.

2023시즌 기록				강점	약점
3	0	312(8) MINUTES 출전시간(경기수)	0 GOALS 득점	0 ASSISTS 도움	- WEEKLY BEST 11 주간베스트11	투쟁심 넘치는 대인마크, 노련미	눈물로 버틴 1년, 제공권

9 FW

김신진

2001년 7월 13일 | 23세 | 대한민국 | 186cm | 80kg
경력 | 서울(22~)
K리그 통산기록 | 47경기 8득점 1도움
대표팀 경력 | -

선문대 출신으로 '안익수의 페르소나'로 불렸던 김신진이 '홀로서기'에 나선다. 대학 시절부터 자신의 장점을 끌어내준 감독의 빈자리가 크게 느껴지겠지만, 그늘을 벗어난 2024시즌은 김신진이 포텐을 폭발시키는 기회의 1년이 될 수 있다. 일단, 김기동 감독은 상대팀 사령탑으로 지켜본 김신진의 활용 가치를 높게 평가했다는 후문. 종아리 부상 여파로 전지훈련을 100% 소화하지 못했지만, 체력 하나만큼은 누구에게도 뒤지지 않을 자신이 있는 김신진이기에 몸상태에 대한 걱정은 덜어도 될 것 같다. 파워와 문전 침투, 공간 이해력을 고루 갖춰 다양한 포지션에서 다양하게 활용할 수 있다는 점은 김신진만의 크나큰 강점이다. 축구에만 오롯이 집중한다면 한 단계 성장하는 김신진의 모습을 볼 수 있을 것 같다.

2023시즌 기록				강점	약점
5	0	1,510(27) MINUTES 출전시간(경기수)	5 GOALS 득점	1 ASSISTS 도움	1 WEEKLY BEST 11 주간베스트11	멀티 포지션 -멀티 능력 장착	다소 부족한 득점력, 수비 기여도

7 FW

임상협

1988년 7월 8일 | 36세 | 대한민국 | 180cm | 73kg
경력 | 전북(09~10) ▷ 부산(11~14) ▷ 상무(15~16) ▷ 부산(16~17) ▷ 수원(18~19) ▷ 제주(19) ▷ 수원(20) ▷ 포항(21~22) ▷ 서울(23~)
K리그 통산기록 | 390경기 85득점 29도움
대표팀 경력 | 1경기

새로운 꽃미남 스타의 등장에 환호했던 게 엊그제 같은데, 벌써 K리그 400경기 출전을 앞둔 36세 베테랑이 됐다. 흔히 말하는 '아저씨'에 접어들 나이지만, 꾸준한 자기관리로 체력과 미모를 동시에 유지했다. 서울의 까마득한 후배들은 임상협의 운동량과 자기관리를 보며 혀를 내두를 정도. 2023년 화려했던 전반기와 달리 후반기에 다소 아쉬운 모습을 보인 임상협은 새 시즌을 앞두고 희소식을 접했다. 포항 시절 제2의 전성기를 도운 김기동 감독과 재회한다. '임상협 활용 레시피'를 누구보다 잘 아는 김기동 감독이 있음에 11골을 폭발한 '2021 임상협'으로 돌아갈 수 있다는 희망이 부풀어 오른다. 윌리안, 린가드, 조영욱 등과 치열한 경쟁은 불가피.

2023시즌 기록				강점	약점
2	0	1,437(22) MINUTES 출전시간(경기수)	3 GOALS 득점	2 ASSISTS 도움	1 WEEKLY BEST 11 주간베스트11	'제2의 전성기' 도운 김기동 감독과 재회, 철저한 자기관리	역행할 수 없는 세월의 흐름, 단순한 플레이

선수 소개 SQUAD   FC SEOUL

류재문

1993년 11월 8일 | 31세 | 대한민국 | 184cm | 72kg
경력 | 대구(15~20) ▷ 전북(21~23) ▷ 서울(24~)
K리그 통산기록 | 183경기 15득점 11도움
대표팀 경력 | -

영남대를 나와 프로무대에서 두각을 드러낸 '병수볼'의 제자 중 한 명이다. 큰 키에 유려한 무브먼트를 장착해 단단하면서도 부드러운 수비형 미드필더라는 독특한 캐릭터를 구축했다. 대구 입단 첫 해 36경기에 나서 6골을 폭발하며 '대박'을 친 류재문은 5년간 대구에서 꾸준한 활약을 통해 2021시즌 중원 보강에 나선 전북에 입단했다. 전북에서 선발과 교체를 오가며 살림꾼 역할을 톡톡히 했다. 2021년 K리그, 2022년 FA컵 우승을 경험했다. 2023시즌을 마치고 전북과 계약이 만료된 류재문은 국내외 여러 구단의 관심을 받았고, 그중 서울을 택했다. 기성용 팔로세비치 이승모 등과 서울의 중원을 책임질 예정이다.

		2023시즌 기록				강점	약점
0	0	977(14) MINUTES 출전시간(경기수)	1 GOALS 득점	2 ASSISTS 도움	- WEEKLY BEST 11 주간베스트11	없으면 그리운 살림꾼, 공격적인 드리블 가능	세밀한 플레이, 잦은 실수

한승규

1996년 9월 28일 | 28세 | 대한민국 | 174cm | 65kg
경력 | 울산(17~18) ▷ 전북(19) ▷ 서울(20) ▷ 수원FC(21) ▷ 전북(22) ▷ 서울(22~)
K리그 통산기록 | 135경기 15득점 13도움
대표팀 경력 | -

프로 2년차인 2018년 울산에서 5골 7도움, 12개의 공격포인트를 쌓는 놀라운 활약으로 영플레이어상을 탔다. 작은 체구에 문전을 파고드는 폭발성과 타고난 센스는 축구팬의 이목을 사로잡기에 충분했다. 미래가 창창한 특급 신인은 놀랍게도 현대가 라이벌 전북으로 이적해 또 한 번 축구계를 놀라게 했다. 새 둥지로 떠난 뒤로는 커리어가 꼬이기 시작했다. 전북의 국대급 선수들 틈바구니에서 살아남지 못한 한승규는 2020시즌 서울, 2021시즌 수원FC로 임대를 떠난 한승규는 2022년 좋은 기억이 있는 서울로 완전 이적했다. 아직까진 영플레이어상 시절의 퍼포먼스를 재현하지 못하고 있다. 2024년에는 달라져야 한다.

		2023시즌 기록				강점	약점
2	0	763(17) MINUTES 출전시간(경기수)	1 GOALS 득점	0 ASSISTS 도움	- WEEKLY BEST 11 주간베스트11	타고난 스킬, 해결사 본능	봉쇄된 재능, 피지컬

최철원

1994년 7월 23일 | 30세 | 대한민국 | 194cm | 87kg
경력 | 부천(16~22) ▷ 상무(21) ▷ 서울(23~)
K리그 통산기록 | 135경기 163실점
대표팀 경력 | -

키가 큰 골키퍼는 선방 능력이 떨어진다는 편견을 깨는 동물적인 반사 신경을 자랑한다. 꽤 정확한 킥력도 장착했다. 2016년 부천에 입단해 2년간 백업을 맡다 3년차부터 주전을 꿰찼다. 2021년 상무 제대 후 다시 부천으로 돌아와 2022시즌 K리그2 선방횟수 2위(105회)를 기록하며 안정적으로 골문을 지켰다. 이런 활약을 토대로 주전 골키퍼 양한빈을 떠나보낸 서울의 러브콜을 받았다. 신예 공격수 박호민에 현금을 얹는 '딜'로 이적이 성사됐다. 곧바로 NO.1을 꿰찬 최철원은 시즌 초 인상적인 선방쇼를 펼쳤지만, 3라운드 울산전에서 초보적인 실수를 범한 뒤로 급격히 입지를 잃었다. 그런 와중에 선방률 65.22%를 기록하며 2024시즌에 대한 기대감을 드높였다.

		2023시즌 기록				강점	약점
0	0	990(11) MINUTES 출전시간(경기수)	10 LOSS 실점	30 SAVE 선방	1 WEEKLY BEST 11 주간베스트11	뛰어난 선방능력 (2023시즌 선방률 65.22%)	혹독한 K리그1 데뷔 시즌 경험

FC서울 133

FC SEOUL   SQUAD   선수소개

박동진
1994년 12월 10일 | 30세 | 대한민국 | 182cm | 72kg
경력 | 광주(16~17) ▷ 서울(18~20) ▷ 상무(20~21) ▷ 서울(22~23) ▷ 부산(23) ▷ 서울(24~)
K리그 통산기록 | 190경기 23득점 7도움
대표팀 경력 | -

캐릭터있는 선수가 줄어드는 시대에, '미친개' 박동진의 존재는 반갑다. 골을 넣고 상대팀 팬 앞에서 강아지처럼 오줌을 누는 선수라니! 이러한 광기는 열정이 없으면 도저히 발현될 수 없다. 박동진의 진가는 전방압박이 필요할 때, 팀이 골을 필요로 할 때 진가가 드러난다. 수비수 출신이다보니, 팀 사정에 따라 공격수와 수비수를 모두 소화한다는 점도 강점이다. 수비수로 프로 커리어를 시작해 서울 이적 후 최용수 감독의 권유로 포지션을 전향한 박동진은 2024시즌 풀백으로 다시 변신했다. '미친개'의 미션은 이제 상대 측면 공격수 '물어뜯기'가 될 듯하다.

		2023시즌 기록				강점	약점
5	0	1,283(32) MINUTES 출전시간(경기수)	3 GOALS 득점	2 ASSISTS 도움	1 WEEKLY BEST 11 주간베스트11	이 시대의 열정남, 상대를 괴롭히는 기술	축구 지능, 킥력

김진야
1998년 6월 30일 | 26세 | 대한민국 | 174cm | 66kg
경력 | 인천(17~19) ▷ 서울(20~)
K리그 통산기록 | 178경기 2득점 8도움
대표팀 경력 | 2020올림픽

어느덧 서울 입단 4년차다. 2020년, 서울이 인천에 거액을 주고 영입할 때만해도 서울의 측면 수비를 책임지고 나아가 국대급으로 성장할 거란 기대감이 컸다. 특유의 활동량과 에너지로 김진야란 선수를 어필하는데 성공했지만, 전체적으로 부족하다는 평가가 주를 이뤘다. 2023 시즌 부주장을 맡은 김진야는 올시즌 '평민'으로 돌아갔다. 부산에서 최준이 영입되면서 경쟁도 더욱 심화됐다. 특장점인 활동량을 극대화할 더 세밀하고, 더 흔들림없는 플레이가 요구된다. 재능은 충분하다. 2018아시안게임 금메달로 입대 걱정을 덜었다는 건 김진야의 커다란 강점이다.

		2023시즌 기록				강점	약점
1	0	1,788(29) MINUTES 출전시간(경기수)	0 GOALS 득점	1 ASSISTS 도움	1 WEEKLY BEST 11 주간베스트11	지친 얼굴로 뛰고 또 뛰고, 양 측면에서 뛴다	두뇌 플레이

김경민
1997년 1월 22일 | 27세 | 대한민국 | 185cm | 78kg
경력 | 전남(18~19) ▷ 안양(20) ▷ 전남(21) ▷ 김천(21~22) ▷ 서울(23~)
K리그 통산기록 | 98경기 14골 3도움
대표팀 경력 | -

2023시즌을 앞두고 '익수볼'에 합류해 5월까지 단 한 경기도 출전하지 못했다. 6월 인천전에서 교체투입으로 데뷔전을 치러 재교체되는 큰 굴욕을 겪기도 했다. 7월과 10월 수원FC를 상대로 골을 넣었다. 출전시간 63분당 1골, 짧고 굵은 임팩트를 남겼다. 한 시즌 동안 선발로 단 2경기 출전에 그친 김경민은 새로운 감독 체제에서 주전 도약을 꿈꾼다. 김기동 감독은 포항 시절 임상협 김승대 정재희와 같이 발 빠른 윙 자원을 활용했다. 김경민은 속도라면 누구에게도 뒤지지 않을 자신이 있다. 린가드, 조영욱과는 다른 매력을 뽐낼 필요가 있다.

		2023시즌 기록				강점	약점
2	0	126(9) MINUTES 출전시간(경기수)	2 GOALS 득점	0 ASSISTS 도움	- WEEKLY BEST 11 주간베스트11	남부럽지 않은 스피드, 수준급 득점력 (22년 7득점)	속도 조절, 잃어버린 1년 (23년 선발 2경기)

전지적 작가 시점

윤진만이 주목하는 서울의 원픽!
제시 린가드

원고를 쓰는 지금 이 순간에도 키보드로 '린가드'를 치고 있다는 게 믿기지 않는다. 2024시즌 서울에서 더 중요한 역할을 할 것으로 예상되는 선수는 있지만, 린가드가 서울 유니폼을 입은 이상 원픽으로 아니 뽑을 수 없었다. 린가드는 '해버지' 박지성이 올드트라포드를 누비던 시절, 맨유 유스팀에서 성장했다. 조제 무리뉴 감독이 맨유를 이끌던 시절인 2017-18시즌 프리미어리그에서 8골, 컵대회 포함 13골을 터뜨리며 최전성기를 누렸다. 잉글랜드 대표로 가장 활발하게 활약한 시점도 이때다. '선수 린가드'에 대한 기대감이 드는 건 그의 커리어 때문이다. 화려하기에 그지 없어 보이지만, 어릴 적 4번의 임대를 통해 눈물 젖은 빵을 먹었고, 2020-21시즌 웨스트햄 임대를 통해 한번 꺾인 커리어를 되살린 경험도 있다. 머나먼 한국에 도착한 린가드는 K리그의 흥행에 이바지하고, FC서울의 글로벌화를 위해 힘을 보태겠다고 했다. 그 이전에 '선수 린가드'가 K리그에서도 통한다는 사실을 증명할 필요가 있다. 이제 우리는 린가드가 피리(혹은 단소)를 부는 모습, K리그에 어떤 영향을 끼치는지를 감상하기만 하면 된다. 반가워요, JLingz!

지금 서울에 이 선수가 있다면!
박진섭

서울을 인간 신체로 비유해 보자. 상체는 탄탄한 근육질이지만, 하체는 그에 비해 근육이 덜 붙어있다. 듬직한 수비형 미드필더 하나 있으면 좀 더 균형 잡힌 몸매를 갖추지 않을까. '국대' 박진섭(전북)과 같은 스타일이 있으면, 금상첨화일 테다. 왕성한 활동량과 강도 높은 압박, 수준급 공중볼 장악 능력으로 중원에 안정감을 불어넣어 주고, 딥 라잉 플레이메이커 기성용이 자유롭게 공수 연결고리 역할에 치중하게 해줄 수 있다. 박진섭이 수비형 미드필더와 센터백을 모두 소화할 수 있다는 점에서 '무게감 있는 센터백 영입'에 대한 고민도 덜어줄 수 있다. 물론, 어디까지나 상상의 영역이다. 전북이 아시안게임 우승으로 병역 문제를 해결하고 국가대표 일원으로 아시안컵까지 경험한 박진섭을 쉽게 내줄 리 없다. 현실적인 대안을 찾아야 한다. 구단 유스 '오산이'(오산고), 혹은 유망주를 스카웃해 전략적으로 키우는 것도 방법이다. 기성용 이청용을 배출했던 서울이다.

구텍
호사
공민현
김승대
레안드로
김인균
신상은
송창석
윤도영
이동원
이현식
주세종
이순민
김준범
오재석
강윤성
임덕근
아론
안톤
박진성
김현우
홍정운
이창근
이준서
정산

대전하나시티즌

DAEJEON HANACITIZEN　　　　　TEAM　팀 소개

업그레이드 대전, 새로운 축구 특별시 꿈꾼다.

대전 하나 시티즌

2019년, 대전 축구 역사를 뒤흔들 일대 사건이 찾아왔다. 하나금융그룹이 대전시티즌을 인수한 것. 이전까지 대전은 배고픈 시민·도민구단의 대표 주자였다. 뜨거운 축구 열기를 자랑하며 '축구 특별시'라는 호칭도 얻었지만, 정치적 외풍에 흔들릴 때가 많았다. 프로에 걸맞지 않은 인프라에, 어쩌다 스타급 선수들이 탄생해도 타팀에 뺏기기 일쑤였다. 당연히 성적도 하위권이었다. 2001년 FA컵 우승 정도를 제외하면 이렇다 할 트로피도 없었다. K리그2를 전전했다. 하지만 하나금융그룹의 전폭적 지지 속 대전하나시티즌으로 옷을 갈아입은 뒤, 새로운 시대를 열었다. K리그에 세 번째로 등장한 은행팀. 과감한 투자로 무장한 대전하나는 스타급 선수들을 모았고, 2년간의 시행착오 끝에 마침내 승격에 성공했다. 2022년 플레이오프에서 김천 상무를 완파하고 K리그1에 입성했다. K리그1로 돌아온 대전하나는 강했다. 빠른 공수전환과 과감한 공격축구로 무장한 대전은 울산, 전북, 서울 등을 차례로 격파하는 기염을 토했다. 아쉽게 파이널A행은 실패했지만, 가능성을 보이기에는 충분했다. 올겨울 대대적인 영입을 통해 업그레이드에 성공한 대전은 창단 두 번째 아시아 챔피언스리그 진출을 노린다.

구단 소개

정식 명칭	대전 하나 시티즌 축구단
구단 창립	1997년 3월 12일
모기업	하나금융그룹
상징하는 색	자주색
경기장(수용인원)	대전월드컵경기장 (40,903명)
마스코트	대전이, 자주, 사랑이
레전드	김은중, 이관우, 최은성, 공오균, 김영근, 강정훈 등
서포터즈	대전러버스
커뮤니티	대전러버스

우승

K리그	1회(2014-K리그2)
FA컵	1회(2001)
AFC챔피언스리그(ACL)	–

최근 5시즌 성적

시즌	K리그	FA컵	ACL
2023시즌	8위	16강	–
2022시즌	2위(2부)	2라운드	–
2021시즌	2위(2부)	3라운드	–
2020시즌	4위(2부)	16강	–
2019시즌	9위(2부)	3라운드	–

감독 소개 MANAGER DAEJEON HANACITIZEN

'4년 차 징크스는 없다'
롱런을 꿈꾸는 이민성

이민성

1973년 6월 23일 | 51세 | 대한민국

K리그 전적
120전 54승 34무 32패

2023년, 이민성 감독은 그간 쌓은 내공을 제대로 토해냈다. 강조했던 강한 압박과 빠른 전환이 제대로 통했다. 물러서지 않는 축구로 강호들을 괴롭혔다. 물론 보완점도 보였다. 수비가 흔들리며 파이널A행에 실패했다. 은퇴 후 무려 10년간의 코치 생활을 뒤로 하고 2021년 대전의 지휘봉을 잡은 이 감독은 매 시즌 성장하는 모습을 보인다. 귀를 열고 조금씩 수정한 결과다. 지난 시즌 성과를 바탕으로 재계약에 성공한 이 감독은 올 시즌이 대전 4년 차다. K리그 지도자에게는 4년 차 징크스가 있다. 이 고비를 잘 넘기면 롱런할 수 있다. 이 감독은 올해 큰 변화를 꾀하고 있다. 선수 구성은 물론, 축구 스타일까지 바꿀 계획이다. 통한다면 목표로 한 아시아챔피언스리그 진출도 가능할 전망이다.

선수 경력

대우	상무	포항	서울	용인시청

지도자 경력

용인시청 플레잉코치	용인시청 코치	광저우 헝다 코치	강원 코치	전남 코치	울산 코치	창춘 야타이 코치	U-23 대표팀 코치	대전 감독(21~)

주요 경력

1998년 프랑스 월드컵	2002년 한-일 월드컵 대표

선호 포메이션	4-2-3-1 3-4-3	3가지 특징	공격적인 전술 운용	풍부한 지도자 경험	강도 높은 체력훈련

STAFF

수석코치	코치	GK코치	피지컬코치	B팀 코치	B팀 피지컬 코치	B팀 GK코치	의무 담당관	전력분석관	장비담당관	통역
정광석	배효성 신수진	권찬수	박근영	진경선	김성환	이선형	권순민 장호석 엄동환 김진목	김정훈	김동률	김성

DAEJEON HANACITIZEN — 2023 SEASON REVIEW / 2023 시즌 리뷰

2 0 2 3 R E V I E W

다이나믹 포인트로 보는 대전의 2023시즌 활약도

초반 기세는 무서웠다. 과감한 공격축구로 승격팀 돌풍을 일으켰다. 전승을 달리던 울산을 7라운드에서 무너뜨린 것은 단연 백미였다. 초반 10경기에서 6승을 쓸어 담았던 대전은 이후 부상자가 속출하고, 체력이 떨어지며 조금씩 미끄러졌다. 막판 스퍼트에도 아쉽게 파이널A행에 실패했지만, 꾸준히 승점을 쌓으며 일찌감치 잔류에 성공했다. 17골로 득점 2위에 오른 티아고, 빠른 역습을 책임졌던 김인균, 불안한 수비 속 역대급 선방쇼를 펼쳤던 이창근이 대전 다이나믹 포인트 빅3에 있다는 것은 올 시즌 대전의 장단점을 극명히 보여준다.

FW
- 전병관 13,887 전체 124위
- 신상은 11,489 전체 144위
- 마사 21,037 전체 69위
- 레안드로 13,993 전체 122위
- 유강현 10,944 전체 150위
- 티아고 48,117 전체 2위

MF
- 김인균 26,733 전체 37위
- 김영욱 8,793 전체 171위
- 주세종 17,375 전체 95위
- 이진현 23,287 전체 59위

DF
- 임덕근 7,268 전체 188위
- 김현우 12,158 전체 140위
- 김민덕 13,873 전체 125위
- 조유민 20,241 전체 76위
- 서영재 6,162 전체 211위
- 오재석 4,588 전체 236위
- 강윤성 6,094 전체 212위
- 안톤 20,931 전체 71위
- 이현식 18,848 전체 87위

GK
- 이창근 24,427 전체 51위

2023시즌 다이나믹 포인트 상위 20명 · ■ 포인트 점수

포지션 평점
- FW ⚽⚽⚽⚽
- MF ⚽⚽
- DF ⚽⚽
- GK ⚽⚽⚽⚽

출전시간 TOP 3
순위	선수	기록
1위	이창근	3,420분
2위	안톤	2,750분
3위	티아고	2,571분

득점 TOP 3
순위	선수	기록
1위	티아고	17골
2위	김인균	8골
3위	마사	6골

도움 TOP 3
순위	선수	기록
1위	레안드로, 티아고	7도움
2위	김인균	6도움
3위	이진현	5도움

주목할 기록
- **133** 이창근 선방수 (K리그 한시즌 최다)
- **41** 대전 2023년 도움수 (K리그1 전체 1위)

성적 그래프

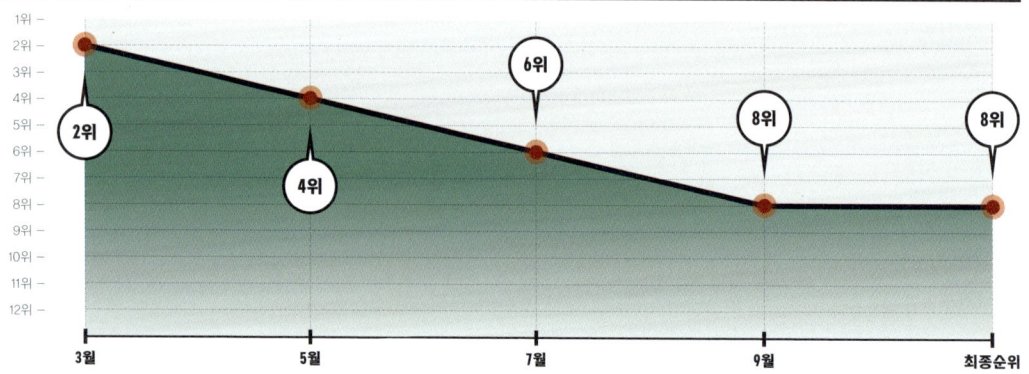

3월 2위 → 5월 4위 → 7월 6위 → 9월 8위 → 최종순위 8위 ■ K리그2 기록

2024 시즌 스쿼드 운용 & 이적 시장 인앤아웃

IN

- 김승대_포항
- 홍정운_대구
- 호사_톈진
- 김준범_인천
- 박진성_전북
- 송창석_김포
- 노동건_목포
- 아론, 이순민
  _이상 광주
- 박준서_가나자와
- 이정택_청주
- 공민현_안양
- 김한서, 윤도영
- 강성윤_이상 신인
- 음라파_FA

OUT

- 유강현, 김민덕
  _이상 군입대
- 윌리안_서울
- 티아고, 전병관
  _이상 전북
- 김영욱_이랜드
- 김지훈_충북청주
- 이종현_김포
- 마사_주빌로이와타
- 최익진_부산
- 이선유_진주
- 변준수_광주
- 서영재_당진

FW: 구텍, 공민현, 송창석, 김승대 / 레안드로, 호사, 김인균 / 신상은, 유선우, 음라파

MF: 윤도영, 이동원, 이현식, 김경환 / 이순민(C), 주세종, 임덕근, 이은재 / 김준범, 이선호, 김한서, 정진우

DF: 강윤성, 박진성, 오재석, 김태현 / 배서준, 안톤, 김현우, 강성윤, 이정택 / 홍정운, 아론, 임유석, 노동건, 정강민

GK: 이창근, 이준서, 정산, 안태윤

ⓒ 주장　■ U-22 자원

2023년 대전은 절반의 성공을 거뒀다. 목표로 한 잔류에 일찌감치 성공하며, 가능성을 보였다. 올해는 결과를 잡으려 한다. 아시아챔피언스리그 진출에 맞춰, 변화를 택했다. 선수단 구성에서 울산과 전북의 러브콜을 받았던 이순민을 베팅으로 데려왔고, 김승대, 홍정운, 아론, 호사 등을 영입해, 공수 전체에 힘을 더했다. 핵심 센터백 조유민의 갑작스런 해외 진출에 따른 공백을 메우는 건 올시즌 풀어야 할 숙제. 지난시즌이 승격한 멤버들과 승격한 축구에 초점을 맞췄다면, 올해의 키워드는 변화다. 선수단 구성뿐만 아니라, 스타일까지 바꿀 계획이다. 빠른 전환을 강조한 축구를 펼쳤던 대전은 올해 빌드업을 가미해, 점유에 초점을 맞춘 축구로 변화를 모색하고 있다. 포메이션도 포백으로 색깔을 바꿨다. 일단 선수단 면면은 확실히 올라갔다. 상대 견제를 뚫고, 새로운 축구가 빠르게 자리매김한다면, 목표 달성은 충분히 가능하다. 전북, 제주 등과 만나는 초반 성적이 결국 키를 쥘 것으로 보인다.

주장의 각오

이순민

확실하게 중심을 잡아서 확 끌고 가는 그런 분위기를 만들어주는 건 내가 가진 장점 중 하나다. 모든 사람에게 좋은 사람이 되고픈 생각은 없다. 이 자리는 미움받을 용기도 있어야 한다. 팀이 잘 되는 방향으로 이끌겠다.

DAEJEON HANACITIZEN — BEST 11 / 베스트 11

2024 예상 베스트 11

이적시장 평가

대전의 겨울은 뎁스와 수비로 정리할 수 있다. 경쟁 구도를 높이기 위해 전 포지션의 복수화를 추진했다. 동시에 수비력 강화에 나섰다. '현역 국대' 수비형 미드필더 이순민과 검증된 수비수 홍정운, 아론을 영입했다. 마사가 빠져나간 자리에 '라인 브레이커' 김승대와 '크랙' 호사를 더했다. 외인 공격수 티아고, 공격형 미드필더 이진현, 중앙수비수 조유민의 이탈은 아쉽지만, 전체적으로 전년 대비 업그레이드했다.

저자 5인 순위 예측

5위_광주에 묻혔지만 이젠 파이널A도 문제없어. 선택과 집중 필요.

8위_폭풍 영입의 정석을 보여주며 좋은 선수들을 모았다. 하지만 이 조합이 곧바로 시너지를 낼까?

10위_미드필더, 수비 뎁스는 늘었지만, 최전방은 글쎄. 티아고 그림자 지울 수 있을까?

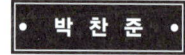

6위_겨우내 폭풍 영입에 나선 대전은 ACL 전력으로 보였다. 조유민이 이적하기 전까진…

9위_이적시장 분주하게 움직였지만 과연 실속은 얼마나 챙겼을까 의문이 든다.

선수 소개　　SQUAD　　　　　　　　　　　　DAEJEON HANACITIZEN

이순민

1994년 5월 22일 | 30세 | 대한민국 | 178cm | 73kg

경력

광주(17~23)
▷ 포천(18~20)
▷ 대전(24~)

K리그 통산기록

97경기 4득점 3도움

대표팀 경력

4경기

영남대 시절 대학 최고의 풀백으로 불렸던 이순민은 2017년 광주를 통해 K리그 무대에 입성했다. 하지만 강등 경쟁을 펼치던 광주에 이순민의 자리는 없었다. 이순민은 결단을 내렸다. 포천에 입단, 군 문제를 해결했다. 소집 해제 후 후반기에야 광주 선수로 등록된 이순민은 조금씩 기회를 받기 시작했다. 터닝 포인트는 2021년이었다. 풀백이 아닌 중앙 미드필더로 변신한 이순민은 왕성한 움직임을 앞세워 강한 인상을 남겼다. 2022년 이정효 감독이 부임하며 날개를 달았다. 이정효 감독은 이순민의 움직임, 센스에 주목하며 그를 중원의 핵으로 활용했다. 2022년 K리그2 베스트11에 선정된 이순민은 2023년 생애 최고의 시즌을 보냈다. 자신감이 붙은 이순민은 이정효 감독의 페르소나로 활약하며, 리그 최고의 미드필더 중 하나가 됐다. 중앙 미드필더, 풀백, 심지어 센터백으로도 뛰었다. 이같은 능력을 인정받아 생애 첫 국가대표로 선발됐고, 아시안컵 최종 엔트리에도 이름을 올렸다. K리그1 베스트11에 뽑힌 이순민을 향해 전북, 울산 등 최고의 팀들이 관심을 보였고, 최고의 제안을 보낸 대전이 영입전의 승자가 됐다. 래퍼로 활동하며 경기장 밖에서도 주목을 받고 있는 이순민은 아시아챔피언스리그 진출을 노리는 대전의 키를 쥔, 올 시즌 대전에서 가장 주목할 선수다.

2023시즌 기록

10	2,831(35) MINUTES 출전시간(경기수)	1 GOALS 득점	2 ASSISTS 도움	0	2 WEEKLY BEST 11 주간베스트11
강점	엄청난 활동량, 멀티능력	**특징**	랩을 잘하는 축구선수, 축구를 잘하는 래퍼		
약점	아쉬운 포지셔닝	**별명**	위로		

DAEJEON HANACITIZEN SQUAD 선수소개

주세종

1990년 10월 30일 | 34세 | 대한민국 | 174cm | 67kg

경력

부산(12~15)
▷ 서울(16~20)
▷ 아산(18~19)
▷ 감바 오사카(21~22)
▷ 대전(22~)

K리그 통산기록

238경기 15득점 30도움

대표팀 경력

9경기 1득점
2018 월드컵, 2019 아시안컵

K리그 정상급 플레이메이커다. 2012년 부산에서 데뷔한 주세종은 서울, 아산 등을 거치며, K리그 최고의 중원 사령관 중 하나로 불렸다. 공격형과 수비형을 오가는 주세종은 정교한 킥과 넓은 시야를 바탕으로 맹활약을 펼쳤다. 2018년 러시아월드컵에도 나서, '카잔의 기적'을 만든 독일전, 손흥민의 쐐기골을 도왔다. 주세종과 대전의 인연은 2022년 시작됐다. 당시 승격의 기로에 선 대전은 일본 J리그 감바 오사카에서 어려움을 겪던 주세종을 임대로 데려왔다. 승부수는 완벽히 통했다. 주세종은 대전의 중심을 잡아주며, 팀의 승격을 이끌어냈다. 대전은 곧바로 주세종을 완전 영입했다. 이민성 감독은 주세종 중심의 중원을 꾸렸고, 주세종은 지난 시즌 초반 완벽한 활약으로 기대에 부응했다. 하지만 불의의 부상으로 흐름이 꺾였고, 아쉬움 속에 시즌을 마무리했다. 1골-2도움에 그쳤다. 대대적인 변화를 택한 대전이지만 올 시즌 중원의 중심 역시 주세종이다. 이순민이라는 확실한 수비형 미드필더를 데려온 이유 역시 주세종의 플레이메이킹을 더욱 극대화하기 위해서다. 부담스러운 주장 완장까지 내려놓은 주세종은 본인이 잘하는 플레이에 더욱 집중하고 있다. 앞쪽에 빠른 선수를 대거 보유한 대전인만큼, 주세종의 정교한 롱패스는 올해도 대전의 키가 될 전망이다.

2023시즌 기록

| 5 | 2,110(30) MINUTES 출전시간(경기수) | 1 GOALS 득점 | 2 ASSISTS 도움 | 0 | 3 WEEKLY BEST 11 주간베스트11 |

강점	정교한 롱패스	특징	중원의 사령관
약점	아쉬운 수비 포지셔닝	별명	세종대왕, 킹세종

선수 소개　SQUAD　　DAEJEON HANACITIZEN

이창근

1993년 8월 30일 | 31세 | 대한민국 | 186cm | 77kg

경력
부산(12~16)
▷ 수원FC(16)
▷ 제주(17~21)
▷ 김천(20~21)
▷ 대전(22~)

K리그 통산기록
230경기 313실점

대표팀 경력
1경기

아쉬웠던 대전 수비의 한 줄기 빛이었다. 매경기 스페셜 영상을 만들 수 있을 정도로, 환상적인 선방쇼를 펼쳤다. 기록이 말해준다. 이창근은 지난 시즌 전경기, 전시간에 출전해, 무려 133개의 선방을 기록했다. K리그 한 시즌 최다 선방이다. 정평이 나 있던 동물적인 반사신경이 지난 시즌 제대로 꽃을 피웠다. 부산 유스 출신으로 연령별 대표팀을 두루 경험했던 이창근은 2016년 수원FC에서 맹활약을 펼치며 확실한 눈도장을 찍었다. 제주로 이적한 뒤 다소 부침있는 모습을 보였던 이창근은 2022년 3대2 트레이드로 대전 유니폼을 입었다. 대전 이적 후 한단계 도약한 모습이다. 첫 해 승격을 이끈 이창근은 지난 시즌에는 리그 베스트급 활약을 펼쳤다. 하지만 개인적으로는 만족하지 못하는 모습이었다. 58실점 때문이다. 이창근은 지난 시즌 가장 많이 막았지만, 가장 많이 먹은 골키퍼기도 하다. 이 때문인지, 지난 시즌 자신의 성적표를 '어중간하다'고 평가했다. 이창근은 실점을 줄이기 위해 더욱 구슬땀을 흘리고 있다. 이창근은 재계약을 맺으며, 대전에 대한 애정을 과시했다. 올 시즌 대전의 넘버1도 이창근이다. 백업이 다소 약한 대전 입장에서 이창근의 변함없는 활약은 대단히 중요하다. 수비 변화에 따른 '변수'가 있지만, 이창근의 세이브는 대전에 가장 중요한 '상수'다.

2023시즌 기록

1	3,420(38) MINUTES 출전시간(경기수)	58 LOSS 실점	133 SAVE 선방	0	5 WEEKLY BEST 11 주간베스트11
강점	동물적인 반사신경		특징	곽태휘 닮은 꼴, 형제 축구선수	
약점	아쉬운 판단		별명	창근신	

DAEJEON HANACITIZEN — SQUAD 선수소개

구텍 | Vladislavs Gutkovskis
1995년 4월 2일 | 29세 | 라트비아 | 187cm | 87kg

9 FW
구텍
WEEKLY BEST 11

경력
올림프스(11~13)
▷ 스콘토 리가(13~15)
▷ 니에치에차(16~20)
▷ 쳉스토호바(20~23)
▷ 대전(23~)

K리그 통산기록
3경기 1도움

대표팀 경력
43경기 11득점

대전은 지난 여름 이적시장, 승부수를 띄웠다. 구텍이었다. 당초만 하더라도 대전은 공격형 미드필더를 찾았다. 중앙과 측면을 오가며, 창의성을 더해줄 선수를 물색했다. 본 선수만 50명이 넘었다. 대전이 공격형 미드필더를 찾은 것은 밀집수비를 대처하기 위해서였다. 그런데 마땅한 선수가 없었다. 발상을 바꿨다. 힘과 높이에 초점을 맞췄다. 아예 수비 앞에서 버티고, 싸워주고, 밀고 들어갈 수 있는 선수를 찾았다. 티아고와 투톱을 이뤄줄 힘 있는 스트라이커로 상대의 밀집수비를 타파하겠다는 계획을 세웠다. 그래서 찾은 게 구텍이었다. 성공적이었다. 구텍은 데뷔 후 곧바로 똑부러지는 활약으로, 이민성 감독의 의도에 100% 부응했다. 구텍이 상대 수비를 제압하고 연계해주자, 2선이 살아났다. 하지만 구텍은 세번째 경기에서 무릎 인대가 파열되는 중상을 입으며 시즌 아웃됐다. 짧은 기간이었지만, 강한 임팩트를 받은 이민성 감독은 올 시즌 핵심 공격수로 구텍을 낙점했다. 티아고를 전북으로 보낸 이유 역시 구텍에 대한 신뢰 때문이었다. 탁월한 신체능력을 바탕으로 높이, 힘은 물론 스피드, 결정력, 연계까지 갖췄다는 평가다. 부상 후유증이 우려되지만, 건강하기만 하다면 두 자릿수 득점은 충분한 선수다. 라트비아 대표팀에서도 핵심이다. 잘생긴 외모까지, 스타성도 충분하다.

2023시즌 기록

1	187(3) MINUTES 출전시간(경기수)	0 GOALS 득점	1 ASSISTS 도움	0	- WEEKLY BEST 11 주간베스트11

강점	강력한 몸싸움, 탁월한 결정력	특징	외인 중에서도 톱클래스 비주얼
약점	부상 후유증, K리그 적응	별명	구텍(별명을 등록명으로 함)

선수 소개　SQUAD　　DAEJEON HANACITIZEN

김승대

1991년 4월 1일 | 33세 | 대한민국 | 175cm | 64kg

경력

포항(13~15)
▷ 옌벤 푸더(16~17)
▷ 전북(19~22)
▷ 강원(20)
▷ 포항(22~23)
▷ 대전하나(24~)

K리그 통산기록

270경기 46득점 47도움

대표팀 경력

6경기 1득점

김승대는 '포항의 아들'이었다. 포철동초-포철중-포철공고-포항 스틸러스를 모두 거쳤다. 포항에서 데뷔한 김승대는 옌벤 푸더, 전북 현대, 강원FC 등을 거쳤지만, 항상 포항에 돌아와 최고의 모습을 보였다. 지난 시즌 포항의 캡틴이 된 김승대는 최고의 모습을 보였다. 35경기에 나서 3골-7도움으로 4년만에 두자릿수 공격포인트 달성에 성공했다. 2선 자원의 줄부상으로 매경기 출전하는 상황 속에서도, 특유의 센스 넘치는 플레이는 물론, 압박과 수비가담까지 펼쳤다. 계약이 만료된 김승대는 포항 잔류를 원했지만, 재계약 협상에서 난항을 겪었다. 이적료가 없는 김승대가 시장에 나오자 당연히 러브콜이 쏟아졌다. 그 중 가장 적극적인 팀이 대전이었다. 마사를 보낸 대전은 그 빈자리를 메우기 위해 최전방과 2선을 오갈 수 있는 자원을 찾았고, 김승대를 낙점했다. 김승대는 K리그에서만 270경기에 나서, 46골-47도움을 기록한 '검증된 공격수'다. 17골을 기록한 티아고가 전북으로, 마사가 주빌로 이와타로 떠났지만, 김승대의 가세로 무게감을 유지했다. 김승대는 부상에서 돌아온 구텍과 함께 공격을 책임질 전망이다. 이민성 감독은 주전 섀도 스트라이커로 김승대를 낙점했다. 김승대는 선수생활의 황혼기에 택한 새로운 변화가 또 다른 터닝포인트가 되길 바라고 있다.

2023시즌 기록

2	2,344(35) MINUTES 출전시간(경기수)	3 GOALS 득점	7 ASSISTS 도움	0	3 WEEKLY BEST 11 주간베스트11
강점	역대급 라인브레이킹, 강철 체력		**특징**	손준호 매제, NO SNS	
약점	아쉬운 온더볼 능력		**별명**	라인브레이커	

DAEJEON HANACITIZEN　　　　　　　　SQUAD　선수소개

이준서

1998년 3월 7일 | 26세 | 대한민국 | 185cm | 82kg
경력 | 대전(21~)
K리그 통산기록 | 18경기 19실점
대표팀 경력 | -

알아주는 유망주였지만 잦은 부상에 시달리며 내리막을 타는 듯했다. 하지만 뼈를 깎는 노력으로 동국대 시절 대학 최고의 골키퍼로 명성을 날렸다. 2021년 대전에 입단, 첫 해 9경기에 출전하며, 가능성을 알렸다. 그해 8월 대전 팬들이 선정한 이달의 선수상도 수상했다. 하지만 이후 좀처럼 기회를 얻지 못했다. 그래도 넘버1 골키퍼가 빠질 때마다 그 공백을 확실히 메웠다. 올해도 이창근의 넘버2로 활약할 전망이다. 민첩성, 판단력은 물론 빌드업 능력도 갖췄다.

2023시즌 기록
🟨	🟥	MINUTES 출전시간(경기수)	LOSS 실점	SAVE 선방	WEEKLY BEST 11 주간베스트11	강점	약점
0	0	0)	0	0	-	탁월한 민첩성	부족한 경험

김준범

1998년 1월 14일 | 26세 | 대한민국 | 176cm | 71kg
경력 | 경남(18~19) ▷ 인천(20~23) ▷ 김천(22~23) ▷ 대전(24~)
K리그 통산기록 | 120경기 7득점 5도움
대표팀 경력 | -

연세대 시절부터 주목받던 미드필더였다. 기대 속 경남 유니폼을 입은 김준범은 2019시즌 리그 적응을 마치며 좋은 모습을 보였다. 팀의 강등을 막지 못하고 2020년 인천으로 이적했다. 인천에서는 다소 애매한 평가를 받았다. 2022년 군에 입대한 김준범은 알토란 같은 활약을 펼쳤고, 전역 후 김영욱의 이적으로 중앙 미드필더로 찾던 대전 유니폼을 입었다. 기술, 창의성 등 가진 것은 있지만, 감독 스타일을 좀 탄다. 아직 자신의 재능을 100% 펼치지 못했다는 평가다. 이제 더 이상 유망주가 아니다. 그래서 올 시즌이 중요하다.

2023시즌 기록
🟨	🟥	MINUTES 출전시간(경기수)	GOALS 득점	ASSISTS 도움	WEEKLY BEST 11 주간베스트11	강점	약점
2	0	526(14)	1	0	-	수준급 테크닉	아쉬운 탈압박

강윤성

1997년 7월 1일 | 27세 | 대한민국 | 174cm | 69kg
경력 | 대전(16~18) ▷ 제주(19~23) ▷ 상무(22~23) ▷ 대전(23~)
K리그 통산기록 | 185경기 7득점 7도움
대표팀 경력 | -

2016년 대전을 통해 프로선수가 된 강윤성은 이후 제주로 이적해 가능성을 알렸다. 도쿄올림픽에도 나섰다. 2023년 여름 군 전역한 강윤성을 향해 연령별 대표 시절부터 그의 가능성을 높이 평가한 이민성 감독이 콜을 보냈고, 결국 5년만에 대전으로 돌아왔다. 공격형, 수비형 미드필더, 윙어 등 다양한 포지션을 소화하는 강윤성이지만, 대전에서 풀백으로 고정됐다. 지난 시즌 좌우를 오가며 활약한 강윤성은 올 시즌 주전 오른쪽 풀백으로 나선다. 캉테를 연상케 할 정도로 많이 뛰는 선수로, 이 감독이 추구하는 축구와 딱 맞는다.

2023시즌 기록
🟨	🟥	MINUTES 출전시간(경기수)	GOALS 득점	ASSISTS 도움	WEEKLY BEST 11 주간베스트11	강점	약점
5	0	1,595(22)	1	1	1	캉테급 활동량	떨어지는 섬세함

선수 소개 SQUAD DAEJEON HANACITIZEN

15 DF

임덕근

2000년 2월 25일 | 24세 | 대한민국 | 183cm | 77kg
경력 | 제주(19~20) ▷ 대전(21~)
K리그 통산기록 | 70경기 2득점 5도움
대표팀 경력 | -

고교 최고의 수비수로 불렸던 임덕근은 2019년 제주를 통해 프로에 입성했다. 제주의 22세 카드로 주목을 받았지만, 잦은 실수로 기회를 놓쳤다. 2021년 연령별 대표팀부터 재능을 눈여겨 본 이민성 감독이 임덕근을 품었다. 하지만 기대에 미치지 못했던 임덕근에게 2022년은 터닝포인트가 됐다. 수비수에서 수비형 미드필더로 변신했다. 새 옷을 입은 임덕근은 펄펄 날았다. '임덕배'라는 별명까지 얻었다. K리그1에서 뛴 지난 시즌에도 좋은 모습을 보였다. 엄청난 활동량을 앞세운 임덕근은 빠른 성장세를 보이며 패싱 능력까지 장착했다.

		2023시즌 기록				강점	약점
0	0	1,136(20) MINUTES 출전시간(경기수)	0 GOALS 득점	0 ASSISTS 도움	- WEEKLY BEST 11 주간베스트11	뛰어난 축구센스	경험과 집중력 부족

■ K리그2 기록

24 DF

박진성

2001년 5월 15일 | 23세 | 대한민국 | 178cm | 76kg
경력 | 전북(21~23) ▷ 청주(23) ▷ 대전(24~)
K리그 통산기록 | 49경기 2도움
대표팀 경력 | -

전북 성골 유스 출신으로, 초반 많은 기회를 얻으며 주목을 받았다. '제2의 박원재'로 불리며, 입단 첫해인 2021년 좋은 모습을 보였다. 하지만 이후 전북의 두꺼운 선수층에 막혀 기회를 얻지 못했다. 개인적인 부침도 있었다. 지난 시즌 충북청주로 임대를 떠나 많은 경기에 나서며 부활의 기틀을 마련했고, 올 시즌을 앞두고 입대한 서영재의 대체자로 대전 유니폼을 입었다. 공수를 두루 갖춘 귀하디귀한 왼발잡이 풀백이다. 올 시즌 대전의 주전 왼쪽 풀백이 유력한 가운데, K리그1급 선수로 자리매김하느냐 기로에 선 올 시즌이다.

		2023시즌 기록				강점	약점
6	0	2,165(26) MINUTES 출전시간(경기수)	0 GOALS 득점	2 ASSISTS 도움	- WEEKLY BEST 11 주간베스트11	델랍급 롱스로인	부정확한 크로스

22 DF

오재석

1990년 1월 4일 | 34세 | 대한민국 | 178cm | 74kg
경력 | 수원(10~11) ▷ 강원(11) ▷ 강원(12) ▷ 감바오사카(13~20) ▷ 도쿄(19) ▷ 나고야그램퍼스(20) ▷ 인천(21~22) ▷ 대전(23~)
K리그 통산기록 | 116경기 3득점 7도움
대표팀 경력 | 4경기, 2012 올림픽

지난 시즌 노장의 품격을 과시했다. 주전 오른쪽 윙백이었던 오재석은 서영재의 잦은 부상으로 왼쪽에서 여러차례 경기를 소화했다. 전성기에 비해 공격력은 떨어졌지만, 안정된 수비로 제 몫을 해냈다. 수원, 강원을 거쳐 일본 감바 오사카, 나고야 등에서 전성기를 보낸 오재석은 2021년 인천의 강력한 구애 속 K리그로 복귀했다. 인천식 스리백에서 적응하지 못한 오재석은 2023년 그의 리더십을 높이 평가한 대전에 새 둥지를 틀었다. 올 시즌 주전과 백업 사이 경계에 있는 오재석은 특유의 리더십을 앞세워 경기장 안팎에서 팀을 이끌 전망이다.

		2023시즌 기록				강점	약점
6	0	1,945(25) MINUTES 출전시간(경기수)	0 GOALS 득점	0 ASSISTS 도움	- WEEKLY BEST 11 주간베스트11	악착 같은 수비력	떨어지는 공격력

DAEJEON HANACITIZEN　　　　　　　　　　SQUAD　선수소개

안톤
Anton Kryvotsyuk

1998년 8월 20일 | 26세 | 아제르바이잔 | 186cm | 76kg
경력 | 네프트치(17~21) ▷ 비스와프워츠크(21~22) ▷ 대전(23~)
K리그 통산기록 | 33경기 1득점 1도움
대표팀 경력 | 32경기 1득점

지난 시즌 이민성식 스리백의 핵심이었던 김재우가 군에 입대하며, 수비의 큰 공백이 생겼다. 해법은 안톤이었다. 안톤은 입단하자마자 며칠 되지 않아 데뷔전을 치렀는데, 공격과 수비를 오가야 하는 대전식 스리백에서 몇 년을 뛴 것 같은 환상적인 플레이를 펼쳤다. 안톤은 그야말로 복덩이었다. 센터백뿐만 아니라 좌우 윙백으로도 활약하며, 대전 수비에 빈자리가 생길 때마다 완벽히 공백을 메웠다. 빠른 발과 터프한 수비, 빌드업 능력까지 갖췄다는 평가다. K리그 역사상 최초의 아제르바이잔 국적의 선수로 올 시즌도 수비의 핵으로 활약할 전망이다.

2023시즌 기록					강점	약점
9	1	2,750(33) MINUTES 출전시간(경기수)	1 GOALS 득점	1 ASSISTS 도움	2 WEEKLY BEST 11 주간베스트11	탁월한 예측 수비	이따금 뇌절플레이

김현우

1999년 3월 7일 | 25세 | 대한민국 | 183cm | 74kg
경력 | 울산(18~20) ▷ 디나모자그레브(18~22) ▷ 이스트라(20~21) ▷ 슬라벤벨루포(21) ▷ 울산(22) ▷ 대전(23~)
K리그 통산기록 | 26경기 1도움
대표팀 경력 | -

김현우는 알아주는 유망주였다. 울산 유스 출신인 김현우는 가능성을 인정받아 크로아티아 최고의 명문팀 디나모 자그레브 유니폼을 입었다. 준우승을 차지한 2019년 U-20 월드컵에서 맹활약을 펼쳤던 김현우는 이후 기대와 달리, 크로아티아에서 임대를 전전했다. 2022년 울산으로 복귀했지만, 두꺼운 선수층에 막혀 기회를 얻지 못했다. 연령별 대표팀에서 함께했던 이민성 감독의 제안으로 대전행을 택한 지난 시즌 조금씩 부활의 기틀을 마련했다. 영리한 커버플레이와 침착한 빌드업이 장점인 그는 올 시즌에도 많은 시간을 부여받을 전망이다.

2023시즌 기록					강점	약점
3	0	1,856(26) MINUTES 출전시간(경기수)	0 GOALS 득점	1 ASSISTS 도움	- WEEKLY BEST 11 주간베스트11	영리한 커버플레이	아쉬운 맨마킹

홍정운

1994년 11월 29일 | 30세 | 대한민국 | 188cm | 76kg
경력 | 대구(16~23) ▷ 대전(24~)
K리그 통산기록 | 163경기 8득점 3도움
대표팀 경력 | -

홍정운은 올 겨울 새로운 도전을 택했다. 정든 대구를 떠나 대전 유니폼을 입었다. 2016년 대구 유니폼을 입고 데뷔한 홍정운은 줄곧 대구에서만 뛰었다. 명지대 시절 공격수에서 수비수로 전향한 홍정운은 탁월한 리딩 능력을 바탕으로 대구식 스리백의 핵심으로 활약했다. 대구와 계약이 만료된 홍정운은 잔류와 이적을 고민하다, 대전행을 택했다. 대전이 올 시즌 포백으로 전환한만큼, 초반부터 입지가 불안하지만, 언제든 스리백 전향 가능성이 남아 있어, 홍정운의 가치는 꽤 클 것으로 보인다. 그만큼 스리백에서는 탁월한, 공수를 겸비한 수비수다.

2023시즌 기록					강점	약점
2	0	2,930(33) MINUTES 출전시간(경기수)	0 GOALS 득점	1 ASSISTS 도움	2 WEEKLY BEST 11 주간베스트11	탁월한 수비 리딩 능력	느린 주력

선수 소개 SQUAD — DAEJEON HANACITIZEN

17 MF

이현식

1996년 3월 21일 | 28세 | 대한민국 | 175cm | 66kg
경력 | 강원(18~20) ▷ 대전(21~)
K리그 통산기록 | 172경기 16득점 16도움
대표팀 경력 | –

영남대 시절부터 주목받던 미드필더였던 이현식은 입단 첫해부터 강원의 주요 자원으로 활약했다. 센스 넘치는 테크닉에, 활동량까지 갖춘 이현식은 벤투호에 승선할 정도로 능력을 인정받았다. 입대를 두고 강원과 갈등을 빚던 중 5각 트레이드로 2021년 대전 유니폼을 입었다. 기대만큼 활약을 펼치지 못하던 이현식은 2022년 오른쪽 윙백으로 변신, 새로운 길을 열었다. 이현식은 대전이 승격한 2023년, 공격형 미드필더, 중앙 미드필더, 윙어, 윙백 등을 오가며 알토란 같은 활약을 펼쳤다. 가끔 욱하며 받는 경고가 많다는 게 단점.

2023시즌 기록

| 10 | 0 | 2,147(29) MINUTES 출전시간(경기수) | 2 GOALS 득점 | 1 ASSISTS 도움 | 2 WEEKLY BEST 11 주간베스트11 | 강점: 센스 넘치는 플레이 | 약점: 욱하는 플레이로 인한 경고 |

11 MF

김인균

1998년 7월 23일 | 26세 | 대한민국 | 173cm | 66kg
경력 | 충남아산(20~21) ▷ 대전(22~)
K리그 통산기록 | 108경기 23득점 11도움
대표팀 경력 | –

대전의 특급 날개다. 2021년 아산의 돌격대장으로 활약하며 K리그2 영플레이어상까지 수상했던 김인균은 K리그1 팀들의 러브콜을 뒤로하고, 2022년 당시 K리그2에 있던 대전으로 이적했다. 특급 조커로 입단 첫 해 7골–3도움을 기록했던 김인균은 커리어 첫 K리그1 시즌이었던 지난해, 한결 원숙해진 플레이로 8골–6도움 커리어 하이를 기록했다. 김인균의 폭발적인 스피드는 프로축구연맹이 석 달마다 발표하는 최고 속도 지수에서 매번 최상위권을 차지할 정도로 K리그1에서도 최고 수준이다. 여기에 마무리 능력까지 점점 좋아지고 있다.

2023시즌 기록

| 2 | 0 | 1,467(29) MINUTES 출전시간(경기수) | 8 GOALS 득점 | 6 ASSISTS 도움 | 2 WEEKLY BEST 11 주간베스트11 | 강점: 리그 정상급 스피드 | 약점: 아쉬운 위치선정 |

28 DF

아론
Aaron Calver

1996년 1월 12일 | 28세 | 호주 | 186cm | 76kg
경력 | 시드니(12~19) ▷ 웨스턴유나이티드(19~21) ▷ 퍼스글로리(21~22) ▷ 광주(22~23) ▷ 대전(24~)
K리그 통산기록 | 45경기 3득점 1도움
대표팀 경력 | –

한때 호주리그 최연소 출전 기록을 가질 정도로 유망주였던 아론은 이후 기대만큼의 성장세를 보이지 못했다. 웨스턴 유나이티드, 퍼스 글로리 등에서 좋은 모습을 보인 아론은 2022년 광주를 통해 K리그에 입성했다. 광주식 스리백의 핵심으로 활약한 아론은 포백으로 전환한 2023년 초반 벤치에 앉는 일이 잦았지만, 티모의 부상 이후 다시 능력을 과시했다. 변준수와 트레이드로 대전으로 이적했다. 센터백, 풀백, 수비형 미드필더까지 소화하는 멀티 능력에, 탁월한 공격 능력까지 갖춘 아론은 여러모로 쓰임새가 많은 수비수다.

2023시즌 기록

| 3 | 0 | 1,237(20) MINUTES 출전시간(경기수) | 0 GOALS 득점 | 0 ASSISTS 도움 | - WEEKLY BEST 11 주간베스트11 | 강점: 수비 전포지션이 가능한 멀티능력 | 약점: 아쉬운 대인방어 능력 |

DAEJEON HANACITIZEN — SQUAD 선수소개

호사
Farley Rosa

1994년 1월 14일 | 33세 | 브라질 | 174cm | 68kg

경력 | 세바스토폴(13~14)▷아틀레티코몬테아줄(14~16)▷아폴론리마솔(14~15)▷라르나카(16)▷패네톨리코스(16~18)▷알에티파크(18~19)▷아트로미토스(19~20)▷파네톨리코스(20)▷푸자이라(20~21)▷베르셰바(21)▷텔아비브(21~22)▷텐진(22~23)▷대전(24~)

K리그 통산기록 | –
대표팀 경력 | –

대전은 혼자서 상대 수비를 무너뜨릴 수 있는 '크랙' 유형을 찾았다. 측면과 중앙을 모두 소화할 수 있는 선수를 물색했다. 그래서 찾은 선수가 호사. 브라질, 우크라이나, 키프로스, 그리스, 이스라엘 뿐만 아니라 사우디아라비아, 아랍에미리트, 중국 등을 누비며 아시아 축구에 대한 이해도가 높다. 텐진과 계약이 만료된 호사는 대전의 제안을 받아들여 K리그에 입성했다. 호사는 2선 전포지션에서 뛸 수 있는데다, 스피드와 드리블은 물론, 마무리 능력까지 갖췄다는 평가다. 특히 대전은 호사의 인성에 높은 점수를 준 것으로 알려졌다.

2023시즌 기록

| 0 | 0 | 1,922(29) MINUTES 출전시간(경기수) | 8 GOALS 득점 | 3 ASSISTS 도움 | - WEEKLY BEST 11 주간베스트11 | 강점 탁월한 테크닉 | 약점 아쉬운 마무리 |

▪ 중국 리그 기록

레안드로
Leandro Joaquim Ribeiro

1995년 1월 13일 | 29세 | 브라질 | 178cm | 65kg

경력 | 인테르나시오나우(14~16)▷아로카(15~16)▷글로리아(16)▷빌라노바(16)▷달라고리(17~20)▷마카비 네타냐(17~18)▷셰리프 티라스폴(19)▷이랜드(20~21)▷대전(22~)

K리그 통산기록 | 120경기 24득점 24도움
대표팀 경력 | –

스피드만큼은 리그 최고 수준이다. 2020년 이랜드를 통해 K리그에 입성한 레안드로는 이 스피드를 앞세워 K리그2 최고의 외인 중 한명으로 자리매김했다. 2022년 대전으로 이적한 레안드로는 9골을 기록하며, 승격에 일조했다. K리그1에서의 첫해였던 2023년, 전반기는 완벽했다. 그의 스피드는 K리그에서도 통했다. 문제는 오래전부터 지적된 마무리였다. 뒷공간을 허물고도 마지막 슈팅이나 패스 실수로 맥을 끊었다. 개인 사정까지 겹치며 최악의 후반기를 보냈다. 대전은 레안드로 방출도 고민했지만, 장점을 믿고 일단 함께하기로 했다.

2023시즌 기록

| 0 | 0 | 1,186(24) MINUTES 출전시간(경기수) | 2 GOALS 득점 | 7 ASSISTS 도움 | 3 WEEKLY BEST 11 주간베스트11 | 강점 폭발적인 스피드 | 약점 부족한 마무리 |

신상은

1999년 8월 20일 | 25세 | 대한민국 | 185cm | 72kg

경력 | 대전(21~)

K리그 통산기록 | 44경기 7득점 2도움
대표팀 경력 | –

전북 유스 출신인 신상은은 2021년 신인으로 대전에 입성했다. 저돌적인 돌파를 앞세워 곧바로 이민성 감독의 눈에 띈 신상은은 부천과의 개막전에서 데뷔전 데뷔골을 넣으며 화려하게 출발했다. 만족스러운 데뷔 시즌을 보낸 신상은은 2022년 주로 B팀에서 활약했지만, 필요한 순간마다 골업돼 공격진에 힘을 불어넣었다. 승강 플레이오프에서는 도움도 기록했다. 신상은을 팀의 미래로 인정한 대전은 2022년 12월 재계약을 맺었다. 지난 시즌 K리그에서도 4골을 넣으며 가능성을 보인 신상은은 올 시즌 출전 시간을 더욱 늘리겠다는 각오다.

2023시즌 기록

| 1 | 0 | 657(19) MINUTES 출전시간(경기수) | 4 GOALS 득점 | 0 ASSISTS 도움 | - WEEKLY BEST 11 주간베스트11 | 강점 위협적인 크로스 | 약점 떨어지는 섬세함 |

전지적 작가 시점

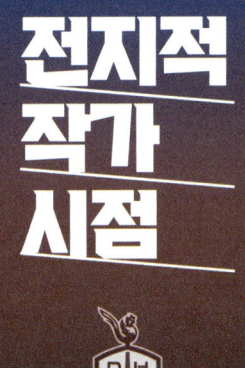

박찬준이 주목하는 대전의 원픽!
이순민

과거 대전은 가난한 시민구단의 대명사였다. 2020년 하나은행에 인수된 후 '부자'가 된 대전은 올 겨울, 달라진 신분을 제대로 만끽했다. 전북과 울산이 모두 원했던 '현역 국대'를. 그것도 '머니 싸움'에서 승리하며 품었다. 그게 바로 이순민이다. 대전은 재정적으로도, 환경적으로도 제법 큰 구단이 됐다. 그래서 이순민의 영입은 대전 역사에서 큰 의미가 있다. 축구적으로 돌아오면, 대전은 지난 시즌 실점이 많았다. 무려 58골을 내주며, 최다 실점 2위였다. 대전이 최다 득점 3위라는 막강 공격력을 갖고도 파이널A에 가지 못한 이유였다. 그래서 올 겨울 포인트는 수비 강화였다. 이민성 감독은 수비 자체 보다는 앞쪽에서 원인을 찾았다. 대전은 지난 시즌 전문 수비형 미드필더 부재로 고생했다. 터프한 수비로, 1차 저지선 역할을 해줄 수 있는 유형이 없었다. 선택지는 하나, 이순민이었다. 지난 시즌 K리그 최고의 미드필더 이순민을 찍었고, 과감한 오퍼로 품는데 성공했다. 올 시즌 공격적인 포백으로 변화를 노리는 대전은 수비형 미드필더의 역할이 더욱 중요해졌다. 이순민이 기대만큼, 그리고 지난 시즌만큼 해줄 경우, 대전이 노리는 창단 첫 아시아챔피언스리그 진출도 가능해진다.

지금 대전에 이 선수가 있다면!
설영우

이민성 감독의 기본 철학은 '공격'이다. 올 겨울 이순민, 홍정운, 아론 등을 영입하며 수비를 두텁게 했지만, 그래도 기본적으로는 공격 쪽에 무게추가 쏠려 있다. 스타일에는 변화가 감지된다. 지난 시즌 대전은 강한 압박과 빠른 트랜지션을 포인트로 했다. 위쪽에서부터 누르는 축구를 했다. 높은 위치에서 볼을 뺏어 바로 공격으로 이어지는게 대전의 축구였다. 그러다보니 많이 뛰고, 빨리 뛸 수 있는 선수들을 우선시했다. 하지만 올 시즌에는 점유에 초점을 맞추고 있다. 무작정 뛰기보다는 템포를 조절하겠다는 뜻이다. 그래야 지난 몇년간 여름에 무너지는걸 고칠 수 있다는게 이민성 감독의 판단이다. 그래서 후방 빌드업을 강화하고 있다. 아래부터 만들어나가겠다는 생각이다. 빌드업은 중앙도 중요하지만, 최근에는 풀백들의 플레이가 더 중요하다. 가운데 수비가 워낙 두텁다보니 측면에서 어떻게 만들어가느냐에 달려 있다. 그런 의미에서 대전의 풀백들은 조금 아쉽다. 물론 좋은 선수들이지만, 운동 능력에 비해 공을 잘차는 스타일은 아니다. 그래서 설영우 같은 선수의 존재가 아쉽다. 이민성 감독이 새롭게 추구하는 축구가 제대로 완성되려면, 기술과 축구 지능이 좋은 풀백의 존재가 필수이기 때문이다.

헤이스
탈레스
이탈로
유리조나탄
제갈재민
김승섭
김주공
진성욱
김현우
백승헌
구자철
최영준
서진수
김건웅
김정민
정운
이주용
임창우
임채민
연제운
송주훈
안태현
김태환
김동준
안찬기

JEJU UNITED

TEAM 팀 소개

제주를 더 제주답게, 학범슨과 함께 꾸는 'K-아틀레틱'의 꿈

제주 유나이티드

지금으로부터 약 42년 전인 1982년에 창단한 '자부심 충만' K리그 최고령 클럽이다. 유공 코끼리, 부천 유공, 부천 SK를 거쳐 지금의 제주 유나이티드를 팀명으로 사용한다. 숭의종합경기장부터 제주월드컵경기장까지, 홈구장으로 사용한 경기장만 7곳에 달한다. 2006년 구단 운영 효율화 차원에서 연고지를 부천에서 제주(서귀포)로 옮겼다. 1995년 유공 코끼리의 서포터즈인 헤르메스는 '한국 최고 서포터즈'의 타이틀을 달았다. 김정남 감독이 이끌던 1989년 K리그 우승을 차지한 제주는 1995년 러시아 출신 발레리 니폼니시 감독을 데려와 당시로서는 '혁명적인 패스 축구'로 K리그에 신선한 충격을 안겼다. 최윤겸, 조성환, 강철, 김기동, 윤정환, 이을용 등은 '니포 축구'의 영향을 받은 지도자들이다. 2019시즌 2부 강등의 아픔을 겪었으나, 1년 만에 1부로 돌아오는 저력을 선보였다. 2023시즌 부진 끝에 9위로 추락한 제주는 '검증된 베테랑' 김학범 감독을 선임하며 반등 시동을 걸었다. 제주는 단순히 좋은 성적을 넘어 '유일한 섬 팀'의 지위를 이용해 스페인 클럽 아틀레틱처럼 지역 특색을 살린 클럽으로 거듭나길 꿈꾼다. 지역 출신 유스 발굴에도 투자를 아끼지 않는 이유다.

구단 소개

정식 명칭	제주 유나이티드 축구단
구단 창립	1982년 12월 17일
모기업	SK에너지
상징하는 색	오렌지 & 레드
경기장(수용인원)	제주월드컵경기장 (29,791명)
마스코트	감규리, 한라할방, 백록이
레전드	강철, 이임생, 윤정환, 구자철 등
서포터즈	풍백, 귤케이노, JUMP
커뮤니티	DC마이너갤 제주유나이티드, 서포터즈 귤케이노 오픈채팅

우승

K리그	1회(1989)
FA컵	–
AFC챔피언스리그(ACL)	–

최근 5시즌 성적

시즌	K리그	FA컵	ACL
2023시즌	9위	4강	–
2022시즌	5위	16강	–
2021시즌	4위	32강	–
2020시즌	1위(2부)	16강	–
2019시즌	12위	16강	–

HOME · GK · AWAY

감독 소개 MANAGER JEJU UNITED

경험은 곧 경쟁력이다.
학범슨 리턴즈

김학범

1960년 3월 1일 | 64세 | 대한민국

K리그 전적
288전 118승 84무 86패

'내 나이가 어때서~!' 60대 중반의 나이로 6년 만에 K리그로 돌아온 김학범 제주 감독은 '정면 돌파'를 선언했다. 최고령 타이틀이 결코 걸림돌이 되지 않을 것이라고 확신했다. 자신감의 근원은 현역 지도자 중 비교가 불가한 '풍부한 경험'이다. 국민은행 코치를 시작으로 무려 30년이 넘는 세월 동안 우직하게 지도자의 길을 걸었다. K리그, 중국 리그, 연령별 대표팀을 두루 거쳤다. 매번 성공가도를 달린 것은 아니었지만, 좌절도 자양분 삼아 오뚝이처럼 일어섰다. 2018년 자카르타-팔렘방 아시안게임에서 손흥민, 김민재 등과 함께 금메달을 따내며 한국 축구 발전에 이바지했다. 오랜 기다림 끝에 K리그로 복귀한 '학범슨'(김학범+퍼거슨)은 오랜 노하우와 열정을 제주에 몽땅 쏟아 붓고 있다. 64세는 프로 감독을 하기에 딱 좋은 나이란 걸 입증하고 싶은 마음이다.

선수 경력

국민은행(1984~1991)

지도자 경력

성남 감독	강원 감독	광주 감독	U-23 대표팀 감독	제주 감독(24~)

주요 경력

2006년 K리그 우승	2014년 FA컵 우승	2018년 아시안게임 우승

선호 포메이션	4-2-3-1 (4-4-2)	3가지 특징	국내 1호 축구선수 출신 박사	선수단 장악 능력	30년 지도자 연륜

STAFF

수석코치	코치	GK코치	피지컬코치	분석코치	트레이너	스카우터	통역
김정수	이상호	차상광	김찬빈 최희영	이준석	윤재영 박순호 하태준	김동영 신현호	문대화

JEJU UNITED

2023 SEASON REVIEW — 2023 시즌 리뷰

2 0 2 3 R E V I E W

다이나믹 포인트로 보는 제주의 2023시즌 활약도

시작은 창대했으나 끝은 미약했다. 초반 반짝 상승세가 끝난 뒤 날개 없이 추락했다. 6월 이후 22경기에서 단 2승만을 거두는 부진이 지속됐지만, 리더십을 잃은 선장을 적시에 교체하지 않는 판단으로 위기를 자초했다. 도합 27개의 공격포인트를 기록한 두 명의 브라질 특급과 '국대 출신' 수문장 김동준의 활약으로 강등권으로 추락하지 않은 건 불행 중 다행. FA컵 우승을 따냈으면 리그에서의 부진이 어느 정도 상쇄됐겠지만, 우승팀 포항에 패하며 준결승 문턱을 넘지 못했다. 2023년은 지우고 싶은 1년이 아니었을까.

2023시즌 다이나믹 포인트 상위 20명 · ■ 포인트 점수

출전시간 TOP 3
1위	김동준	3,273분
2위	헤이스	2,809분
3위	김봉수	2,544분

득점 TOP 3
1위	유리조나탄	10골
2위	헤이스	8골
3위	서진수	5골

도움 TOP 3
1위	헤이스	5도움
2위	유리 조나탄	4도움
3위	서진수, 안태현, 안현범	2도움

주목할 기록
75	2023시즌 팀 최다 오프사이드
6.18	유리 조나탄, 경기당 평균 공중볼 경합 성공(전체 2위)

성적 그래프

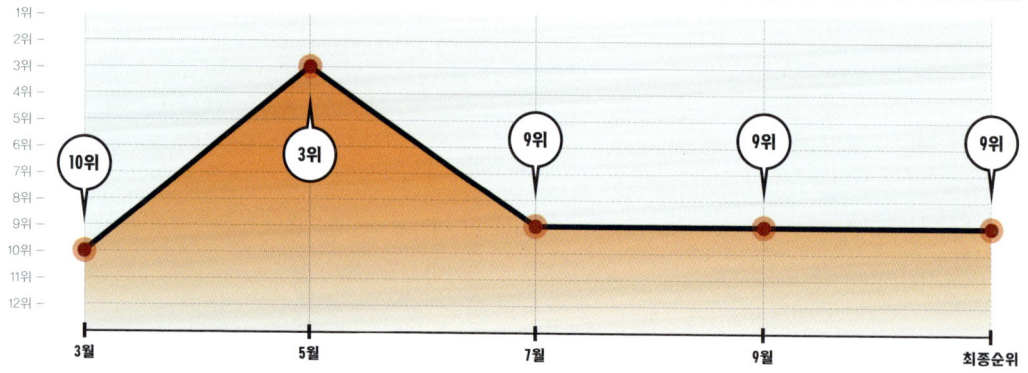

2024 시즌 프리뷰 2024 SEASON PREVIEW JEJU UNITED

2024 시즌 스쿼드 운용 & 이적 시장 인앤아웃

IN
제갈재민_목포시청
김정민_안양
탈레스_폰테프레다
이탈로_조나스
김태환 안찬기
_이상 수원삼성
김재민 박주승
백승헌 조인정
원희도_이상 신인

OUT
임동혁 김오규
_이상 서울이랜드
김형근_부천
박원재_경남
이기혁_강원
김대환_화성
권순호_김포

ⓒ 주장 ■ U-22 자원

제주는 '강성'으로 분류되는 김학범 감독을 선임하는 '승부수'를 띄웠다. 김학범 감독은 부임 직후 '잠자는 제주'를 깨우기 위해 체질 개선, 정신력 개조에 힘썼다. 무리하게 선수 영입을 추진하기보단 기존 선수를 제대로 활용하는데 초점을 맞췄다. 구자철 최영준 임채민 정운 등 베테랑 중심의 팀에 올림픽 대표팀 감독 시절 인연을 맺은 제자 김태환 김정민 안찬기 등을 영입하며 경험에 패기를 덧입혔다. 과감히 해외 전지훈련을 포기하고 국내에서 '100분을 뛸 수 있는' 체력 훈련에 집중했고, 새롭게 합류한 브라질 듀오 탈레스와 이탈로의 활용법을 극대화할 전술 훈련에도 힘썼다. 김학범 감독은 2023시즌 약 26.3%였던 홈 승률을 50%대까지 끌어올려 서귀포를 '원정팀의 무덤'으로 만드는 것에서부터 시작할 참이다. 직접 설정한 목표 3단계는 6위권 진입, 아시아챔피언스리그 티켓, 그리고 우승이다.

주장의 각오

임채민

김학범 감독님은 내 축구 인생의 방향성을 안내해 주신 분이다. 다시 감독님을 만나서 정말 기쁘다. 이제는 감독님과 팀의 방향성을 위해 더욱 헌신하겠다. 선수단이 하나로 합심해 목표인 ACL 진출에 힘쓰겠다.

JEJU UNITED　　　　　　　　　　　　BEST 11　　베스트 11

2024 예상 베스트 11

이적시장 평가

가장 조용한 겨울을 보낸 팀이라고 할 수 있다. 이미 구색이 갖춰진 팀이다 보니 무리해서 영입 경쟁에 뛰어들 필요가 딱히 없었다. K3리그를 평정한 공격수 제갈재민, 2선과 3선에서 차이를 만들어줄 브라질 듀오 탈레스와 이탈로, 김학범 감독의 제자 김태환과 김정민 등을 영입하며 부족한 부분을 채웠다. 눈에 띄는 이탈자가 없다는 것이 이번 스토브리그의 소득이라면 소득이다.

저자 5인 순위 예측

9위_해외 'NO', 국내 훈련 고집은 독. 눈에 띄지 않는 보강. 중위권 벗어나기 쉽지 않아

6위_7년 만에 돌아온 K리그. 제아무리 '명장 학범슨'이라도 곧바로 적응하긴 쉽지 않을 듯.

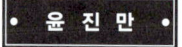

5위_'학범슨' 김학범 감독의 부임만으로 '군기 바짝'. 최근 제주의 문제가 정신력이었던 걸 기억하자.

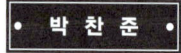

4위_학범슨은 늘 계획이 있다. 큰 폭의 변화를 택하지 않은 게 오히려 신의 한 수가 될 듯.

8위_오프시즌 최대의 영입이 학범슨이다. 아무리 명장이어도 역량을 발휘하려면 시간이 필요.

선수 소개　　SQUAD　　　　　　　　　　　JEJU UNITED

구자철

1989년 2월 27일 | 35세 | 대한민국 | 183cm | 74kg

경력

제주(07~10)
▷ 볼프스부르크(11~14)
▷ 아우크스부르크(12~13)
▷ 마인츠(14~15)
▷ 아우크스부르크(15~19)
▷ 알가라파(19~21)
▷ 알코르(21~22)
▷ 제주(22~)

K리그 통산기록

113경기 9득점 21도움

대표팀 경력

76경기 19득점
2012 올림픽
2014 · 2018 월드컵

2023년은 '아쉬움'이었다. 2022년, 12년만에 '친정' 제주로 복귀한 구자철은 2023시즌 개막전부터 출전하며 '제2의 전성기'에 대한 기대감을 키웠다. 초반 팀의 상승세와 맞물려 구자철 특유의 투쟁심과 경기 조율 능력이 빛났다. 몸을 사리지 않는 베테랑은 팀에 긍정 에너지를 불어넣었다. 하지만 중원 파트너 이창민이 입대를 위해 팀을 떠난 뒤 부상까지 찾아오면서 여름을 통째로 날렸다. 팀이 끝없는 부진에 허덕이는 모습을 멀찍이서 지켜봐야 했다. 2022시즌 7경기를 뛴 구자철은 2023시즌도 16경기 출전에 그쳤다. 책임감 강한 구자철은 세 번의 좌절은 없다는 각오로 이를 악 물고 시즌을 준비했다. 지난 2년간 함께한 남기일 감독이 떠나고 베테랑 김학범 감독이 부임하면서 팀에도 때마침 변화의 바람이 불었다. 구자철이 주황색 유니폼을 입고 마지막 불꽃을 태우기엔 알맞은 환경이다. 2012년 런던올림픽에서 동메달 신화를 쓰고 분데스리가에서 큰 족적을 남긴 '전설'은 부활이 어려울 거라고 말하는 이들, 제주의 반등이 어려울 거라고 말하는 이들에게 이렇게 말한다. "와이(Why)? 와이(Why)?"

2023 시즌 기록

5	1168(16) MINUTES 출전시간(경기수)	0 GOALS 득점	1 ASSISTS 도움	0	0 WEEKLY BEST 11 주간베스트11
강점	볼 간수 능력, 몸을 사리지 않는 투쟁심, 풍부한 경험에서 우러나오는 리더십		특징	'뼛속까지 주황' 제주에 대한 애단심, 축구 실력 못지않은 해설 실력	
약점	'나이는 못 속여' 일관성 없는 컨디션과 부상 리스크		별명	구글거림, 구자봉	

JEJU UNITED　　　　　　　　　　　　　　SQUAD　선수소개

유리 조나탄　　Yuri Jonathan Vitor Coelho　　1998년 6월 12일 | 26세 | 브라질 | 185cm | 88kg

경력

폰테프레타(17~18)
▷ 코임브라(18)
▷ 가이나레돗토리(19)
▷ 페로비아리아(20~21)
▷ 레이송스(21~22)
▷ 카피바리아노(22)
▷ 에스트렐라(22)
▷ 과라니(22)
▷ 제주(23~)

K리그 통산기록

33경기 10득점 4도움

대표팀 경력

–

바람 잘 날 없었던 제주의 몇 안 되는 소득 중 하나는 유리 조나탄의 빠른 적응이었다. 울산으로 떠난 득점왕 출신 주민규의 대체자로 제주에 입단해 외인이 적응하기 어렵다는 K리그 무대에서 두 자릿수 득점을 폭발했다. 팀내 최다 공격포인트도 만족스럽지만, 유리 조나탄의 진가는 상대팀 수비수들의 평가를 통해 더욱 도드라졌다. 유리 조나탄과 맞붙어본 다수의 수비수는 '유리 조나탄이 등을 지면 앞이 보이지 않는다'고 조나탄의 포스트플레이를 높게 평가했다. 공중볼 경합 횟수 전체 3위, 페널티 박스 안 슈팅도 전체 3위였다. 상대 박스 안에서 수비진을 지독히도 괴롭혔다. 2023시즌 선발(15경기)보다 교체(18경기)로 뛴 경기가 더 많았는데, 만약 더 많은 출전시간을 보장받았다면, 분명 10골 4도움 이상의 공격포인트를 적립했을 것으로 시즌 내내 임팩트가 컸다. 제주 적응을 완벽히 끝마친 2년차에 한층 더 업그레이드 된 '탱크'의 활약을 기대하는 것도 무리는 아니다. 올해는 탈레스와 이탈로, 브라질 친구가 두 명 더 늘어나 신명나게 뛸 환경이 조성되어 있기도 하다.

2023시즌 기록

3	1872(33) MINUTES 출전시간(경기수)	10 GOALS 득점	4 ASSISTS 도움	0	1 WEEKLY BEST 11 주간베스트11

강점	벽처럼 단단한 압도적 피지컬, 골 냄새 맡는 능력	특징	-
약점	잦은 근육 부상, 세밀하지 못한 볼 컨트롤	별명	탱크(인스타그램 아이디 유리탱크 (yuritanque))

선수 소개 SQUAD JEJU UNITED

임채민

1990년 11월 18일 | 34세 | 대한민국 | 188cm | 82kg

경력
성남(13~16)
▷ 상무(17~18)
▷ 성남(19)
▷ 강원(20~21)
▷ 선전(22)
▷ 제주(23~)

K리그 통산기록
247경기 12득점 2도움

대표팀 경력
1경기

"더 큰 선수가 돼야지." 2013년 성남FC 사령탑을 맡은 김학범 감독은 당시 신인 선수인 임채민의 잠재력을 확인했다. K리그 정상급 센터백을 넘어 국가대표로 발돋움하도록 혹독하게 단련시켰다. 임채민은 불의의 부상으로 국가대표 데뷔 기회를 놓쳤지만, 성남 강원을 거치며 최상위 레벨로 올라서며 김학범 감독의 눈이 틀리지 않았음을 몸소 증명했다. 중국 리그를 거쳐 2023년 제주 입단으로 K리그에 리턴한 임채민은 2024시즌을 앞두고 김학범 감독과 약 8년 만에 재회했다. 2014년 FA컵 우승과 같이 잊지 못할 추억을 공유한 지도자와의 재회는 반길 만한 소식. 김학범 감독에게도 잘 아는 선수인 임채민의 존재는 든든하다. 측면 공격과 중앙 미드필더, 측면 수비에 대한 보강을 추진하면서 중앙 수비수 포지션만큼 변화를 주지 않았다는 건 임채민에 대한 신뢰가 그만큼 두텁다는 걸 의미한다. 임채민의 각오도 단단하다. 제주에서 보낸 첫 시즌 뼈저린 실패를 맛본 임채민은 김학범 감독과 함께 10년만에 우승컵을 따내겠다는 다부진 의지를 내보이고 있다.

2023시즌 기록

6	2190(26) MINUTES 출전시간(경기수)	1 GOALS 득점	0 ASSISTS 도움	0	2 WEEKLY BEST 11 주간베스트11
강점	든든한 동네형 리더십, 대인마크, 공중볼		특징		축구밖에 모르는 축구바보, 중국리그 알바 성공적
약점	세밀한 플레이, 가끔씩 나오는 실수		별명		명품 수비수

JEJU UNITED　　　　　　　　　　　　SQUAD　선수소개

최영준　　　　　　　　1991년 12월 15일 | 33세 | 대한민국 | 181cm | 76kg

30 MF
최영준
WEEKLY BEST 11

경력
경남(11~14)
▷경찰(15~16)
▷경남(16~18)
▷전북(19~21)
▷제주(22~)

K리그 통산기록
303경기 7득점 14도움

대표팀 경력
-

필자는 2023년 2월26일 제주월드컵경기장에 있었다. 그날, 주장 완장을 달고 쉴새없이 그라운드를 누비던 최영준이 후반 초반 불의의 십자인대 부상을 당해 고통스러워하는 모습을 지켜봤다. 큰 부상 한 번 없이 10년 넘게 K리그를 누빈 베테랑은 그렇게 한 템포 쉬어갔다. 모두들 최영준의 '시즌아웃'을 예상했지만, 최영준은 불굴의 재활 의지로 복귀 날짜를 조금씩 앞당겼다. 그리고 9월 인천전을 통해 마침내 그라운드에 복귀했다. 복귀 후 8경기에 나서며 제주의 안정적인 잔류에 힘을 보탰다. 2023시즌은 아픈 기억이자, 그라운드의 소중함을 일깨워준 해였다. '건강한 최영준'은 새로운 영입과도 같을 전망이다. 국내 3선 자원 중 톱 레벨로 평가받는 최영준이 시즌 내내 중원을 지켜준다면 지난시즌처럼 팀이 경기 중 갑자기 무너진다거나, 잡을 경기 놓치는 일이 줄어들 수밖에 없다. 최영준은 제주 입단 첫 시즌 제주에서 가장 많은 출전시간, 가장 많은 패스를 기록했다. 'K리그의 캉테'는 과연 부활에 성공할 수 있을까?

2023시즌 기록

| 3 | 630(9)
MINUTES
출전시간(경기수) | 0
GOALS
득점 | 1
ASSISTS
도움 | 0 | -
WEEKLY BEST 11
주간베스트11 |

강점	뛰고 또 뛰는 '무한 체력', 안정적인 공수 연결	특징	번외지명 입단, 선한 인상에서 나오는 선한 영향력
약점	장기부상 후유증, 공중볼 장악 능력	별명	K리그의 캉테

선수 소개 SQUAD　　JEJU UNITED

서진수
2000년 10월 18일 | 24세 | 대한민국 | 183cm | 71kg

경력
제주(19~20)
▷상무(21~22)
▷제주(22~)

K리그 통산기록
94경기 12득점 9도움

대표팀 경력
-

2023시즌 전반기 보여준 '폼'(경기력)은 굉장했다. 개막 후 5월까지 13경기에서 5골 1도움을 기록했고, 주간 베스트 11에 3번이나 뽑혔다. 2022시즌 도중 김천 상무에서 전역해 8경기에서 4골을 몰아친 '뉴 에이스'다운 퍼포먼스였다. 서진수는 동계 전지훈련에서 가장 몸놀림이 가벼운 선수였다. 남기일 감독은 그런 서진수를 공격의 축으로 염두에 두고 시즌을 계획했을 정도였다. 뚜껑을 열어보니 인천으로 떠난 제르소의 대체자는 새롭게 영입한 브라질 출신 헤이스가 아닌 서진수인 것 같았다. 그런 서진수의 활약은 그리 오래가지 못했다. 6월 이후 21경기에서 단 한 골도 기록하지 못했다. 팀 부진과 맞물려 서진수의 존재감도 흐릿해졌다. 간혹 전매특허인 상대 혼을 빼놓는 드리블을 선보였을 뿐이었다. 공격수가 아무리 과정(드리블)이 좋아도 결과(슛)가 좋지 않으면 인정받지 못한다는 걸 누구보다 서진수 본인이 뼈저리게 느꼈을 것이다. 마냥 유망주처럼 보였던 서진수는 어느덧 스물넷, 프로 6년차가 됐다. 이젠 누구 뒤에 숨어서 성장만을 꿈꿀 수 없다. 자신을 믿어준 제주에서 실력으로 증명해야 할 때다.

JEJU UNITED SQUAD 선수소개

1 GK

김동준
1994년 12월 19일 | 30세 | 대한민국 | 189cm | 85kg
경력 | 성남(16~19) ▷ 대전(20~21) ▷ 제주(22~)
K리그 통산기록 | 200경기 232실점 1도움
대표팀 경력 | 1경기

팀 성적이 좋지 않은 팀에 흔히 나타나는 특징은 골키퍼 의존도가 높다는 것이다. 제주가 그랬다. 김동준이 '미친 날'에는 승점을 따고, '평범한 날'에는 승점을 놓친 경기가 많았다. 김동준의 2023시즌 선방 횟수(119회)는 대전 이창근(133회) 다음으로 많았고, 김동준의 커리어를 통틀어서도 가장 많았다. 선방율(61.66%) 역시 개인 경력을 통틀어 가장 높았다. 왜 김동준이 파울루 벤투 감독 시절 국가대표팀에 발탁이 됐는지 알 수 있었다. 시즌 후 늘 한국 골키퍼에 대한 수요가 있는 일본 J리그행 루머가 나돌았지만, 프로 데뷔 시즌 은사였던 김학범 감독과 함께하기로 결정했다.

		2023시즌 기록				강점	약점
2	0	3,273 MINUTES 출전시간(경기수)	48 LOSS 실점	119 SAVE 선방	5 WEEKLY BEST 11 주간베스트11	동물적인 반사신경, 안정적인 공중볼 처리	이따금 흔들리는 멘탈

10 MF

헤이스
                                                                Isnairo Reis Silva Morais
1993년 1월 6일 | 31세 | 브라질 | 175cm | 75kg
경력 | 레모(12) ▷ 아틀레치쿠고이아넨시(12) ▷ 인테르나시오날(14) ▷ 아메리카지나타우(15~16) ▷ 카시아스(17) ▷ 보아(17) ▷ 빌라노바(18) ▷ 크리시우마(19) ▷ 콘피안사(19~21) ▷ 광주(21~22) ▷ 제주(23~)
K리그 통산기록 | 105경기 24득점 14도움

제주의 모든 공은 헤이스를 통했다. 2023시즌 키패스(69개) 전체 1위, 크로스(75개) 1위, 슈팅 수(77개) 2위 등 주요 공격 지표에서 상위권에 포진했다. 공격포인트(13개) 순위는 공동 8위였다. 팀 성적과 별개로 헤이스의 제주 첫 시즌은 성공적이라고 할 수 있다. 학범슨호에서도 헤이스는 공격의 키(Key) 역할을 맡을 것으로 기대된다. 전방에 버텨주는 선수(유리 조나탄), 측면을 돌파하는 선수(서진수, 탈레스)는 보유했지만, 제주에서 헤이스처럼 2선에서 공격을 조립하는 유형은 많지 않다. 제주의 성패는 헤이스가 얼마나 차이를 만들어주느냐에 달려있다고 해도 과언이 아니다.

		2023시즌 기록				강점	약점
5	0	2809(36) MINUTES 출전시간(경기수)	8 GOALS 득점	5 ASSISTS 도움	2 WEEKLY BEST 11 주간베스트11	K리그 최고의 찬스메이커, 튼튼한 몸	2% 부족한 골 결정력, 스피드

16 DF

김태환
2000년 3월 25일 | 24세 | 대한민국 | 179cm | 73kg
경력 | 수원(19~23) ▷ 제주(24~)
K리그 통산기록 | 109경기 2득점 8도움
대표팀 경력 | -

양발로 과감하게 슈팅하고 거침없이 오버래핑하는 신인시절의 모습이 아직 눈에 선하다. 새로운 유형의 풀백에 K리그는 환호했다. 2021시즌 주전 풀백으로 부상한 김태환은 수원의 부진과 잦은 감독 교체 흐름에서 길을 잃었다. 2023시즌엔 전 시즌 대비 800분 가까이 출전시간이 줄었다. 줄어든 출전시간만큼 특장점도 사라졌다는 평가를 받았다. 지난해를 끝으로 FA 신분이 된 김태환은 여러모로 변화가 필요했다. 미래에 대한 고민에 휩싸였을 때, 청소년 대표 시절 스승인 김학범 감독이 같이 해보지 않겠냐며 손을 내밀었다. '큰 선수'가 되기 위한 '작은 김태환'의 도전은 제주에서 다시 이어진다.

		2023시즌 기록				강점	약점
1	0	1,548(24) MINUTES 출전시간(경기수)	0 GOALS 득점	0 ASSISTS 도움	- WEEKLY BEST 11 주간베스트11	순박한 외모와 다른 상남자의 활동량, 거침없는 오버래핑	종종 발생하는 '배달사고'(낮은 크로스 정확도)

선수 소개 SQUAD — JEJU UNITED

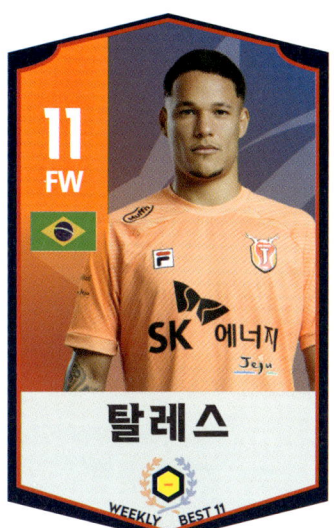

11 FW

탈레스

탈레스 — Tales Jose da Silva

1998년 9월 28일 | 26세 | 브라질 | 179cm | -

경력 | 트레세(19~21) ▷ 시아노르테(21) ▷ 포주알레그리(22) ▷ 바라(22) ▷ 세르지페(22) ▷ 갈로마링가(23) ▷ 폰테프레타(23) ▷ 제주(24~)

K리그 통산기록 | -

제주가 지난겨울 야심차게 영입한 브라질 듀오 중 한 명. 귀하다는 왼발잡이 반대발 윙어다. 주포지션은 왼쪽 측면이지만, 오른쪽 윙어와 풀백을 소화하는 멀티 자원이다. 탄탄한 체구에서 나오는 폭발적인 스피드와 드리블 돌파, 왼발 슈팅이 일품이다. 주로 왼쪽 측면에서 활약하는 오른발잡이 플레이메이커 헤이스와의 시너지 효과가 기대된다. 하부 리그를 거쳐 최근까지 브라질 2부(세리에B) 소속 폰테프레타에서 활약했다. 이십대 중반의 나이에 첫 해외 진출인 만큼 낯선 환경에 얼마나 빨리 적응하느냐가 관건이다. 현재 제주의 문제점으로 득점력을 꼽은 김학범 감독은 탈레스의 재능이 팀 공격력 상승에 도움이 될 것으로 기대하고 있다.

2023시즌 기록

| 1 | 0 | 1,692(28) MINUTES 출전시간(경기수) | 3 GOALS 득점 | 2 ASSISTS 도움 | - WEEKLY BEST 11 주간베스트11 | 강점: 큰 키에 빠른 스피드, 저돌적 돌파로 측면 정복 | 약점: '아시아는 처음이라' K리그 적응 여부 |

■ 브라질 리그 기록

5 MF

이탈로

이탈로 — Italo Moreira Barcelos

1997년 8월 3일 | 27세 | 브라질 | 190cm | -

경력 | 노로에스테(23) ▷ 마나우라(23) ▷ 나시오날-AM(23) ▷ 아마조나스(24) ▷ 제주(24~)

K리그 통산기록 | -

지난 2023시즌 포항 오베르단이 '대박'을 치면서 K리그에선 잠재력 풍부한 외인 미드필더에 대한 수요가 높아졌다. 제주는 빠르게 움직였다. 구단 스카우트가 직접 브라질로 향해 '진주'를 발견했다. 맨시티 레전드 야야 투레가 떠오르는 압도적인 피지컬을 장착한 이탈로는 공중볼 장악 능력, 맨투맨 마크, 탈압박 능력 등을 골고루 겸비했다는 평이다. 얼핏 큰 체구로 인해 둔해보일 수 있지만, 타고는 볼 컨트롤 능력으로 느린 스피드를 가볍게 극복한다. 제주는 새 시즌을 앞두고 김봉수라는 젊고 유능한 미드필더를 군대로 떠나보냈다. 최영준이 장기부상을 떨쳐내고 복귀한 상황에서 이탈로가 빠르게 팀에 녹아든다면 제주의 허리는 강해질 수밖에 없다.

2023시즌 기록

| 0 | 1 | 3,025(36) MINUTES 출전시간(경기수) | 4 GOALS 득점 | 0 ASSISTS 도움 | - WEEKLY BEST 11 주간베스트11 | 강점: 피지컬 괴물, 탈압박 능력 | 약점: '아시아는 처음이라' K리그 적응 여부 |

■ 브라질 리그 기록

17 FW

제갈재민

제갈재민

2000년 8월 12일 | 24세 | 대한민국 | 178cm | 74kg

경력 | 대구(21) ▷ 당진시민(22) ▷ 목포시청(23) ▷ 제주(24~)

K리그 통산기록 | -

대표팀 경력 | -

제주에서 새롭게 출항하는 학범선호의 1호 영입생. 제주가 K리그 출전 경험이 전무한 제갈재민을 영입한 데에는 다 이유가 있다. 2021년 대구에 입단해 K리그 데뷔전을 치르지 못했던 제갈재민은 3부리그에서 눈물 젖은 빵을 먹으며 부활을 도모했다. 2023시즌 K3리그에서 득점왕과 MVP 2관왕을 휩쓸며 프로 구단들의 관심을 한 몸에 받았다. 평소 '황소' 황희찬을 존경한다는 제갈재민은 황희찬처럼 저돌적인 플레이를 즐긴다. 3년 전 눈치만 보던 프로 신인은 잊어도 좋다. 제갈재민은 당당히 프로 무대에 도전할 채비를 끝마쳤다.

2023시즌 기록

| 0 | 0 | - MINUTES 출전시간(경기수) | - GOALS 득점 | - ASSISTS 도움 | - WEEKLY BEST 11 주간베스트11 | 강점: '눈물 젖은 빵' 먹은 경험, 풍부한 잠재력 | 약점: K리그 무대 적응 여부 |

제주유나이티드 167

JEJU UNITED

SQUAD 선수소개

18 FW

진성욱

1993년 12월 16일 | 31세 | 대한민국 | 183cm | 82kg
경력 | 인천(12~16) ▷ 제주(17~18) ▷ 상무(19~20) ▷ 제주(20~23) ▷ 성남(23) ▷ 제주(24~)
K리그 통산기록 | 217경기 32득점 15도움
대표팀 경력 | -

인천 유스 출신으로 큰 기대를 모았던 공격수. 2012년 프로 데뷔 3년 차인 2014년 K리그1에서 6골을 터뜨리며 조명을 받았다. 다부진 체격에 저돌적인 플레이, 간혹 터뜨리는 원더골에 팬들은 '대형공격수가 등장했다'며 환호했다. 인천이 2부로 절대 떨어지지 않는 '잔류왕'의 이미지를 얻게 된 것에 기여했다. 한때 국가대표팀까지 뽑혔던 진성욱은 2017년 제주로 이적한 뒤에는 뜻하는 대로 커리어가 풀리지 않았다. 좀체 확고한 주전 자리를 꿰차지 못했고, 결국 2023시즌 도중엔 2부 성남으로 임대를 다녀왔다. 뇌리에 강하게 남을 초장거리 골을 포함해 3골을 터뜨리며 자신감을 쌓고 돌아온 진성욱은 젖먹던 힘까지 쥐어짤 각오다.

		2023시즌 기록				강점	약점
3	0	893(16) MINUTES 출전시간(경기수)	3 GOALS 득점	1 ASSISTS 도움	2 WEEKLY BEST 11 주간베스트11	저돌적인 공격 본능, 포스트 플레이	들쑥날쑥한 퍼포먼스, 투박한 볼터치

13 DF

정운

1989년 6월 30일 | 35세 | 대한민국 | 180cm | 76kg
경력 | 울산(12) ▷ NK이스트라(13~14) ▷ RNK스플리트(15) ▷ 제주(16~18) ▷ 김포시민(18~20) ▷ 제주(20~)
K리그 통산기록 | 190경기 7득점 14도움
대표팀 경력 | -

있을 땐 잘 모르지만, 없을 때 티가 팍팍 나는 선수가 있다. 제주 베테랑 정운이 대표적이다. 2023시즌, 제주는 정운이 선발로 뛴 23경기에서 9패, 교체로 출전하거나 결장한 15경기에서 8패를 기록했다. 선발로 뛴 경기에서 실점률도 더 적었다. 정운은 지난 3시즌 중 지난시즌 가장 적은 시간 출전했다. 부상이 없었다면 제주가 그렇게 쉽게 무너지지 않았을 터다. 정운은 크로아티아 리그에서 먼저 좋은 활약을 펼친 뒤 K리그에서 꽃을 피운 특이한 케이스다. 풍부한 경험과 스리백과 포백을 모두 소화할 멀티 능력을 장착해 김학범호에서도 중용될 것으로 보인다.

		2023시즌 기록				강점	약점
6	0	1,976(25) MINUTES 출전시간(경기수)	2 GOALS 득점	0 ASSISTS 도움	1 WEEKLY BEST 11 주간베스트11	'없으면 티 팍팍' 든든한 수비력과 과감한 오버래핑	속일 수 없는 나이, 공중볼 장악 능력

23 DF

임창우

1992년 2월 13일 | 32세 | 대한민국 | 184cm | 79kg
경력 | 울산(11~13) ▷ 대전(14) ▷ 울산(15) ▷ 알와흐다(16~20) ▷ 강원(21~23) ▷ 제주(23~)
K리그 통산기록 | 149경기 6득점 5도움
대표팀 경력 | 6경기

2014년 인천아시안게임 금메달 주역. 북한과 남북전에서 깜짝 결승골을 터뜨리며 영웅으로 우뚝 섰다. K리그에서도 2014년 대전의 1부 승격을 도왔고, 울산, 강원 등에서 한결같은 모습으로 실력을 인정받았다. 2016년부터 2020년까지 중동 무대를 경험한 뒤 강원으로 돌아온 임창우는 2021년 강원의 극적인 1부 잔류를 도왔다. 2023년 여름 이적시장을 통해 센터백 이지솔과 맞트레이드로 제주 유니폼을 입었다. 제주는 임창우가 태어난 특별한 곳이다. 임창우는 2023년 12월 제주도 축구 꿈나무 육성에 써달라며 제주도축구협회에 500만원을 쾌척해 큰 울림을 안겼다.

		2023시즌 기록				강점	약점
2	0	1,667(21) MINUTES 출전시간(경기수)	0 GOALS 득점	2 ASSISTS 도움	1 WEEKLY BEST 11 주간베스트11	제주토박이의 '제주부심', 부메랑 크로스	

선수 소개 SQUAD　　　JEJU UNITED

김건웅
1997년 8월 29일 | 27세 | 대한민국 | 185cm | 81kg
경력 | 울산(16~19)▷전남(19)▷수원FC(20~22)▷전북(23)▷제주(23~)
K리그 통산기록 | 168경기 9득점 3도움
대표팀 경력 | 2018 아시안게임

울산 유스 출신으로 울산 프로팀에서 자리잡지 못한 김건웅은 놀랍게도 김학범 감독이 이끄는 2018년 아시안게임 멤버로 발탁되어 금메달을 목에 걸었다. 누구보다 김학범 감독의 합류를 반긴 건 김건웅이 아니었을까. 2019년 전남에서 성공적인 임대 시즌을 보낸 김건웅은 수원FC로 이적해 기량을 만개했다. 수비형미드필더와 센터백을 번갈아 맡을 수 있는 현대축구에 적합한 재원으로 손꼽힌다. 그만큼 빌드업 능력이 좋다는 건데, 볼처리 미스만 줄이고 시야를 넓힌다면 더 높은 평가를 받을 것이다. 최영준 이탈로 등과의 주전 경쟁을 기꺼이 받아들일 참이다.

2023시즌 기록					강점	약점
6	0	1,440(23) MINUTES 출전시간(경기수)	2 GOALS 득점	0 ASSISTS 도움	1 WEEKLY BEST 11 주간베스트11	간결한 볼 배급, 날카로운 중거리 슛	이따금 흔들리는 멘탈, 전진 능력

김정민
1999년 11월 13일 | 25세 | 대한민국 | 182cm | 80kg
경력 | 잘츠부르크(18~20)▷리퍼링(18~20)▷뫼들링(20)▷비토리아(20~22)▷강원(21)▷부산(21~22)▷안양(23)▷제주(24~)
K리그 통산기록 | 38경기 1득점
대표팀 경력 | 1경기

'과거 '리틀 기성용'으로 각광받았다. 타고난 시야와 패싱력으로 일찌감치 두각을 드러냈다. 하지만 이십대 중반이 된 지금도 '포텐'은 터지지 않았다. 2018년 아시안게임 금메달, 2019년 U-20 월드컵 준우승 등 국제대회에서의 굵직한 성과가 김정민의 성장세를 가속화할 것이란 기대감이 컸으나, 유럽 무대에서 좀체 자리를 잡지 못했다. 레드불 잘츠부르크, 뫼들링, 비토리아 등을 전전하던 김정민은 2021년 한국으로 돌아왔다. 강원, 부산을 거쳐 지난시즌까지 안양에서 뛰었다. 지난 3년간 K리그2 38경기 출전에 그쳤다. 은사 김학범 감독과 함께 커리어의 반등을 꾀한다는 각오.

2023시즌 기록					강점	약점
0	0	255(6) MINUTES 출전시간(경기수)	0 GOALS 득점	0 ASSISTS 도움	- WEEKLY BEST 11 주간베스트11	넥스트 기성용 다운 너른 시야와 패싱력	오랜 정체에 따른 자신감 결여와 부족한 투쟁심

송주훈
1994년 1월 13일 | 30세 | 대한민국 | 190cm | 83kg
경력 | 알비렉스니가타(14~18)▷미토홀리호크(15~16)▷경남(19)▷텐진텐하이(19~20)▷선전(20)▷제주(21)▷상무(21~22)▷제주(23~)
K리그 통산기록 | 43경기 1득점
대표팀 경력 | 1경기

동나이대 최고의 수비수 중 한 명. 각급 연령별 대표를 거쳤고, 일본 무대에서 빠르게 자리잡았다. 190cm에 달하는 피지컬에서 나오는 압도적인 공중볼 장악 능력과 왼발잡이 센터백이란 희귀성으로 높은 평가를 받았다. 커리어는 풀릴 듯 풀리지 않았다. 일본, 한국, 중국을 오가는 과정에서 서서히 대한민국 간판 센터백 리스트에서 멀어졌다. 김천 상무에서 K리그2 우승을 이끌고 제주로 돌아온 송주훈은 지난시즌 후반기부터 기회를 잡기 시작해 팀에 부족한 높이와 파이팅을 선물했다. 새 시즌 동계훈련에서 가장 좋은 컨디션을 자랑해 기대를 해봐도 좋을 듯.

2023시즌 기록					강점	약점
1	0	835(13) MINUTES 출전시간(경기수)	1 GOALS 득점	0 ASSISTS 도움	- WEEKLY BEST 11 주간베스트11	압도적인 점프력, 희귀한 왼발잡이 센터백	부족한 풀 시즌 경험, 부족한 안정감

JEJU UNITED　　　　　　　　　　　　　　　SQUAD　선수소개

이주용

1992년 9월 26일 | 32세 | 대한민국 | 180cm | 78kg
경력 | 전북(14~16) ▷ 아산(17~18) ▷ 전북(18~21) ▷ 인천(22) ▷ 전북(23) ▷ 제주(23~)
K리그 통산기록 | 170경기 3득점 11도움
대표팀 경력 | 5경기

전북 유스인 영생고 출신으로 2014년 전북에 입단했다. 신인 첫 해부터 두각을 드러낸 이주용은 2015년 울리 슈틸리케 감독이 이끌던 대표팀에 뽑히며 주가를 드높였다. 하지만 군 복무를 마치고 돌아온 전북에서 '국대' 김진수에게 주전 경쟁에서 밀리면서부터 커리어가 꼬이기 시작했다. 2022년 임대로 떠난 인천에서도 부상으로 제기량을 펼치지 못했다. 다시 전북으로 돌아온 이주용은 정우재와 트레이드로 제주로 이적 후, 빠르게 제주의 왼쪽 주인이 되어 팀에 안정감을 더했다. 커리어를 통틀어 가장 많은 33경기를 뛰었다.

2023시즌 기록					- WEEKLY BEST 11 주간베스트11	강점	약점
5	0	2,281(33) MINUTES 출전시간(경기수)	0 GOALS 득점	1 ASSISTS 도움		빠른 오버래핑, 왼발 크로스	뚜렷한 특징이 없는 풀백

김승섭

1996년 11월 1일 | 32세 | 대한민국 | 177cm | 67kg
경력 | 대전(18~22), 제주(23~)
K리그 통산기록 | 151경기 16득점 16도움
대표팀 경력 | -

K리그에서 '발빠른 윙'의 대명사다. 빈 공간을 파고드는 속도가 대단하다. 단순히 돌파를 위한 돌파만 하는 것이 아니라, 문전까지 침투해 마무리까지 짓는 유형이다. 2018년 2부 대전에서 프로데뷔해 5년간 대전 유니폼을 입은 김승섭은 2023시즌 경력 최초로 K리그1로 진출해 대전전과 인천전에서 골을 터뜨렸다. 침체된 제주 후반기에 몇 안 되는 희망이었다. K리그1에서도 실력이 통한다는 사실을 증명한 김승섭은 2024시즌 동계훈련지에서 가장 가벼운 몸놀림을 보였다는 후문이다. 2024년 김승섭의 플레이를 얼마나 오래 볼지 미지수다. 시즌을 앞두고 국군체육부대 입대를 신청했다. 설령 떠나는 그 순간까진 김승섭의 스피드를 즐길 필요가 있고, 김승섭의 빠른 발은 제주에 분명한 플러스요인이 될 것이다.

2023시즌 기록					- WEEKLY BEST 11 주간베스트11	강점	약점
3	0	1,262(29) MINUTES 출전시간(경기수)	2 GOALS 득점	1 ASSISTS 도움		준족의 스프린터	플레이 디테일

박주승

2003년 12월 26일 | 21세 | 대한민국 | 178cm | 69kg
경력 | 제주(24~)
K리그 통산기록 | 2024시즌 신인
대표팀 경력 | -

제주가 자랑하는 유스 출신이다. 지난해 칼빈대의 U리그1 승격을 이끈 뒤 올해 김재민과 함께 우선지명으로 김학범호에 승선했다. 박주승은 여느 신인과 달리 전지훈련지에서 두각을 드러냈다. 양 측면 미드필더와 수비를 모두 소화하는 박주승은 사이드라인을 따라 쉴 새 없이 움직이고, 공을 잡으면 적극적으로 침투하는 모습으로 김학범 감독의 눈도장을 찍었다. 기존 임창우 안태현, 이적생 김태환이 가세하면서 치열한 경쟁이 기다리지만, 박주승에겐 '22세'라는 좋은 무기가 있다. 확 두드러진 22세 자원이 없는 제주로선 박주승이 기대 이상 활약해 주길 바랄 터다. 풀백 기근인 한국 축구계도 박주승의 성장을 눈여겨볼 것이다.

2023시즌 기록					- WEEKLY BEST 11 주간베스트11	강점	약점
-	-	-(-) MINUTES 출전시간(경기수)	- GOALS 득점	- ASSISTS 도움		일대일 돌파, 유틸리티 플레이	K리그 경험, 치열한 경쟁

전지적 작가 시점

윤진만이 주목하는 제주의 원픽!
이탈로

지난 2월, 제주의 2차 동계 전지훈련이 열린 경주시 한 훈련장. 체지방 및 제중 관리에 힘쓴 제주는 2부 안산과 친선전을 펼쳤다. 본격적으로 전술 훈련에 임하던 시점이었고, 경기력적인 측면에선 보완해야 할 점이 많은 경기에서 눈에 띄는 선수가 있었으니, 바로 이탈로였다. 이탈로는 큰 키만큼이나 큰 존재감을 드러냈다. 3선에서 공을 빼앗아 탈압박을 하는 장면에선 탄성이 새어나왔다. 선수들 사이에서 '공을 잘 뺏는다'는 평가는 있었지만, 키가 큰 선수가 이렇게 부드럽게 탈압박을 할 수 있다는 사실에 관중석에 있던 관계자들이 다들 놀란 눈치였다. 이탈로는 브라질 하부리그에서 데려온 수비형 미드필더란 점에서 포항 오베르단과 앞으로도 꾸준히 비견될 것으로 보이는데, 김학범 감독의 바람은 당연히 이탈로가 오베르단처럼 시즌 베스트급 활약을 펼치는 것일테다. 일단 개막전 전까지 열심히 하려는 모습에서 감독과 구단으로부터 합격점을 받았다. 2024시즌, 이탈로가 K리그 중원을 씹어 먹을 수 있을지 기대해보자.

지금 제주에 이 선수가 있다면!
고영준

지금부터 하는 이야기에 포항 팬들은 발끈할 필요가 없다. 당장은 상상의 영역이니까. 이번 겨울 유럽에 진출하기 전으로 시간을 되돌려 '2023 고영준'은 제주의 여러 고민을 단번에 해결해줄 선수다. 고영준은 2001년생의 나이로 2023시즌을 22세 이하 출전의무 규정에 적용되는, 그야말로 사기캐였다. 경력 최다인 8골을 폭발했다. 제주는 김봉수가 22세를 벗어난 뒤엔 늘 22세 선수로 고민했다. 2024시즌에도 '주전급 22세 자원'이 딱히 보이지 않아 고민이다. 고영준은 또 2선 가운데에서 공격을 조립하고, 직접 마무리까지 지어줄 수 있다. 발이 빠르고 무게중심이 낮아 수비진 사이로 요리조리 빠져들어갈 수 있다. 골문 구석 하단을 찌르는 슈팅 능력도 일품이다. 다시 제주로 돌아오면, 서진수가 올시즌엔 좀 더 중앙에서 공격을 풀어가는 역할에 치중할 것으로 보이는데, 고영준과 같은 스타일이 한 명 더 있다면, 금상첨화. 무엇보다 고영준은 항저우아시안게임 금메달로 병역 문제도 해결했다. 영준아, 세르비아에서 잘 지내지?

야고
갈레고
웰링턴
가브리엘
카미야
유인수
이상헌
박상혁
김강국
이기혁
한국영
홍성무
김대우
윤석영
황문기
김영빈
김이석
이유현
강투지
이지솔
김우석
강지훈
양민혁
이광연
박청효

강원FC

GANGWON FC   TEAM   팀 소개

더 이상의 강등 싸움은 없다. 상위 스플릿까지 노린다.

강원 FC

인천의 뒤를 잇는 K리그의 새로운 '잔류왕'이다. 2021시즌과 2023시즌, 2년 간격으로 승강 플레이오프를 치러 극적인 잔류 드라마를 집필했다. 2013년 2부로 강등된 강원은 2017년 승격 후 7시즌 연속 '윗물'에서 놀고 있다. 2023시즌 끝없는 부진과 감독 교체의 불안한 흐름 속 강등될 뻔했지만, 그렇다고 구단 전체가 흔들렸던 건 아니다. 강원은 2022시즌 대비 관중이 약 3배 뛰었고, 입장권 수익은 약 4배, 이적료 수익은 약 8배가량 늘어졌다. '성공 모델'인 시민구단 대구, 인천의 뒤를 이어 강원만의 입지를 구축해 가고 있다. 김병지 강원 대표는 2024년 1월엔 스페인 클럽 세비야와 양해각서를 체결해 전력 강화 파트의 발전과 개선을 위한 조언을 받기로 했다. 창단 초창기만 하더라도 상상도 못했던 일이 벌어지고 있다. 오너 리스크, 성적 부진, 입지 문제로 인한 도민의 무관심 등에 흔들렸다. 2012년 7월 최문순 당시 강원도지사가 "내년에 2부로 강등되면 팀 해체를 생각하겠다"고 말했던 팀이었다. 2024시즌엔 악몽을 씻고 윤정환 감독과 함께 K리그에 '주황빛 돌풍'을 일으키고 싶다.

구단 소개

정식 명칭	강원도민 프로축구단
구단 창립	2008년 10월 19일
모기업	도민구단
상징하는 색	오렌지, 옐로우
경기장(수용인원)	춘천송암스포츠타운 (20,000명) / 강릉종합운동장 (21,146명)
마스코트	강웅이
레전드	김영후, 백종환, 한국영
서포터즈	나르샤
커뮤니티	그레이트유니온

우승

K리그	-
FA컵	-
AFC챔피언스리그(ACL)	-

최근 5시즌 성적

시즌	K리그	FA컵	ACL
2023시즌	10위	8강	-
2022시즌	6위	16강	-
2021시즌	11위	4강	-
2020시즌	7위	8강	-
2019시즌	6위	8강	-

 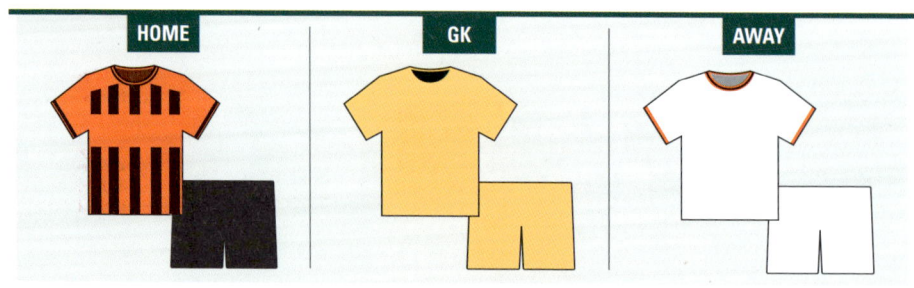

감독 소개　MANAGER　　　　　　　　　　　　　　GANGWON FC

천재성 실리주의,
한국과 일본 사이에서 답을 찾다

윤정환

1973년 2월 16일 | 51세 | 대한민국

K리그 전적
98전 32승 37무 29패

한국 축구 역대 최고의 테크니션. '제리' 윤정환 감독의 '택배'를 받은 공격수들은 하나같이 엄지를 들었다. 그라운드에서 독특한 플레이를 펼치던 윤정환 감독은 지도자 입문 후에도 독특한 길을 걸었다. 일본에서 지도자 커리어를 시작해 사간도스에 '한국식 전술'을 입혀 성과를 냈다. 2006년 J리그 우수지도자 상을 수상했고, 세레소오사카에선 일왕배와 르뱅컵 우승을 차지했다. 지금까지 일본 무대에서 성과를 낸 한국인 사령탑은 사실상 윤정환 감독이 유일하다. 40대 초반 울산을 맡아 뜻을 펼치지 못한 윤정환 감독은 7년의 기다림 끝에 2023시즌 도중 K리그로 돌아와 안정적인 선수단 운영과 실리주의 축구로 강원의 극적인 잔류를 이끌었다. 새 시즌엔 공격력을 강화해 다이나믹 축구를 펼칠 계획이다.

선수 경력

부천SK	세레소오사카	성남	전북	사간도스

지도자 경력

사간도스	울산	세레소오사카	무앙통 유나이티드	제프 유나이티드	강원 (23~)

주요 경력

2002월드컵 4강	2017 일본 일왕배·르뱅컵 우승	2023 강원 1부 잔류

선호 포메이션	4-2-3-1	3가지 특징	박지성이 존경한 천재 플레이메이커	실리주의 전술	일본이 인정한 한국인 지도자

STAFF

수석코치	코치	GK코치	피지컬코치	의무트레이너	전력분석관	통역사	장비관리사
정경호	최효진 송창호	전상욱	정문호	김범수 함성원 손용관	김용신	김승현	유형준

GANGWON FC | 2023 SEASON REVIEW | 2023 시즌 리뷰

2 0 2 3 R E V I E W

다이나믹 포인트로 보는 강원의 2023시즌 활약도

더워지기 시작하면서 성적도 사르르 녹아내렸다. 5월초부터 8월초까지 석 달간 무려 15경기 연속 승리를 거두지 못했다. 득점 가뭄이 해결될 조짐을 보이지 않았다. 1년 전 강원의 6강 돌풍을 일으킨 '욘스' 최용수 감독은 6월 A매치 기간에 경질됐다. 소방수로 긴급 투입된 윤정환 감독은 조직력 강화를 최우선 목표로 삼고 빠르게 팀을 재정비했다. 9월 최하위에서 탈출한 강원은 시즌 막바지까지 집중력을 유지해 다이렉트 강등권에서 벗어나 승강 플레이오프에 돌입했고, 2부 돌풍팀 김포를 누르고 잔류에 골인하며 안도의 한숨을 내쉬었다.

2023시즌 다이나믹 포인트 상위 20명 — ■ 포인트 점수

포지션 평점

FW ⚽
MF ⚽⚽
DF ⚽⚽
GK ⚽⚽

출전시간 TOP 3

순위	선수	시간
1위	김영빈	3,394분
2위	한국영	2,861분
3위	서민우	2,659분

득점 TOP 3

순위	선수	득점
1위	김대원, 박상혁	4골
2위	가브리엘	3골
3위	이정협, 서민우, 갈레고, 김진호	2골

도움 TOP 3

순위	선수	도움
1위	김대원	4도움
2위	한국영, 서민우, 김진호	2도움
3위	가브리엘, 김영빈, 웰링턴 등	1도움

주목할 기록

3.55	'슛 좀 때려..' 경기당 유효슈팅(K리그1 최저)
4096	11년 징크스 깬 4096일 만의 울산 상대 승리

성적 그래프

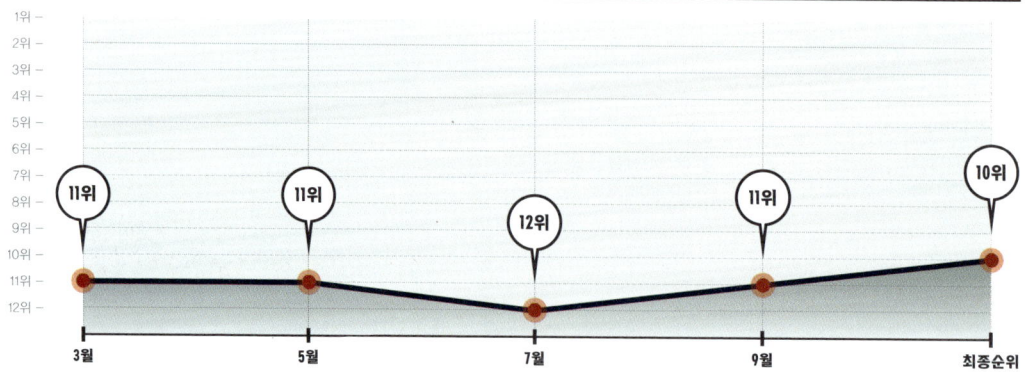

2024 시즌 스쿼드 운용 & 이적 시장 인앤아웃

IN
- 이기혁_제주
- 박청효_김포
- 이유현_전북
- 김이석_김포
- 이상헌_부산
- 김강국_충남아산
- 박경배 송준석
  _이상 임대복귀
- 김유성 박상현
- 박태랑 신민하
  _이상 신인
- 양민혁_준프로계약

OUT
- 알리바예프 정승용
- 이정협 유상훈
  _이상 성남
- 이웅희_천안
- 김주형 김기환
- 우병철 고민석
- 이지우_이상 계약만료
- 이강한 전현병
  _이상 충북청주
- 박기현_화성
- 윤일록_임대종료
- 이재원_수원FC
- 김대원, 서민우
  _이상 상무
- 김현규 홍석환
  _이상 계약해지
- 권석주_서울노원
- 김진호_광주

ⓒ 주장 ■ U-22 자원

'약속의 땅' 튀르키예로 전지훈련을 떠나 윤정환 감독 체제에서 처음으로 동계 전지훈련을 실시했다. 긴 시간 함께 동고동락하며 2023시즌의 아픔을 이겨내기 위한 힘을 키웠다. 조직력을 중시하는 윤정환 축구에서 조직력을 쌓을 시간은 필수적이다. 중원(서민우)과 2선(김대원)의 핵심 자원이 빠졌지만, 삼바 리듬이 느껴지는 전방 공격진과 단단함이 느껴지는 수비진은 강원의 2024시즌을 기대케하는 요소다. 김강국 김이석 이기혁 이유현 등 소위 '준박'들이 한 사람 몫을 해주느냐도 굉장히 중요하다. 이들 중 최소 2~3명이 K리그1 레벨에 어울리는 활약을 펼쳐주지 못하면 스쿼드의 힘이 떨어질 수밖에 없기 때문이다. 가장 큰 기대요소는 빅클럽의 관심을 한 몸에 받는 가브리엘과 지난시즌 후반기 흔들림없는 지도력으로 팀을 잔류로 이끈 윤정환 감독이다. 승강 플레이오프에서 보여준 모습을 시즌 내내 보여줄 수 있다면 의외로 안정적인 성적도 가능하다.

주장의 각오

한국영

어려운 자리지만 경기장 안팎에서 최대한 팀에 도움이 되도록 노력하겠다. 윤활유 역할을 잘 수행해 팀이 마지막 순간에 웃을 수 있도록 최선을 다하겠다. 올 시즌 많은 응원 부탁드린다.

GANGWON FC BEST 11 베스트 11

2024 예상 베스트 11

이적시장 평가

구사일생으로 살아남은 강원은 큰 폭의 스쿼드 변화가 불가피했다. 주전으로 활약한 김대원, 서민우, 알리바예프, 이정협, 유상훈 등이 이적, 입대 등의 이유로 떠났다. 알짜배기 이기혁, 박청효, 이유현, 김이석, 이상헌을 영입하며 빈자리를 메웠다. 일본통인 윤정환 감독은 2선을 책임질 선수(카미야)를 일본에서 '공수'했다. 외국인 자원과 수비진을 대부분 남겨둔 터라 크게 흔들리진 않을 것이다.

저자 5인 순위 예측

10위_성장 동력이 떨어지는 것이 고민. 올해도 잔류와의 싸움 불가피. 프런트도 변수

12위_빠져나간 전력을 K리그2에서 활약하던 선수들로 대부분 메웠다. 팀 레벨도 그에 맞게 조정될 듯.

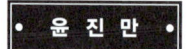

7위_가브리엘이 잘하면 흥하고, 가브리엘이 주춤하면 망할 수도. 외국인 활약이 특히 중요.

11위_부지런한 겨울을 보냈지만, 가세한 선수들의 능력이 팀을 확 끌어올려 줄 수준은 아니다.

10위_작년과 비교해 크게 기대를 걸어볼 만한 요소가 없다. 그래도 강등은 당하지 않을 것.

선수 소개　　SQUAD　　　　　　　　　　　　　　　　GANGWON FC

가브리엘
Vitor Gabriel Claudino Rego Ferreira

2000년 1월 20일 | 24세 | 브라질 | 187cm | 76kg

경력

플라멩구(18~23)
▷ 브라가B(20~21)
▷ 주벤투지(21~22)
▷ 세아라(23)
▷ 강원(23~)

K리그 통산기록

16경기 5득점 1도움

대표팀 경력

—

탄탄한 체구를 자랑하는 브라질 출신 센터포워드. 저돌성과 파워를 겸비했다. 브라질에서 얻은 별명이 '황소'다. 역습 상황에서 상대 문전을 향해 밀고 들어가는 힘이 좋고, 위치를 가리지 않고 날카로운 슛을 쏠 줄 안다. 2023년 12월 9일 김포와의 승강 플레이오프 2차전에서 수준 높은 2득점으로 팀을 잔류로 이끌었다. 강력한 전방 압박으로 상대 수비수들을 곧잘 괴롭힌다. 에너지가 지나쳐 경고를 받기도 한다. 2023년 여름 클럽 레코드를 경신하며 강원에 입단한 가브리엘은 7월 데뷔전이었던 수원전에선 누적경고로 퇴장당하며 팬들에게 강렬한 인상을 남겼다. 정규리그에서 31개 슛으로 단 3골에 그치며, 득점력에 아쉬움을 드러낸 건 K리그 입성 첫 시즌 유일한 흠. 시즌 후 전북이 영입에 관심을 드러냈을 정도로 진가를 인정받았다. 적응을 마친 가브리엘은 2024시즌엔 등번호 10번을 달고 K리그를 누빈다.

2023시즌 기록

6	895(16) MINUTES 출전시간(경기수)	5 GOALS 득점	1 ASSISTS 도움	0	2 WEEKLY BEST 11 주간베스트11
강점	몸싸움을 두려워하지 않는 브라질 상남자, 파워풀한 플레이		**특징**	브라질 명문 플라멩구 출신, 강원 클럽 레코드(120만달러 추정)	
약점	지나친 열정은 카드를 부른다, 2% 부족한 득점력		**별명**	황소(Touro)	

강원FC　179

GANGWON FC   SQUAD   선수소개

한국영

1990년 4월 19일 | 34세 | 대한민국 | 183cm | 76kg

경력

쇼난벨마레(10~13)
▷ 가시와레이솔(14)
▷ 카타르SC(14~16)
▷ 알가라파(16~17)
▷ 강원(17~)

K리그 통산기록

153경기 7득점 8도움

대표팀 경력

41경기 / 2014 월드컵 · 2015 아시안컵

명실상부 강원의 '리빙 레전드'다. 카타르, 일본 무대, 국가대표로 월드컵을 경험한 한국영이 2017년 강원에 입단했을 때, 이토록 오랜기간 강원에 머물 것이라고 예상한 이는 드물었다. 입대를 앞두고 불의의 십자인대 부상을 당하며 병역이 면제됐고, 부상을 털고 2019년 화려하게 복귀한 한국영은 2021년 구단과 재계약을 체결하며 사실상의 '종신 테크'를 탔다. 30대 선수가 4년 이상의 장기계약을 맺는 건 대단히 이례적이다. 그 정도로 강원과 한국영은 강력하게 서로를 원했다. 2022시즌 부상 여파로 6경기 출전에 그친 한국영은 2023시즌 내림세를 탄 강원 중원에서 다시 존재감을 높였다. 강원 역대 최다출전 3위(리그 기준)를 기록중인 한국영은 윤정환 감독 부임 후 주장 완장을 찼고, 새 시즌에도 주장으로 연임됐다. 강원이 입대한 서민우 자리를 메우기 위해 다양한 카드를 영입했지만, '중원을 든든히 지켜주는 한국영'은 변수가 아닌 상수다.

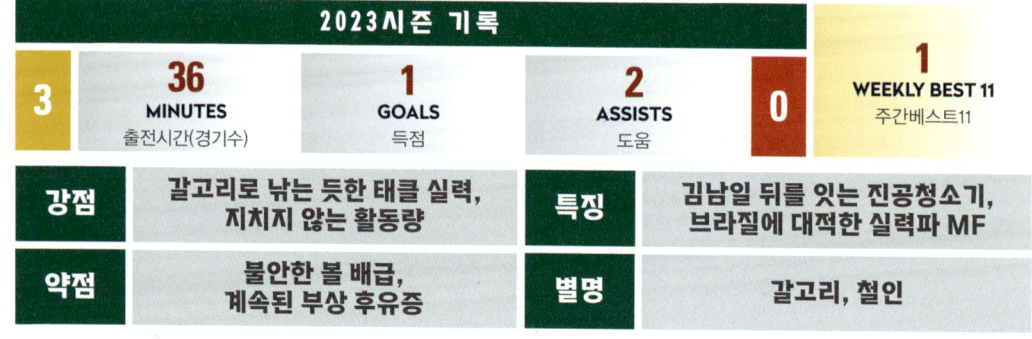

선수 소개 SQUAD　　　GANGWON FC

김영빈

1991년 9월 20일 | 33세 | 대한민국 | 184cm | 79kg

경력

광주(14~17)
▷상무(18~19)
▷광주(19)
▷강원(20~)

K리그 통산기록

287경기 14득점 4도움

대표팀 경력

1경기

한국영의 뒤를 이을 '리빙 레전드'다. 강원에서만 벌써 130경기 이상을 뛰었다. 2023시즌엔 정규리그 38경기와 승강 플레이오프 2경기 등 40경기에 모두 선발 출전했다. 필드 플레이어 최장 출전시간을 기록했다. 그 정도로 철저하게 자기 관리를 했고, 최용수 전 감독과 윤정환 현 감독 체제에서 대체불가의 입지를 구축했기에 가능했다. 김영빈은 센터백치고는 아주 큰 키는 아니지만, 높은 타점의 점프력을 자랑했다. 2023시즌 수비수 중 공중볼 경합 성공 횟수 1위를 달성했다. 패스성공률 90% 이상을 기록할 정도로 안정적인 패스 능력도 뽐냈다. 클리어링은 1위, 수비지역 볼 차단 1위, 인터셉트 전체 5위를 달성했다. 2021시즌 최다경고(12장) 불명예 기록을 쓴 김영빈은 2023시즌 경고 5장에 그치는 등 '클린한 수비수'로 거듭났다. 30살에 국가대표로 데뷔한 김영빈. 33살은 센터백이 진화하기에 딱 좋은 나이다.

2023시즌 기록

5	3,394(38) MINUTES 출전시간(경기수)	0 GOALS 득점	1 ASSISTS 도움	0	2 WEEKLY BEST 11 주간베스트11
강점	양발잡이, 공중볼 장악 능력		특징		서장훈 닮은꼴, 골넣는 수비수(2022시즌 4골)
약점	대인마크, 뇌지컬 수비		별명		영맨

GANGWON FC　　　　　　　SQUAD　선수소개

카미야 유타　Yuta Kamiya　　1997년 4월 24일 | 27세 | 일본 | 176cm | 67kg

경력
쇼난벨마레(16~19)
▷ 에히메(18~19)
▷ 가시와레이솔(20~21)
▷ 시미즈에스펄스(22~23)
▷ 강원(24~)

K리그 통산기록
–

대표팀 경력
–

강원 주장 한국영의 후배다. 같이 뛴 적은 없지만, 공교롭게 한국영이 몸담았던 쇼난 벨마레, 시미즈에스펄스에서 뛰었다. 2022년부턴 한국 올림픽팀 출신 오세훈과 한솥밥을 먹었다. 일본 축구를 잘 아는 윤정환 감독의 러브콜에 처음으로 해외 진출을 결심했다. 시미즈 시절 닉네임이 '화려한 공격 지휘자'였다. 그 표현대로 주로 2선에서 공격을 지휘하는 플레이메이커. 창의적인 패스와 순간적인 움직임, 날카로운 오른발로 경기장 위에서 차이를 만드는데 능하다. 특히 골문 구석에 꽂히는 '감차'(감아차기)가 일품이다. 카미야는 2023시즌 최소득점에 그친 강원에 꼭 필요했던 자원이다. 피지컬을 중시하는 K리그에 얼마나 잘 적응하느냐가 관건이다. 참고로 카미야의 좌우명은 '잡초혼'(잡초처럼 질긴 생명력)이다. 이 역시 윤정환 감독이 선수들에게 요구하는 정신력에 가깝다. 한국 축구와 일본 축구의 스타일을 잘 아는 윤정환 감독의 '픽'인만큼 기대를 해도 좋지 않을까.

■ 일본 J2리그

2023시즌 기록

2	826(22) MINUTES 출전시간(경기수)	3 GOALS 득점	3 ASSISTS 도움	0	- WEEKLY BEST 11 주간베스트11

강점	1~2선 다양한 포지션 소화, 창의성	특징	장발·수염 장착 모델 뺨치는 외모
약점	해외 진출 경험 전무, 피지컬	별명	화려한 공격 지휘자 (시미즈가 지어준 별명)

| 선수 소개 | SQUAD | GANGWON FC | |

이광연

1999년 9월 11일 | 25세 | 대한민국 | 184cm | 85kg

경력
강원(19~)

K리그 통산기록
47경기 64실점

대표팀 경력
–

될성부른 떡잎이었다. 풀백으로 축구를 시작해 골키퍼로 전향했다. 괴물같은 선방 능력으로 빠르게 두각을 드러냈다. 청소년 대표로 발탁됐고, 2019년 U-20월드컵에서 준우승 신화를 뒷받침하며 '빛광연'이란 별명을 얻었다. 소속팀에선 처음부터 주전으로 자리매김한 건 아니었다. 김호준, 이범수, 유상훈 등 선배들과 경쟁은 험난했다. 2022시즌 초반 불의의 십자인대 부상까지 찾아왔다. 6개월 넘는 재활끝에 다시 골키퍼 장갑을 낀 이광연은 2023시즌을 통해 비로소 주전 골리로 자리를 잡았다. 2023년 항저우아시안게임에서 한국의 3연패를 이끌며 커리어에 탄력을 받았다. 2023시즌을 끝으로 계약이 끝난 이광연은 해가 바뀌기 전 재계약을 체결하며 강원과 의리를 지켰다. 어리다는 핑계를 댈 나이는 지난 지 오래다. 이광연의 꿈인 국가대표로 발탁되기 위해선 우선 K리그 무대에서 빛나야 한다. 2024년은 이광연에게 굉장히 중요한 의미를 지니는 시즌임은 틀림없다.

2023시즌 기록

| 1 | 1,620(18) MINUTES 출전시간(경기수) | 17 LOSS 실점 | 51 SAVE 선방 | 0 | 5 WEEKLY BEST 11 주간베스트11 |

강점	상황 판단, 동물적인 선방 능력	특징	십자인대 부상 극복, 롤모델 권순태
약점	공중볼 처리 능력, 패스 정확도	별명	빛광연

GANGWON FC — SQUAD 선수소개

88 MF

황문기

황문기

1996년 12월 8일 | 28세 | 대한민국 | 175cm | 69kg
경력 | 아카데미카코임브라(15~20) ▷ 안양(20) ▷ 강원(21~)
K리그 통산기록 | 106경기 7득점 2도움
대표팀 경력 | -

주장 한국영을 보좌할 부주장으로 임명됐다. 황문기의 넓어진 팀내 입지를 엿볼 수 있는 대목이다. 2023시즌 라이트백으로 전향해 팀 잔류에 이바지했다. 김포와 승강 플레이오프 2차전에서 가브리엘의 '잔류 확정골'을 어시스트한 선수가 바로 황문기였다. 시즌 첫번째 공격포인트를 시즌 마지막 가장 중요한 경기에서 쏘아올렸다. 황문기는 전도유망한 미드필더였다. 현대고와 연령별 대표팀에서 두각을 드러내 일찌감치 포르투갈로 날아가 유럽 무대를 경험했다. 2020년 K리그에 성공적으로 입성한 황문기는 지난 3시즌간 선발과 교체를 오가며 살림꾼 역할을 톡톡히 해내고 있다. 2024시즌에도 때로는 미드필더, 때로는 풀백 등 팀이 필요로 하는 곳에는 황문기가 있을 전망.

2023시즌 기록					강점	약점
0	0	724(20) MINUTES 출전시간(경기수)	0 GOALS 득점	0 ASSISTS 도움	- WEEKLY BEST 11 주간베스트11	전술 수행 능력, 노련한 플레이	공격포인트 생산 능력

6 MF

김이석

김이석

1998년 6월 19일 | 26세 | 대한민국 | 180cm | 74kg
경력 | 투르노보(19) ▷ 슬로반리베레츠(19~20) ▷ 안산(21~22) ▷ 김포(22~23) ▷ 강원(24~)
K리그 통산기록 | 74경기 6득점
대표팀 경력 | -

신갈고, 수원대 출신으로 젊은 나이에 체코 리그로 떠나 짧게나마 유럽 무대를 경험했다. 타지에서 눈물 젖은 빵을 먹은 김이석은 2021년 안산 입단으로 K리그에 입성해 1년반만인 2022년 여름 김포에 입단하며 이름을 알리기 시작했다. 고정운 감독식 많은 활동량과 강한 압박을 앞세운 축구에 완벽히 녹아들어 2023시즌 김포가 승강 플레이오프까지 진출하는데 공헌했다. 공교롭게 마지막 경기에서 승격 실패의 아픔을 당한 장소인 강릉종합운동장을 홈구장으로 쓰는 강원에 입단했다. 또 공교롭게 강원에는 친형인 수비수 김우석이 몸담고 있다. 형제가 나란히 같은 프로팀에서 뛰게 된 셈. 김이석은 한국영과 함께 중원과 3선에서 헌신적인 움직임으로 팀에 힘을 불어넣을 전망이다.

2023시즌 기록					강점	약점
5	0	2,591(35) MINUTES 출전시간(경기수)	4 GOALS 득점	0 ASSISTS 도움	1 WEEKLY BEST 11 주간베스트11	공격 본능, 활동량	K리그1 경험

18 MF

김강국

김강국

1997년 1월 7일 | 27세 | 대한민국 | 181cm | 70kg
경력 | 인천(19~21) ▷ 충남아산(20~23) ▷ 강원(24~)
K리그 통산기록 | 116경기 10득점 9도움
대표팀 경력 | -

떡잎부터 달랐다. 수원 유스 매탄고를 졸업하고 인천대를 거쳐 2019년 K리그1 인천에 입단하며 탄탄대로를 걸었다. 입단 첫 해 프로의 높은 벽을 느낀 김강국은 1년만에 2부 충남아산으로 임대를 떠난 뒤, 2021시즌을 앞두고 충남아산에 완전이적했다. 박동혁 감독의 신뢰 속 주전 미드필더로 부상한 김강국은 2021년부터 2023년까지 3년 100경기 이상을 뛰며 K리그2를 대표하는 미드필더로 거듭났다. 서민우 공백이 발생한 강원은 이적시장에서 일찌감치 움직여 김강국을 품었다. 박스투박스 유형인 김강국은 한국영 김이석 이기혁 등과 함께 윤정환호의 중원을 든든히 지킬 전망이다.

2023시즌 기록					강점	약점
3	0	3,183(36) MINUTES 출전시간(경기수)	3 GOALS 득점	2 ASSISTS 도움	1 WEEKLY BEST 11 주간베스트11	넓은 활동범위, 정확한 킥	피지컬, 5년만의 1부 리턴

■ K리그2 기록

선수 소개　SQUAD　　　　　　　　　　　　　　　　　　GANGWON FC

이유현

1997년 2월 8일 | 27세 | 대한민국 | 179cm | 74kg
경력 | 전남(17~20) ▷ 전북(21~23) ▷ 상무(22~23) ▷ 강원(24)
K리그 통산기록 | 119경기 4득점 8도움
대표팀 경력 | 2020올림픽

K리그를 대표하는 '몸짱 스타'다. 주변 동료들에게 웨이트트레이닝 비법을 알려줄 정도로 근육 단련에 진심이다. 근육질 몸매는 노력의 흔적이다. 이유현은 각급 연령별 대표를 거친 유망주 시절 탄탄한 체구보단 빠른 스피드로 이목을 끌었다. 20세월드컵, 올림픽을 차례로 경험했다. 전남 유스 출신으로 전남 프로팀 입단 첫해부터 빠르게 존재감을 드러냈다. 거침없는 행보에 브레이크가 걸린 건 2021년 전북 입단 이후다. 주전 경쟁에서 밀린 이유현은 2022년 김천 상무에 입대해 지난 2시즌간 리그에서 선발로 22경기 출전에 그쳤다. 제대 후 전북으로 돌아온 이유현은 출전 기회를 쫓아 강원으로 임대를 결정했다. '파워드리블'을 기대하시라!

2023시즌 기록				4 WEEKLY BEST 11 주간베스트11	강점	약점
2	0	1,242(19) MINUTES 출전시간(경기수)	2 GOALS 득점 / 2 ASSISTS 도움		탄탄한 체구, 빠른 드리블	긴 커리어 정체기, 새로운 환경 적응 숙제

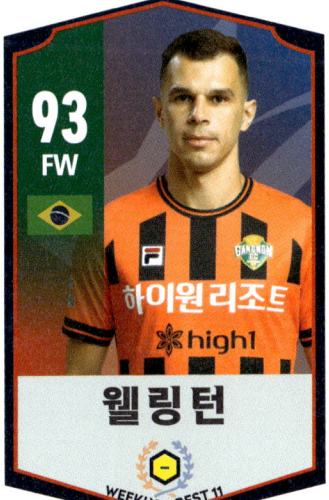

웰링턴　　　　　　　　　　　　　　　　　　　　Welinton Júnior

1993년 6월 8일 | 31세 | 브라질 | 175cm | 64kg
경력 | 고이아스(13~15) ▷ 조인빌레(15~16) ▷ 파이산두(15) ▷ CRB(16) ▷ 미라솔(17) ▷ 파이산두(17) ▷ 페호비아리아(18) ▷ 브라질데펠로타스(18) ▷ 코리치바(19) ▷ 데포르티보아베스(19~20) ▷ 포르티모넨세(20~23) ▷ 쇼난벨마레(21) ▷ 강원(23~)
K리그 통산기록 | 9경기 1도움
대표팀 경력 | -

브라질산 스피드레이서. 주로 측면에 위치해 상대 공간을 파고든다. 드리블 속도가 빠르고 방향 전환에 능해 역습 상황에서 두각을 드러낸다. 2023시즌 도중 강원에 입단한 이후로도 팀 공격에 속도를 더했다. 마무리 능력은 아쉬웠다. 시즌 총 17개의 슈팅 중 유효슛은 3개에 불과했다. 끝내 데뷔골을 넣지 못했다. 2022~2023시즌 포르투갈 1부 포르티모넨세 소속으로 6골을 몰아쳐 기대가 컸던 만큼 아쉬움도 컸다. 하지만 '경기력'적인 측면에선 강렬한 인상을 남긴 사실은 부인할 수 없다. 웰링턴은 2024시즌 대비 동계훈련지에서 가벼운 몸놀림을 보이며 기대감을 키웠다.

2023시즌 기록				- WEEKLY BEST 11 주간베스트11	강점	약점
1	0	526(9) MINUTES 출전시간(경기수)	0 GOALS 득점 / 1 ASSISTS 도움		빠른 스피드, 드리블	아쉬운 결정력

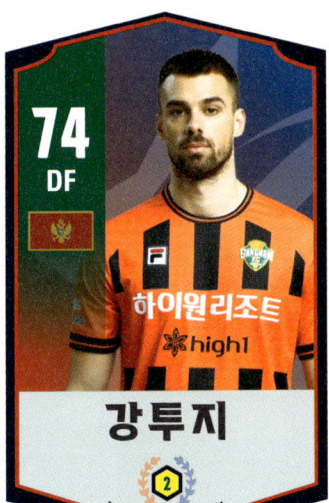

강투지　　　　　　　　　　　　　　　　　　　　Marko Tuci

1998년 12월 4일 | 26세 | 몬테네그로 | 190cm | 83kg
경력 | 부두치노스트(15~18) ▷ 예제로(18) ▷ 포드고리차(18~19) ▷ 데치치(19~23) ▷ 강원(23~)
K리그 통산기록 | 18경기 1득점
대표팀 경력 | 3경기

22~23시즌 몬테네그로 1부 소속 데치치 유니폼을 입고 유럽클럽대항전 3부격인 유로파컨퍼런스리그 무대를 누볐다. 2022년 11월 슬로베니아를 상대로 몬테네그로 국가대표팀 데뷔전을 치렀다. 기세를 올리던 투치는 2023년 여름 강원 입단으로 K리그에 첫발을 디뎠다. 데뷔 시즌은 성공적이었다. 윤정환 감독 체제에서 빠르게 자리를 잡아 팀의 극적인 잔류를 뒷받침했다. 190cm에 육박하는 탄탄한 체구에서 비롯된 공중볼 장악 능력으로 K리그 무대에 강한 인상을 남겼다. 시즌 중에 합류한 강투지는 공중볼 경합 성공 횟수(57)에서 김영빈에 이어 팀내 2위를 달성했다. 7월엔 한국식인 '강투지'로 개명했고, 시즌 후 재계약을 체결했다.

2023시즌 기록				2 WEEKLY BEST 11 주간베스트11	강점	약점
3	0	1,301(16) MINUTES 출전시간(경기수)	1 GOALS 득점 / 0 ASSISTS 도움		압도적 체구 파워풀한 수비	이름이 강.투.지 (팬들이 말하는 유일한 단점)

GANGWON FC

SQUAD 선수소개

이상헌

1998년 2월 26일 | 26세 | 대한민국 | 178cm | 67kg
경력 | 울산(17~20) ▷ 전남(18) ▷ 부산(21~23) ▷ 강원(24~)
K리그 통산기록 | 105경기 17득점 9도움
대표팀 경력 | –

현대중-현대고를 거친 울산 유스 출신. 각급 연령별 대표를 거친 엘리트 미드필더다. 축구 지능이 높아 2~3선 어디에 세워도 제 몫 이상을 해주는 선수로 정평이 났다. 일찌감치 프로에 뛰어든 이상헌은 지난 6년간 클럽 무대에서 포텐이 터질 듯 터지지 않았다. 2018년 임대로 떠난 전남에서 반 시즌 동안 5골2도움을 올리는 폭발적인 활약을 펼친 뒤, 울산으로 돌아와 자리를 잡지 못했다. 결국 2021년 이동준과 트레이드로 부산에 새 둥지를 틀었다. 입단 두 번째 시즌에 경력 최초로 두 자릿수 공격포인트(7골3도움)를 올렸지만, 2023시즌 부상 여파로 단 5경기 출전에 그쳤다. 시즌 만료로 팀을 떠난 이상헌은 강원에서 재기에 나선다.

		2023시즌 기록				강점	약점
0	0	136(5) MINUTES 출전시간(경기수)	0 GOALS 득점	1 ASSISTS 도움	- WEEKLY BEST 11 주간베스트11	드리블로 차이 만드는 '게임 체인저'	적극성, 떨어진 자신감

윤석영

1990년 2월 13일 | 34세 | 대한민국 | 182cm | 79kg
경력 | 전남(09~13) ▷ QPR(13~16) ▷ 브뢴뷔(16) ▷ 가시와레이솔(17) ▷ 서울(18) ▷ 강원(19) ▷ 부산(20) ▷ 강원(21~)
K리그 통산기록 | 240경기 7득점 17도움
대표팀 경력 | 13경기, 2012 올림픽, 2014 월드컵

'이 형 아직도 뛰어?'라는 말이 절로 나올 법하다. 런던올림픽 동메달 주역 중 한 명인 윤석영은 아직도 뛴다. 그것도 팔팔하게 2023시즌 강원에서 팀내 출전시간이 5번째였다. 때로는 스리백의 왼쪽 센터백, 때로는 포백의 레프트백으로 중용됐다. 과거와 같은 폭발적인 오버래핑, 부메랑 왼발 크로스 횟수는 부쩍 줄었지만, 잉글랜드프리미어리그를 경험한 국가대표 출신답게 안정감있는 수비로 팀의 잔류에 기여했다. 특히, 잔류에 결정적이었던 수원과 정규리그 최종전 활약은 '군계일학'이었다. 2023시즌을 통틀어 유일하게 주간 베스트로 뽑혔다. 2024년에도 '강원의 왼쪽'은 윤석영이다.

		2023시즌 기록				강점	약점
3	0	2,386(30) MINUTES 출전시간(경기수)	0 GOALS 득점	0 ASSISTS 도움	1 WEEKLY BEST 11 주간베스트11	풍부한 경험, 위치 선정	야속한 세월

갈레고

Jefferson Fernando Isídio

1997년 4월 4일 | 27세 | 브라질 | 177cm | 72kg
경력 | 모지미링(17) ▷ 레닌시(17~18) ▷ 브라간치누(18~19) ▷ 폰치프레타(19~20) ▷ 모레이렌세(20~22) ▷ 강원(22~)
K리그 통산기록 | 49경기 5득점
대표팀 경력 | –

강원 외국인 선수 중 연차가 가장 높다. 벌써 3년차다. 빠른 돌파와 방향 전환, 창의적인 플레이로 팀 공격을 진두지휘했다. 갈레고가 측면에서 공을 잡으면 차이를 만들어줄 것이란 기대감이 피어올랐다. 과거 맨시티에서 활약한 리야드 마레즈를 떠올리게 하는 플레이가 자주 나왔다. 한 가지 아쉬운 점이 있다면 공격포인트다. 2023시즌 55개의 슛으로 단 2골에 그쳤다. 지금까지 K리그에서 50경기 가까이 뛰면서 어시스트는 없었다. 새 시즌 보완해야 할 점이다. 가브리엘이 득점력을 폭발하기 위해서라도 갈레고가 더 확실한 마무리를 지어줘야 한다.

		2023시즌 기록				강점	약점
4	0	1,468(33) MINUTES 출전시간(경기수)	2 GOALS 득점	0 ASSISTS 도움	1 WEEKLY BEST 11 주간베스트11	미친 왼발, 볼 컨트롤	이기심 가득 (NO 어시)

SQUAD GANGWON FC

박청효

1990년 2월 13일 | 34세 | 대한민국 | 190cm | 78kg

경력 | 경남(13~14) ▷ 충주(14~15) ▷ 강릉시청(16) ▷ 수원FC(17) ▷ 포천시민(18~20) ▷ 양주시민(21) ▷ 부산교통공사(22) ▷ 김포(23) ▷ 강원(24~)

K리그 통산기록 | 62경기 69실점

대표팀 경력 | -

10년만에 K리그1로 복귀했다. 돌아오는 과정은 험난했다. 프로데뷔팀 경남에서 자리를 잡지 못한 박청효는 2부 충주험멜을 거쳐 2016년부터 하부리그를 누볐다. 2016년 입단한 강릉시청에서 첫해 MVP를 수상하며 커리어의 반등을 꾀했다. 강원 입단으로 '반가운 도시' 강릉으로 돌아왔다는 점도 의미가 있다. 2021시즌 양주시민 소속으로 FA컵 승부차기에서 '미친 선방'을 펼치며 전북을 탈락시켜 스포트라이트를 받았다. 2023시즌 김포의 돌풍을 뒷받침한 박청효에게 전화 한 통이 걸려 왔다. 발신인은 윤정환 감독이었다. 이광연의 동반자이자 경쟁자로 2024시즌 강원의 골문을 지킨다.

		2023시즌 기록			5 WEEKLY BEST 11 주간베스트11	강점	약점
0	0	2,964(34) MINUTES 출전시간(경기수)	22 LOSS 실점	95 SAVE 선방		놀라운 반사 신경, 눈물 젖은 빵	부족한 K리그1 경험

이지솔

1999년 7월 9일 | 25세 | 대한민국 | 185cm | 80kg

경력 | 대전(18~21) ▷ 제주(22~23) ▷ 강원(23~)

K리그 통산기록 | 96경기 2득점

대표팀 경력 | -

한국 축구 특급기대주 수비수다. 각급 연령별 대표를 거쳤다. U-20 월드컵 준우승 신화를 쓴 2019년 폴란드 멤버 중 한 명이다. 프로 초창기 2부 대전에서 꾸준히 출전하며 가파른 상승세를 탔다. 2021년 대전은 아쉽게 승격에 실패했는데, 당시 승강 플레이오프에서 아쉬움을 안긴 팀이 공교롭게 현재 소속팀 강원이었다. 2022년 제주로 떠나 출전 기회를 잡지 못한 이지솔은 2023년 여름 임창우와 트레이드로 강원에 새 둥지를 틀어 잔류에 이바지했다. 9월 인천전 득점은 프로 6년차에 넣은 K리그1 데뷔골이었다. 2023시즌을 통틀어 300분 남짓 뛴 이지솔은 2024시즌 대반등을 꿈꾼다.

		2023시즌 기록			- WEEKLY BEST 11 주간베스트11	강점	약점
1	0	307(6) MINUTES 출전시간(경기수)	1 GOALS 득점	0 ASSISTS 도움		맨마킹, 끈질긴 수비	항저우 AG 탈락, 꺾인 흐름

유인수

1994년 12월 28일 | 30세 | 대한민국 | 178cm | 70kg

경력 | FC도쿄(16~17) ▷ 아비스파후쿠오카(18) ▷ FC도쿄(19) ▷ 성남(20) ▷ 상무(21~22) ▷ 성남(22) ▷ 강원(23~)

K리그 통산기록 | 94경기 7득점 3도움

대표팀 경력 | -

언남고, 광운대 소속으로 이름을 날렸다. 2016년, 일본 J리그 FC도쿄에 입단한 유인수는 1군과 U-23팀을 오가며 경험을 쌓았다. 2018년 J2리그 아비스파 후쿠오카로 임대를 떠난 유인수는 결국 자리를 잡지 못하고 계약만료와 함께 일본을 떠나 뒤늦게 K리그에 입성했다. 첫 시즌 인상적인 모습을 보인 뒤 상무에서 군 복무를 마치고 돌아와 2023시즌 강원에서 새 출발에 나섰다. 2023년 주로 측면 미드필더로 나서 빠른 스피드와 성실한 움직임으로 윤활유 역할을 했다. 승강 플레이오프 2경기에도 모두 출전해 팀 잔류에 이바지했다. 윤정환호에 빠르게 자리를 잡은 만큼 새 시즌 유인수에게 거는 기대도 크다.

		2023시즌 기록			- WEEKLY BEST 11 주간베스트11	강점	약점
1	0	1,362(25) MINUTES 출전시간(경기수)	1 GOALS 득점	0 ASSISTS 도움		풀백과 윙 모두 소화 가능, 빠른 스피드	부족한 임팩트

GANGWON FC SQUAD 선수소개

김우석

1996년 8월 4일 | 28세 | 대한민국 | 187cm | 74kg
경력 | 대구(16~22) ▷ 강원(23~)
K리그 통산기록 | 127경기 2득점 3도움
대표팀 경력 | -

올해 강원에 입단한 친동생 김이석의 합류로 같은 팀에서 뛰는 형제 선수가 탄생했다. 우석-이석 형제는 연희초, 장안중, 신갈고에 이어 프로팀에서도 같이 뛰게 되었다. K리그1 경력은 형인 김우석이 훨씬 많다. 2016년 대구에 입단한 뒤 2017시즌부터 꾸준히 K리그1 무대를 누볐다. 공중볼 장악 능력과 안정적인 수비로 대구 후방을 지키던 김우석은 2023시즌을 앞두고 강원으로 적을 옮겼다. 김영빈, 강투지에 밀려 입단 첫 시즌 출전 기회는 충분치 않았다. 2024시즌에는 동생 김우석과 나란히 뛰는 꿈을 이루기 위해선 일단 본인부터 출전 시간을 늘리기 위한 부단한 노력이 필요하다.

2023시즌 기록					- WEEKLY BEST 11 주간베스트11	강점	약점
0	0	747(13) MINUTES 출전시간(경기수)	0 GOALS 득점	0 ASSISTS 도움		공중볼 장악 능력, 든든한 동생	안정감

강지훈

1997년 1월 6일 | 27세 | 대한민국 | 177cm | 64kg
경력 | 강원(18~20) ▷ 상무(20~21) ▷ 강원(22~)
K리그 통산기록 | 84경기 5득점 4도움
대표팀 경력 | -

별명이 '소양강 아자르'다. 빼어난 드리블 능력에 대한 찬사이자, 강원팬들의 사랑이 느껴지는 애칭이다. U-20 대표로만 30경기(12골)를 뛴 유망주 출신으로, 2018년 강원 입단 후 원클럽맨의 길을 걷고 있다. 아자르란 별명에서도 나타나듯 측면 공격수로 이름을 날린 강지훈은 프로 무대에선 주로 풀백으로 활약 중이다. 오른쪽, 왼쪽 양 풀백(윙백)을 소화할 수 있어 활용 가치가 높다. 미드필더 출신답게 공격적인 움직임과 번뜩이는 패스를 장착했지만, 수비 안정감은 다소 떨어지는 모습을 보인다. 2024시즌 치열한 주전 경쟁이 예상된다.

2023시즌 기록					- WEEKLY BEST 11 주간베스트11	강점	약점
3	0	1,156(16) MINUTES 출전시간(경기수)	0 GOALS 득점	0 ASSISTS 도움		소양강 아자르 (대충 아자르와 비슷하단 의미)	역동성에 비해 떨어지는 안정감

양민혁

2006년 4월 16일 | 18세 | 대한민국 | 170cm | 61kg
경력 | 강원(24~)
K리그 통산기록 | 2024시즌 신인
대표팀 경력 | -

강릉 유스인 강릉제일고 출신. 2024시즌 강원과 준프로 계약을 맺었다. 지난해 구단 최초 준프로 계약을 맺은 박기현, 조현태의 뒤를 잇는 기대주다. 강원 구단이 거는 기대가 상당하다. 양민혁은 지난해 팀을 떠난 양현준, 올해 입대한 김대원의 자리인 측면에서 상대 수비수를 뒤흔들 스피드와 볼터치를 장착했다. 이미 2023년 U-20 월드컵 무대에서 진가를 발휘했다. 2024년 동계 훈련에서도 유럽팀과 친선경기에서 골맛을 보는 등 윤정환 감독과 코치진에게 강렬한 인상을 심었다. 갈레고, 웰링턴 등 외인들과 경쟁을 이겨내기 쉽지 않겠지만 "프로의 마음가짐으로 형들과 경쟁하고, 나아가 다른 팀과의 경쟁에서 이기도록 노력하겠다"고 말한다.

2023시즌 기록					- WEEKLY BEST 11 주간베스트11	강점	약점
-	-	-(-) MINUTES 출전시간(경기수)	- GOALS 득점	- ASSISTS 도움		김대원이 떠오르는 스피드, 볼터치	김대원의 자리를 메우기엔 부족한 경험

전지적 작가 시점

윤진만이 주목하는 강원의 원픽!
가브리엘

짧다면 짧은 반년(2023시즌 후반기) 동안 임팩트는 강렬했다. K리그 관계자들은 공격 포인트는 많지 않지만 누구보다 폭발적인 가브리엘의 움직임에 주목했다. 반등에 나선 전북이 관심을 표명한 건 비밀이 아니다. 김병지 강원 대표이사는 한화 30억원 이상의 이적료를 불렀는데, 이것은 팔지 않겠다는 의사 표현에 가까웠다. 윤정환 감독 역시 2024시즌에도 가브리엘의 '창'에 큰 기대를 걸고 있다. 등번호도 에이스 상징인 10번으로 바꿨다. 팬들이 기대해도 좋은 건, 일단 반년 동안 꾸준한 출전으로 K리그를 경험했고, 입단 후 처음으로 동계 전지훈련에 임하며 동료들과 가까워지는 시간을 보냈다. 이제는 가브리엘의 폭발성이 더 폭발할 수 있는 환경이 갖춰진 셈이다. 웰링턴 갈레고 등 주변에서 지원 사격해줄 동향의 동료들의 면면까지 그대로다. 대신 책임감은 더욱 커졌다. 최근 강원 공격을 책임진 양현준 김대원 이정협이 줄줄이 팀을 떠났다. 2018시즌 강원에서 24골을 몰아친 제리치급의 퍼포먼스를 펼쳐준다면 금상첨화. 초반 흐름을 탄다면, 주민규 티아고의 아성에 도전할 수 있을 것이다.

지금 강원에 이 선수가 있다면!
이승우

올 시즌 강원의 공격은 삼바색이 진하다. 2년 사이에 공격진 면면이 많이 달라졌다. 가브리엘을 비롯한 브라질 선수들은 제각각 톡톡 튀는 스타일을 지녔지만, K리그에서 통할 개성이 부족한 것이 사실이다. 축구 실력과 춤 실력을 겸비한 이승우가 있다면, 분위기가 확 달라질 수 있다. 이승우는 2022시즌과 2023시즌 연속해서 두자릿수 득점에 성공한 '검증된 골잡이'다. 번뜩이는 플레이로 수비진을 뒤흔들고, 예상치 못한 타이밍에 골을 만들어낼 수 있다. 김대원 공백에 대한 고민을 눈 씻듯 지울 수 있는 카드다. 골을 넣고 특유의 댄스를 추면 상대방이 받는 데미지는 두 배, 세 배가 된다. 개성이 강한 김병지 대표이사와도 합이 잘 맞지 않을까 싶다. 하지만 이승우 영입이 현실이 될 가능성은 희박하다. 상당한 이적료와 연봉이 발생한다. 수원FC가 1부에서 경쟁하는 팀에 내어줄리 만무하다. 무엇보다 팀 조직력을 중시하는 윤정환 감독이 이승우와 같은 스타일을 원할지 알 수 없다.

몬레알
지동원
이승우
윤빛가람
이광혁
이준석
정재민
트린다지
이재원
정승원
강상윤
황순민
김도윤
이용
정동호
잭슨
권경원
최규백
박철우
김태한
아르한
김현훈
박배종
안준수
노동건

수원FC

SUWON FC　　　　　　　　　　　　　　　TEAM　팀 소개

수원의 자부심, 다이내믹한 수원FC로 거듭난다

수원 FC

2003년 수원시청 축구단이란 이름으로 창단했다. 10년 뒤인 2013년 구단명을 수원FC로 변경한 뒤 프로화를 선언했다. K리그에 참가한 지 10년이 넘은 지금, K리그1 무대를 누비는 구단으로 자리매김했다. 2016년 처음으로 1부 무대로 승격한 수원FC는 1년만에 2부로 추락한 지 4년만인 2021년 다시 1부로 점프했다. 2021시즌엔 화끈한 공격축구로 구단 역대 최고 성적인 5위를 차지했다. 수원 삼성과 '수원더비'는 슈퍼매치, 동해안더비 등과 함께 K리그를 대표하는 더비로 자리잡았다. 2023년은 지옥과 천당을 오갔다. 2022시즌 7위를 차지한 수원FC는 목표치를 '4위'로 설정하며 자신감을 냈다. 출발은 무난했다. 하지만 10라운드부터 18라운드까지 심각한 수비 난조를 보이며 4연패 포함 7패(2승)를 기록하며 하위권에 주저앉았다. 특히 스트라이커 라스가 8월 음주운전으로 퇴출되는 최악의 사건을 겪으며 순위 반등의 에너지를 완전히 상실해 버렸다. 승강 플레이오프에서 부산 아이파크를 극적으로 물리치며 간신히 잔류했지만, 많은 숙제를 남긴 2023시즌이었다. 수원FC는 2024시즌 감독부터 바꾸며 변화의 발걸음을 내디뎠다. 선수도 대폭 바뀌었다. 수원FC의 저력을 안다면, 그 누구도 쉽게 결과를 예측할 수 없다.

구단 소개

정식 명칭	수원시민 프로 축구단
구단 창립	2003년 3월 15일
모기업	시민구단
상징하는 색	네이비, 레드
경기장(수용인원)	수원종합운동장 (35,000명)
마스코트	화서장군, 장안장군, 팔달장군, 창룡장군
레전드	박종찬, 김한원, 임석택, 자파, 이승현
서포터즈	리얼크루
커뮤니티	디씨 수원FC커뮤니티

우승

K리그	-
FA컵	-
AFC챔피언스리그(ACL)	-

최근 5시즌 성적

시즌	K리그	FA컵	ACL
2023시즌	11위	3라운드	-
2022시즌	7위	3라운드	-
2021시즌	5위	16강	-
2020시즌	2위(K리그2)	16강	-
2019시즌	8위(K리그2)	32강	-

감독 소개 MANAGER SUWON FC

'K리그1에 첫 발 내디딘 '샤프',
센세이션을 기대하라

김은중

1979년 4월 8일 | 45세 | 대한민국

K리그 전적
-

1997년 대전에서 프로 데뷔해 2000년대 K리그를 대표하는 스타 공격수였다. 현역 시절 별명은 '샤프'. 날카로운 눈매와 턱선에서 오는 외향적 이미지뿐만 아니라 그라운드에서도 마치 면도날 같은 날카로운 돌파와 슛을 날렸기에 붙었다. 2014년 대전에서 현역 은퇴하며 '레전드' 반열에 오른 김 감독은 지난 10년간 성실하게 지도자 수업을 받았다. 벨기에 튀비즈에서 코치를 지냈고, 연령별 대표팀에서도 코치-감독을 거치며 확실한 성공 이력을 쌓았다. 지난해 20세 이하 대표팀을 이끌고 아르헨티나 U20 월드컵에서 4강의 업적을 쌓으며 '준비된 지도자'라는 것을 보여줬다. 하지만 프로 무대는 또 다른 도전의 장이다. 김 감독은 체력을 바탕으로 한 빠르고 다이내믹한 축구를 선보이겠다고 포부를 밝혔다. 일단 지켜보자.

선수 경력

대전	서울	창사	제주	강원	제주

지도자 경력

대전 플레잉코치	튀비즈 코치	U23 코치	U23 감독	수원FC 감독(20~)

주요 경력

1998 AFC U19 우승	2002 부산아시안게임

선호 포메이션	4-1-4-1	3가지 특징	시련에 강한 외유내강 스타일	선수들의 말에 귀 기울이는 지도자	뛰어난 육성 능력

STAFF

수석코치	코치	GK코치	선수 트레이너	피지컬코치	전력분석관	통역
김태민	이상돈 양동현	김호준	김정원 김진석 황건하 진성혁	이거성	채봉주	황재혁 김동현

SUWON FC — 2023 SEASON REVIEW / 2023 시즌 리뷰

2 0 2 3   R E V I E W

다이나믹 포인트로 보는 수원FC의 2023시즌 활약도

2023시즌도 여전히 '재활공장장'으로서 김도균 감독의 역량이 빛을 발했다. 전 소속팀 제주에서 남기일 감독과 의견 충돌 때문에 경기에 제대로 뛰지 못하던 윤빛가람을 영입한 직후 곧바로 주장완장을 채웠다. '책임감을 보여 달라'는 무언의 메시지였다. 윤빛가람은 이에 실력으로 부응했다. 팀에서 가장 높은 다이나믹 포인트 순위를 기록하며 2023시즌을 알차게 보냈다는 걸 입증해냈다. 그러나 라스의 불명예스러운 퇴출, 김현의 부상으로 인한 공격력의 저하는 '닥공축구'를 내세운 수원FC에는 치명적인 오류를 만들어냈다. 결국 11위로 승강PO까지 밀려난 끝에 간신히 잔류에 성공하게 된다.

2023시즌 다이나믹 포인트 상위 20명 ■ 포인트 점수

포지션 평점

FW ⚽⚽
MF ⚽⚽⚽
DF ⚽⚽
GK ⚽

출전시간 TOP 3

1위	윤빛가람	3,009분
2위	이승우	2,569분
3위	신세계	2,432분

득점 TOP 3

1위	이승우	10골
2위	라스	9골
3위	윤빛가람	8골

도움 TOP 3

1위	라스, 윤빛가람	5도움
2위	이광혁	4도움
3위	이승우, 김현, 이영재	3도움

주목할 기록

76	스플릿라운드 도입 후 단일 시즌 최다실점
26.9	크로스 성공률=전체 1위 (750개 시도, 202개 성공)

성적 그래프

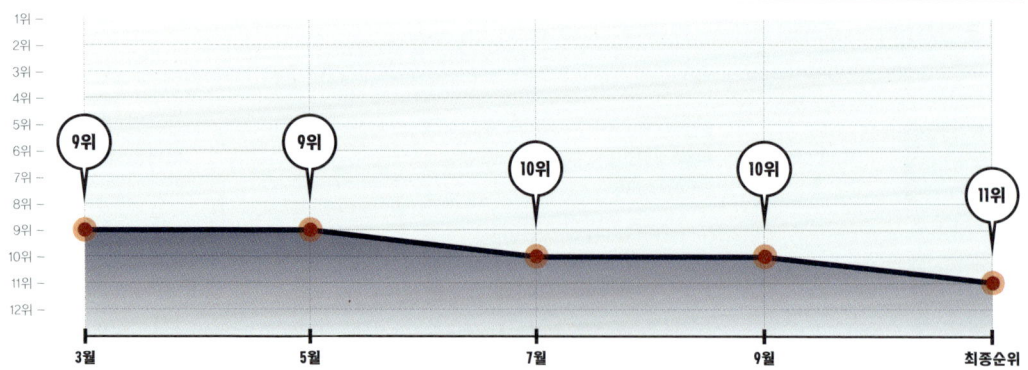

3월 9위 → 5월 9위 → 7월 10위 → 9월 10위 → 최종순위 11위

2024 시즌 프리뷰 — 2024 SEASON PREVIEW — SUWON FC

2024 시즌 스쿼드 운용 & 이적 시장 인앤아웃

IN
권경원_감바오사카
안준수_전남
지동원_서울
정승원_수원
강상윤_전북
정재민_안산
이재원_성남
몬레알_산펠리페
이준석_인천
아르한_도쿄베르디
최규백_대전
트린다지_비토리아
안데르손_고이아스
김현훈_전남
이현용_시흥
조준현 강교훈
김대현 박진우
이경민 장영우
정승배 한상규
김원형 신일연
이윤건 하정우
_이상 신인

OUT
정재용 김현
정은우 로페즈
신세계 김선민
최보경 정재윤
이태섭 장재웅
곽동준 김예성
서승우 김재현
김찬용 우고 고메스
바우테르손
_이상 계약종료
김규형_계약해지
오인표_임대종료
이영재_전북
박병현_충남아산
이대광 최치웅
_이상 임대

ⓒ 주장 ■ U-22 자원

2024시즌 수원FC는 완전히 새로운 팀이다. 선수 이동도 많았는데 무엇보다 사령탑이 바뀌었다. 지난 4시즌 동안 팀을 이끌었던 김도균 감독이 떠났고, 지난해 대한민국 U-20 대표팀 감독으로 아르헨티나 U20 월드컵 4강 성과를 낸 김은중 감독을 새로 선임했다. 김 감독은 지난 10년간 해외리그(벨기에)와 국내 연령별 대표팀에서 코치 및 감독을 역임하며 긴 시간 지도자 수업을 쌓은 인물이다. 프로팀 감독을 맡기에 손색이 없는 경력을 지녔고, 여러 구단이 탐을 냈지만 수원FC가 지휘봉을 맡기게 됐다. 김 감독은 '직선적이고 도전적인, 다이내믹한 축구'를 하고 싶다고 전술 포인트를 밝혔다. 전임 감독과 비슷하게 공격형 축구가 전개될 가능성이 크다. 하지만 모든 건 가정일 뿐이다. 초보 감독이 돌풍을 일으킬지, 돌팔매를 맞을지는 아무도 모른다.

주장의 각오

이용
팀의 주장이자 맏형으로서 새로 합류한 선수들까지 잘 이끌어서 올해 좋은 모습 많이 보여드리도록 노력하겠다.

SUWON FC　　　　　　　　　　　BEST 11　　　베스트 11

2024 예상 베스트 11

이적시장 평가

감독 교체와 맞물려 선수 변동이 매우 크다. 가장 중점을 둔 부분은 오랜 기간 득점 에이스 역할을 해주던 라스의 공백을 메울 외국인 공격수 찾기. 이렇게 찾은 선수가 칠레 출신 몬레알. 신장(191㎝)에 장점이 있어 미드필더진과 호흡이 기대된다. 베테랑 공격수 지동원의 부활 여부도 기대되는 부분. 무엇보다 국가대표 출신 '믿을맨' 권경원의 합류는 천군만마와 같다.

저자 5인 순위 예측

 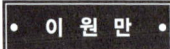 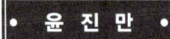 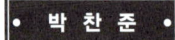 

9위_그럭저럭 알찬 보강. 이승우 지킨 것은 그나마 다행. 후방이 흔들리면 백약이 무효.

7위_샤프한 감독과 스마트한 영입이 만들어 낼 시너지 효과. 전 포지션에 걸쳐 알차게 강화가 됐다.

12위_재창단 수준의 변화. 시즌 초반 조직력 구축에 어려움을 겪지 않을까.

9위_권경원 가세가 크다. 불안했던 수비만 안정감을 찾는다면 다른 포지션은 경쟁력이 있다.

11위_상무가 있어서 다행이랄까. 올해도 피 말리는 생존경쟁은 피할 수 없을 듯.

선수 소개 SQUAD　　　　SUWON FC

이승우

1998년 1월 6일 | 26세 | 대한민국 | 173cm | 63kg

경력

FC바르셀로나B(16~17)
▷엘라스베로나(17~19)
▷신트트라위던(19~21)
▷포르티모넨스(21)
▷수원FC(22~)

K리그 통산기록

71경기 24득점 6도움

대표팀 경력

11경기 / 2018 월드컵

K리그 세 번째 시즌을 맞이한 이승우는 급격히 달라진 팀 내 상황 속에서 이제는 리더의 모습을 보여줘야 하는 시기가 됐다. 유소년 시절 출중한 재능을 보이며 스페인 프리메라리가 명문 바르셀로나 유스팀에 입단했던 이승우는 당시까지만 해도 지금의 이강인보다 큰 기대를 받으며 '한국축구의 미래'로 불렸다. 그러나 여러 문제로 인해 성장이 정체되고, 결국 유럽 무대에서 저니맨 신세로 전락했다. 결국 2022시즌 당시 수원FC 김도균 감독의 부름을 받아 K리그 무대를 밟게 된다. 이후 성실하게 팀에 녹아들면서 녹슬었던 재능을 펼치며 K리그1을 대표하는 스타플레이어로 자리매김했다. 2022시즌 14골로 화려하게 부활한 이승우는 지난 시즌에는 상대 수비수들의 집중 마크로 인해 득점력이 다소 저하됐다. 그래도 여전히 10골을 뽑아내며 팀의 강등을 막아내는 데 공헌했다. 하지만 시즌 후 그의 부활을 도운 김도균 감독이 팀을 떠났고, 새롭게 김은중 감독이 부임하면서 전술은 물론, 이승우의 역할에도 많은 변화가 있을 것으로 예상된다. 새 감독 밑에서 에이스이자 리더 역할을 해낼 수 있다면 그의 평가도 수직상승할 것이다. '국대 복귀'를 꿈꾸는 이승우에게는 위기이자 기회이다.

2023시즌 기록

| 5 | 2,569(35) MINUTES 출전시간(경기수) | 10 GOALS 득점 | 3 ASSISTS 도움 | 1 | 4 WEEKLY BEST 11 주간베스트11 |

강점	폭넓은 활동량과 골 감각	특징	자유도가 높을수록 경기력이 증가한다
약점	개선이 어려운 피지컬	별명	코리안메시

SUWON FC　　　　　　　　　　　　　　SQUAD　선수소개

몬레알
Josepablo Monreal Villablanca　　1996년 4월 1일 | 32세 | 칠레 | 191cm | 94kg

9 FW

경력
CD코브렐로아(16)
▷쿠리코우니도(17)
▷도라도스데시날로아(18~19)
▷우니온라칼레라 (18~19)
▷CD코브렐로아 (20)
▷레인저스데탈카(21)
▷SJK 세이내요키(22)
▷우니온산펠리페(23)
▷수원FC(24~)

K리그 통산기록
-

대표팀 경력
-

지난 2020년부터 팀의 간판 공격수로 활약해주던 라스가 지난해 후반 음주운전 사건으로 퇴출된 이후 그 빈자리를 메우기 위해 1월 이적시장에서 영입한 장신형 공격수다. 칠레 출신의 몬레알은 프로 데뷔를 브라질에서 했다. 브라질 이투아누에서 데뷔한 몬레알은 이후 칠레 1~2부와 핀란드 리그 등에서 뛰면서 커리어를 쌓았다. 수원FC 이적 직전에는 칠레 2부리그 산펠리페에서 활약했는데, 커리어 출전경기(153경기)에 비해서는 골(27골)을 많이 넣은 편은 아니다. 하지만 김은중 감독은 그런 몬레알에게 큰 기대를 걸고 있다. 191cm의 장신을 앞세워 골 지역에서 지난해까지 라스가 해줬던 역할을 대신 해줄거란 기대감이다. 구단은 '우수한 신체 능력을 바탕으로 문전 앞에서 투쟁심까지 갖춘 유형'이라고 설명하는데, 이승우 윤빛가람 등 2선에서 기술과 활동량이 뛰어난 선수들이 만들어주는 찬스를 골로 연결하는 역할을 맡을 예정이다. 시즌 전 예상 포메이션과 베스트11에서 구단은 몬레알이 원톱으로 나선 4-5-1 포메이션을 제시했다. 몬레알이 팀 공격의 최전방에서 많은 역할을 해줘야 한다는 계산이 깔려 있다. K리그 적응이 관건인데, 본인은 '15골'을 목표로 세웠다.

■칠레 2부리그 기록

2023시즌 기록

| 4 | 1,747(22)
MINUTES
출전시간(경기수) | 9
GOALS
득점 | 0
ASSISTS
도움 | 0
WEEKLY BEST 11
주간베스트11 |

강점	고공 공격, 양발 사용	특징	구단 사상 첫 칠레선수
약점	K리그에서 검증되지 않은 실력	별명	Jotaape

선수 소개 SQUAD SUWON FC

윤빛가람

1990년 5월 7일 | 34세 | 대한민국 | 178cm | 75kg

경력

경남(10~11)
▷ 성남(12)
▷ 제주(13~15)
▷ 옌볜(16~19)
▷ 제주(17)
▷ 상무(18~19)
▷ 제주(19)
▷ 울산(20~21)
▷ 제주(22)
▷ 수원FC(23~)

K리그 통산기록

386경기 65득점 53도움

대표팀 경력

15경기 3득점

2023시즌 수원FC 이적은 윤빛가람에게는 침체하여 가던 커리어에 활력소를 주는 선택이었다. 윤빛가람은 이적하자마자 수원FC의 주장 완장을 차며 라커룸 리더 역할을 맡았고, 결과적으로 이로 인해 다시금 강한 책임감과 경기 집중력을 끌어올릴 수 있었다. 늘 지적받던 활동량이 지난 시즌에 늘어났다는 점만 봐도 알 수 있다. 윤빛가람이 그만큼 이를 악물고 뛰었다는 증거. 팀내에서 가장 많은 출전 타임을 소화하며 2019년 상주-제주 시절 이후 4년 만에 두 자릿수 공격포인트(8골 5도움)를 기록했는데, 수원FC가 지난해 가까스로 강등을 모면할 수 있던 결정적인 요인이었다. 올해는 주장 자리를 이용에게 내주고, 부주장을 맡았는데, 감독이 신인이기 때문에 윤빛가람과 같은 베테랑의 역할이 여전히 중요하다. 경기력 외에도 선수단을 하나로 모으는 임무도 윤빛가람의 어깨에 걸려 있다. 김은중 감독도 수시로 윤빛가람을 팀의 중심이라고 말하며, 올해 전술이 그를 중심으로 돌아갈 것임을 시사했다. 윤빛가람은 지난시즌에 대해 "프로생활 중 가장 힘들었다"고 언급했는데, 이를 통해 자신도 깨달은 바가 컸던 것으로 보인다. 좀 더 완숙한 기량을 펼칠 것으로 기대된다.

2023시즌 기록

| 5 | 3,009(35)
MINUTES
출전시간(경기수) | 8
GOALS
득점 | 5
ASSISTS
도움 | 0 | 7
WEEKLY BEST 11
주간베스트11 |

강점	빼어난 찬스 창출능력, 날카로운 오른발	특징	그라운드를 넓게 보는 시야
약점	템포를 죽이는 습관, 몸싸움	별명	윤비트

SUWON FC

SQUAD 선수소개

이용

1986년 12월 24일 | 38세 | 대한민국 | 180cm | 74kg

경력

울산(10~16)
▷전북(17~22)
▷수원FC(23~)

K리그 통산기록

352경기 4득점 39도움

대표팀 경력

57경기 / 2014월드컵, 2018월드컵

2022시즌 후반 짧은 임대를 거쳐 드디어 지난해 수원FC로 완전이적하며 팀의 맏형 자리를 꿰차게 됐다. 등번호가 주전급치고는 조금 특이한데, 임대 기간에 달았던 22번을 이광혁이 달게되자 아내의 생년을 따라 88번으로 정하게 됐다고 한다. 6라운드 대전과의 경기에서 후반 11분 골을 넣으며 양동현 코치가 갖고 있던 구단 역대 최고령 득점 기록을 갈아치웠다. 이는 수비수인 이용 개인으로서는 2016년 상무 시절 이후 무려 6년 만에 나온 골이었다. 전성기 시절의 이용에게는 '2010년대 K리그 최고의 라이트백'이라는 수식어가 따라다녔다. 기본적으로 안정감 있는 수비력에 빠른 발을 앞세운 오버래핑과 정확한 크로스 능력까지 갖춰 전북 시절에는 높이를 장착한 김신욱과 짝을 이뤄 팀의 대표 공격옵션으로 활용되기도 했다. 하지만 이제는 30대 후반으로 접어들며 전성기에 비하면 스피드와 활동력이 줄어든 게 사실이다. 그래도 지난해 26경기를 소화하며 여전히 안정적인 기량을 선보이고 있다. 올해 이용은 K리그에 첫발을 내딛는 신인 김은중 감독으로부터 주장의 임무를 부여받았다. 이용의 프로 커리어 첫 주장 시즌이다. 그라운드 안팎으로 할 일이 많아졌다.

2023시즌 기록

3	1,927(25) MINUTES 출전시간(경기수)	1 GOALS 득점	1 ASSISTS 도움	0	- WEEKLY BEST 11 주간베스트11

강점	공수 밸런스를 두루 갖춘 라이트백	특징	김태환 이전에 '울산→전북' 이적한 케이스
약점	노쇠화로 인한 기량 저하	별명	용언니 (러시아월드컵 도중 중요한 부위를…)

선수 소개　　SQUAD　　　　　　　　　　　　　　SUWON FC

지동원

1991년 5월 28일 | 33세 | 대한민국 | 188cm | 81kg

경력
전남(10~11)
▷ 선덜랜드(11~14)
▷ 아우크스부르크(14)
▷ 도르트문트(14)
▷ 아우크스부르크(15~19)
▷ 마인츠05(19~21)
▷ 서울(21~23)
▷ 수원FC(24~)

K리그 통산기록
64경기 13득점 7도움

대표팀 경력
55경기 11득점
2012 올림픽, 2014 월드컵

2011년부터 10년간 잉글랜드와 독일 무대에서 활약한 지동원은 2021년 FC서울과 계약하며 큰 기대 속에 다시 K리그로 돌아왔다. 하지만 서울에서 계약 기간 내내 부상과 좋지 않은 몸상태로 기대에 전혀 부응하지 못했다. 3시즌 동안 총 25경기에 나와 2골 2도움에 그치며 서울 팬들에게 '먹튀'라는 비난을 받아야 했다. 결국 계약기간이 만료된 후 재계약에 실패했는데, 수원FC가 지동원을 영입하며 새로운 기회를 부여했다. 지동원에게는 어쩌면 선수 커리어를 계속 이어갈 수 있느냐 여부를 판단할 수 있는 마지막 기회가 될 듯 하다. 이미 30대 중반에 접어든 나이를 감안할 때 수원FC에서도 제대로 경기를 뛰지 못한다면 그대로 커리어의 종지부를 찍을 수도 있기 때문이다. 공격 자원이 부족한 수원FC의 상황은 지동원에게는 좋은 찬스가 될 수 있다. 베테랑으로서 후배들을 이끌면서 공격의 활로를 뚫어주는 역할이 기대된다. 2010년 신인상을 두고 경쟁한 윤빛가람과 호흡도 기대된다. 역시나 관건은 몸상태다. 다행인 점은 지난 시즌 막판 10경기에서 1골 1도움을 기록하는 등 폼이 다소 회복된 모습을 보였다는 점. 이 시기의 몸상태와 폼을 올 시즌 초반에도 이어갈 수 있을지가 관건이다.

SUWON FC — SQUAD 선수소개

트린다지
Matheus Trindade Gonçalves

1996년 5월 6일 | 28세 | 브라질 | 181cm | 76kg
경력 | 플라멩구(16~18)▷톰벤시(19~23)▷비토리아(23)▷수원FC(24~)
K리그 통산기록 | -
대표팀 경력 | -

수원FC가 1월 이적시장에서 영입한 3명의 외국인 선수 중에서 유일한 브라질 출신의 미드필더다. 브라질 명문 플라멩구의 유소년 클럽에서 선수 생활을 시작해 2016년 프로 계약까지 했지만, 2018년 방출되기 전까지 정작 플라멩구에서는 뛰지 못하고 임대 생활을 전전했다. 본격적으로 주전을 꿰찬 건 지난시즌 브라질 2부 비토리아에서였다. 폭넓은 활동량을 바탕으로 중원에서 공수에 걸쳐 건실한 플레이로 팀의 2부 우승 및 승격에 기여했다. 수원FC에서 '새로운 청소부'이자 공수의 연결고리를 해줄 전망이다. 트린다지가 빠르게 적응해야 윤빛가람의 창의성이 더욱 빛을 발할 수 있다.

2023시즌 기록
4	0	618(12) MINUTES 출전시간(경기수)	1 GOALS 득점	0 ASSISTS 도움	- WEEKLY BEST 11 주간베스트11	강점 왕성한 활동량	약점 슈팅 능력

※ 브라질 2부리그 기록

정승원

1997년 2월 27일 | 27세 | 대한민국 | 173cm | 68kg
경력 | 대구(16~21)▷수원삼성(22~23)▷수원FC(24~)
K리그 통산기록 | 167경기 8득점 15도움
대표팀 경력 | 2020올림픽

곱상한 외모와 거친 플레이스타일의 괴리감이 상당히 큰 선수다. 해외에서도 팬미팅을 할 정도로 아이돌급 '꽃미남'인데, 또 그라운드에서는 몸을 사리지 않고, 많은 활동량을 보여주는 '하드워커' 스타일. 언제나 몸을 날려 진심으로 뛴다. 하지만 2023시즌 24라운드 이후 부상을 입었고, 재활 과정에서 또 다른 부상이 생기면서 거의 5개월간 경기에 나오지 못 했다. 결국 수원의 다이렉트 강등을 지켜봐야 했다. 올 1월 전지훈련 도중 수원FC로 전격 이적했다. 수원FC 김은중 감독과는 올림픽 대표팀에서 사제 인연이 있는 만큼, 커리어에 반등을 이룰 수 있을거란 기대감이 크다. 풀백보다는 주로 미드필더로 활용될 예정이다.

2023시즌 기록
4	0	1,156(17) MINUTES 출전시간(경기수)	0 GOALS 득점	0 ASSISTS 도움	1 WEEKLY BEST 11 주간베스트11	강점 전설의 안동고 출신다운 하드워커	약점 늘어나는 부상 빈도

이광혁

1995년 9월 11일 | 29세 | 대한민국 | 169cm | 60kg
경력 | 포항(14~22)▷수원FC(23~)
K리그 통산기록 | 182경기 11득점 19도움
대표팀 경력 | -

2023년 수원FC에 합류해 특유의 빠른 스피드와 드리블 능력을 앞세워 시즌 초반 에이스급 활약을 펼쳤다. 하지만 9라운드 이후 내전근 부상으로 인해 또 풀타임 도전에 실패하고 만다. 매 시즌 반복되는 현상이다. 이광혁은 개인기와 스피드, 축구 센스 등을 두루 갖췄지만 항상 부상에 취약한 몸으로 인해 갖고 있는 재능을 온전히 펼치지 못하고 있다. 그나마 시즌 후반에 복귀해 승강 플레이오프 2차전에서 역전골을 터트리며 팀의 잔류에 크게 기여했다. 올해도 주전 윙어를 맡을 예정인데, 첫째도 부상 조심, 둘째도 부상 조심이다. '건강한 이광혁'은 새로운 영입과도 같다.

2023시즌 기록
6	0	1,428(27) MINUTES 출전시간(경기수)	2 GOALS 득점	4 ASSISTS 도움	1 WEEKLY BEST 11 주간베스트11	강점 스피드와 개인기	약점 다치기 쉬운 유리몸

선수 소개　SQUAD　　　　　　　　　　　　　　　SUWON FC

잭슨
Jackson Lachlan Robert Tua

1995년 3월 12일 | 29세 | 호주 | 196cm | 85kg
경력 | 브리즈번 로어(14) ▷ 뉴캐슬제츠(15~21) ▷ 수원FC(21~)
K리그 통산기록 | 65경기 4득점 2도움
대표팀 경력 | –

시즌 도중 여름에 합류하자마자 팀 전력의 핵심으로 인정 받았던 2021시즌은 놀라웠다. 그런데 재계약 이후 본격적으로 임했던 2022, 2023시즌은 모두 기대 이하의 모습이었다. 약점인 느린 스피드와 불안정한 볼처리 등 약점이 상대에게 많이 노출된 게 제 1요인. 여기에 상대 공격수에게 털리고, 주전자리에서도 밀려나면서 의욕을 많이 잃기도 했다. 그럼에도 수원FC는 잭슨에게 다시 한번 기회를 줬다. 사실 그만한 사이즈의 센터백을 새로 구하기도 어렵다. 잭슨이 다시 의욕과 폼을 되찾아야 수원FC도 수비 걱정을 덜고, 승부수를 던져볼 수 있다.

2023시즌 기록					강점	약점
5	0	1,839(23) MINUTES 출전시간(경기수)	0 GOALS 득점	0 ASSISTS 도움	1 WEEKLY BEST 11 주간베스트11	왼발 롱패스, 빌드업	불안한 뒷공간, 느린 대처

이준석

2000년 4월 7일 | 24세 | 대한민국 | 180cm | 75kg
경력 | 인천(19~23) ▷ 김천(22~23) ▷ 수원FC(24~)
K리그 통산기록 | 63경기 7득점 5도움
대표팀 경력 | –

차범근축구교실이 배출한 또 다른 인재다. 포항 유스에서 성장하다 고등학교는 인천 유스 대건고로 진학해 결국 인천에서 프로에 데뷔했다. 하지만 프로 무대에서는 기대만큼의 성장을 보여주지 못했는데, 지난해 K리그2 김천에서 드디어 포텐셜을 폭발시켰다. 시즌 초반에는 출전 기회를 얻지 못했지만, 6월 이후 최전참들이 제대하며 기회가 늘어나자 스트라이커로서의 역량을 발휘하며 프로 데뷔 이후 가장 많은 6골을 기록했다. 커리어의 상승세에 있는 만큼 수원FC에서도 좌측 윙으로 좋은 모습이 기대된다. 성장 가능성이 매우 크다.

2023시즌 기록					강점	약점
0	0	1,241(22) MINUTES 출전시간(경기수)	6 GOALS 득점	3 ASSISTS 도움	4 WEEKLY BEST 11 주간베스트11	일대일 능력과 양발 사용	효율성 떨어지는 플레이

■ K리그2 기록

박철우

1997년 10월 21일 | 27세 | 대한민국 | 176cm | 68kg
경력 | 포천(20~21) ▷ 수원FC(22~)
K리그 통산기록 | 56경기 1득점
대표팀 경력 | –

빠른 스피드와 뛰어난 드리블 능력이 장점으로 이를 활용해 공격과 수비 모두 소화 가능한 멀티플레이어로 평가받고 있다. 지난 시즌 초반에는 팀의 주전 레프트백을 맡았지만, 공격에 비해 상대적으로 수비 능력이 떨어지는 바람에 점차 주전에서 밀려났고, 중반 이후에는 윙어로 출전하며 아예 공격적인 면에 집중하는 플레이를 펼쳤다. 드리블 돌파가 좋은 편인데, 크로스 능력은 들쭉날쭉해서 좀 더 가다듬을 필요가 있다. 올 시즌에도 일단은 레프트백을 맡게 될 전망인데, 주전 자리를 지키려면 이 위치에서 안정감 있는 플레이를 보여줘야 한다.

2023시즌 기록					강점	약점
2	0	1,711(29) MINUTES 출전시간(경기수)	0 GOALS 득점	0 ASSISTS 도움	- WEEKLY BEST 11 주간베스트11	팀내 최상위권 스피드	상대적으로 약한 수비능력

SUWON FC　　　　　　　　　　　SQUAD　선수소개

김태한

1996년 2월 24일 | 28세 | 대한민국 | 184cm | 76kg
경력 | 대구(18~20) ▷ 김포(21~23) ▷ 수원FC(24~)
K리그 통산기록 | 74경기 2득점 1도움
대표팀 경력 | -

올해 수원FC의 영입 선수 중에서 실력 면으로는 알짜배기라고 평가할 수 있다. 대구 유스 현풍고를 거쳐 한양대 4학년 때인 2018년 대구에 입단했다. 3년간 6경기 출장에 그치며 별다른 인상을 남기지 못한 채 2020시즌을 끝으로 대구를 떠났다. 2021시즌을 앞두고 K3리그 김포에 합류했는데, 여기서 기량이 일취월장하면서 팀의 리그 우승에 기여했다. 2022시즌 김포가 K리그2에 참가하면서 다시 프로리그로 돌아온 김태한은 지난해 팀의 주전 센터백으로 상대 공격수들을 지워냈다. 이 실력이 K리그1에서도 통할지가 관건이다.

		2023시즌 기록				강점	약점
2	1	2,968(34) MINUTES 출전시간(경기수)	1 GOALS 득점	0 ASSISTS 도움	6 WEEKLY BEST 11 주간베스트11	안정된 수비력과 체력	가끔 나오는 위험한 파울

■ K리그2 기록

이재원

1997년 2월 21일 | 27세 | 대한민국 | 173cm | 66kg
경력 | 성남(19~23) ▷ 강원(23) ▷ 수원FC(24~)
K리그 통산기록 | 76경기 3득점
대표팀 경력 | -

경희대 시절에는 공격수를 맡다가 프로 입단 후 중앙 미드필더, 지난시즌에는 우측 풀백 등으로 여러 차례 포지션을 변경했다. 이 과정에서 많은 활동량과 헌신적인 플레이로 '어느 포지션이든 두루 소화할 수 있다'는 평가를 받았다. 하지만 이를 뒤집으면 확실한 '자기 위치'가 없다는 뜻이기도 하다. 결국 팀의 필요에 의해 여러 위치를 옮겨가며 백업 역할을 하는 유형의 선수다. 이러면 주전급으로 성장하기 어렵다. 지난시즌 하반기 임대로 떠난 강원에서 단 2경기 출전에 그쳤다. 수원FC에서는 백업 미드필더로 분류되는데, 주어진 역할을 충실히 하면서 조금은 자기의 색깔을 확실히 내야 한다.

		2023시즌 기록				강점	약점
2	0	1,498(21) MINUTES 출전시간(경기수)	0 GOALS 득점	0 ASSISTS 도움	- WEEKLY BEST 11 주간베스트11	멀티 포지션 소화능력	뚜렷한 장점이 뭐였더라

강상윤

2004년 5월 31일 | 20세 | 대한민국 | 171cm | 64kg
경력 | 전북(22~) ▷ 부산(23) ▷ 수원FC(24~)
K리그 통산기록 | 33경기 1도움
대표팀 경력 | -

전주 영생고 3학년이던 2022년 전북과 준프로 계약을 맺고 프로 무대에 입성한 유망주다. 곧바로 그해 10라운드에서 프로 데뷔전까지 치른 강상윤은 다음 해 정식 프로 계약을 맺은 뒤 시즌 후반 부산 아이파크로 임대돼 경험치를 쌓았다. 또한 U20 대표팀의 '대체불가' 선수로 2023 FIFA U20 월드컵 4강 주역이었다. '김은중의 아이들' 중 한 명이다. 실제로 김 감독이 영입을 적극적으로 원해 수원FC에 올해부터 임대로 합류했는데, 기동성과 활동량이 뛰어나고 수비력까지 갖춰 올해 기회를 많이 얻을 전망이다.

		2023시즌 기록				강점	약점
2	0	772(16) MINUTES 출전시간(경기수)	0 GOALS 득점	0 ASSISTS 도움	- WEEKLY BEST 11 주간베스트11	박지성이 떠오르는 '모기 본능'	세밀한 플레이, 잦은 팀 이동

■ K리그1, 2 기록

선수 소개 SQUAD

SUWON FC

김도윤

2005년 5월 18일 | 19세 | 대한민국 | 174cm | 65kg
경력 | 수원FC(23~)
K리그 통산기록 | 9경기
대표팀 경력 | -

특이하게 홈스쿨링을 하며 수원FC U-18에서 활약하던 김도윤은 지난해 여름 구단 유스팀 최초로 준프로계약을 맺고, 프로무대에 입성했다. 36라운드 수원 삼성전에 선발로 출전하는 등 지난해 9경기를 소화하며 가능성을 점검받은 김도윤은 중앙 미드필더와 좌우 윙포워드까지 소화할 수 있는 재능을 지녔다. 간결한 볼처리를 앞세운 빠른 템포의 움직임으로 중앙에서 팀 공격의 스피드를 살려줄 수 있는데다, 중거리 슛 능력까지 갖춰 향후 활용도가 커질 유망주로 평가받는다. 하지만 아직은 '미완의 대기'일 뿐이다. 더 성장해야 한다.

2023시즌 기록				-	강점	약점
1 0	128(9) MINUTES 출전시간(경기수)	0 GOALS 득점	0 ASSISTS 도움	WEEKLY BEST 11 주간베스트11	빠른 템포의 볼처리	몸싸움

권경원

1992년 1월 31일 | 32세 | 대한민국 | 188cm | 83kg
경력 | 전북(13~14) ▷ 알아흘리(15~16) ▷ 톈진(17~20) ▷ 성남(21) ▷ 감바오사카(22~23) ▷ 수원FC(24~)
K리그 통산기록 | 79경기 4득점 3도움
대표팀 경력 | 30경기 2득점 / 2022 월드컵

그의 영입 하나만으로도 수원FC의 2024시즌 전망에 대한 평가도 확연히 달라지게 됐다. 권경원은 그만큼 거대한 존재감을 지닌 특급 수비수다. 수비수로서 이상적인 체격을 지닌 권경원은 센터백과 수비형 미드필더를 모두 소화할 수 있는데, 후방에서 폭넓은 시야와 패스 능력을 앞세운 리딩 능력이 최대 강점이다. 수비에 치명적인 약점을 지닌 수원FC에 꼭 필요한 존재라는 뜻이다. 수원FC는 지난해 K리그 통산 한 시즌 최다골(76)을 내주며 강등 위기를 겪었다. 그러나 권경원이 뒷문 단속에 나섰으니 더 이상 이런 참사는 안 당할 것이다. 성남(2021년 활약)에 물어보면 안다.

2023시즌 기록				-	강점	약점
6 0	1,563(20) MINUTES 출전시간(경기수)	1 GOALS 득점	0 ASSISTS 도움	WEEKLY BEST 11 주간베스트11	뛰어난 신체조건과 수비진 리딩	타깃형 공격수 수비력

노동건

1991년 10월 4일 | 33세 | 대한민국 | 190cm | 88kg
경력 | 수원(14~16) ▷ 포항(17) ▷ 수원삼성(18~22) ▷ 수원FC(23~)
K리그 통산기록 | 158경기 226실점
대표팀 경력 | 8경기 3실점

2023시즌 수원FC에 처음 합류한 노동건은 경쟁자인 박배종의 부상과 이범영의 부진을 틈타 시즌 초반 주전 자리를 잡았다. 3라운드에서 친정팀 수원 삼성을 상대로 첫 선발로 나와 팀의 승리를 이끈 게 결정적 계기. 하지만 시즌 중반 훈련 중 엉덩이 근육을 다치는 바람에 한동안 경기에 나서지 못하는 불운을 겪었다. 그래도 시즌 후반에 돌아와 다시금 좋은 모습을 보여주며 팀의 잔류에 힘을 보탰다. 올해 새로 팀을 맡은 김은중 감독으로부터 팀의 주전 골키퍼로 낙점됐다. 그러나 자리를 지키기 위해서는 좀 더 일관된 안정감을 유지해야 한다.

2022시즌 기록				-	강점	약점
1 0	2,070(23) MINUTES 출전시간(경기수)	43 LOSS 실점	85 SAVE 선방	WEEKLY BEST 11 주간베스트11	순발력을 앞세운 캐칭 능력	기량의 기복이 심하다

SUWON FC　　SQUAD　선수소개

최규백

1994년 1월 23일 | 30세 | 대한민국 | 188cm | 80kg
경력 | 전북(16) ▷ 울산(17) ▷ 나가사키(18~19) ▷ 제주(19) ▷ 수원FC(20) ▷ 충남아산(21~22) ▷ 대전코레일(23) ▷ 수원FC(24~　)
K리그 통산기록 | 62경기 3득점
대표팀 경력 | 2016 올림픽

2016년 전북에서 프로 데뷔한 최규백은 지난 2020년 수원FC에서 한 시즌을 치렀다. 당시 수비 경쟁에서 밀려 9경기 출전에 그쳤고, 2021년 K리그2 충남아산으로 이적했다가 4년 만에 다시 돌아와 부주장으로 선임됐다. 센터백으로서 매우 이상적인 피지컬을 지니고 있고, 기본적인 수비력 또한 괜찮다는 평가. 하지만 2021년 7월, 연습 도중 전방십자인대 파열 부상을 입어 시즌 아웃됐고, 그 여파로 2022시즌 1경기 출전에 그쳤다. 2023시즌은 K3리그 대전코레일에서 보냈는데, 부상 후유증에서 얼마나 벗어났는지가 관건이다.

		2023시즌 기록			-	강점	약점
0	0	0 출전시간(경기수)	0 득점	0 도움	WEEKLY BEST 11 주간베스트11	이상적인 피지컬	부상 후유증

■ K3리그 기록

정동호

1990년 3월 7일 | 34세 | 대한민국 | 174cm | 68kg
경력 | 요코하마(09~13) ▷ 울산(14~20) ▷ 수원FC(21~)
K리그 통산기록 | 183경기 4득점 15도움
대표팀 경력 | 5경기

고교 졸업 후 2009년 일본 J1리그 요코하마에서 먼저 프로에 데뷔한 정동호는 2013시즌 후 울산으로 이적하며 K리그에 첫선을 보였다. 울산에서 7시즌 동안 좌우 윙백을 오가며 건실한 플레이를 보여줬다. 하지만 젊고 재능 넘치는 후배들이 성장하면서 점차 출전 기회를 잃었고, 2020시즌이 끝난 뒤 수원FC로 이적했다. 지난해 30경기에 출전했던 정동호는 올해도 많은 출전 시간을 부여받을 가능성이 크다. 좌우 양발을 비교적 잘 쓰는 편이며, 스피드는 약간 떨어졌다고 해도 기본 체력과 크로스는 여전히 일품이다.

		2023시즌 기록			2	강점	약점
5	0	2,243(28) 출전시간(경기수)	0 득점	2 도움	WEEKLY BEST 11 주간베스트11	노련미가 담긴 킬패스	점점 많아지는 잔실수

안준수

1998년 1월 28일 | 26세 | 대한민국 | 187cm | 75kg
경력 | 세레소오사카(16~20) ▷ 부산(21~23) ▷ 전남(23) ▷ 수원FC(24~)
K리그 통산기록 | 50경기 73실점
대표팀 경력 | –

수원FC가 이적시장에서 화려하진 않아도 꼭 필요한 선수는 데려왔는데, 안준수가 대표적이다. 다소 느슨해질 뻔한 수원FC의 골키퍼 경쟁 구도에 새로운 활력을 불어넣을 수 있는 인물이다. 베테랑 박배종의 노쇠화가 점차 가속화되면서 노동건과 경쟁할 골키퍼가 없었는데, 안준수가 합류함으로써 경쟁과 백업 모두 가능해졌다. 일본에서 먼저 프로생활을 시작한 안준수는 2021년 부산으로 이적하며 K리그 무대에 뛰어들었다. 안정적인 캐칭 능력을 갖추고 있으며 특히 발밑이 좋아 후방 빌드업의 시작 또는 롱킥에 의한 역습 상황 연출에 모두 능숙하다.

		2023시즌 기록			2	강점	약점
1	0	1,613(18) 출전시간(경기수)	26 실점	47 선방	WEEKLY BEST 11 주간베스트11	발밑과 킥 능력이 두루 좋다	부족한 K리그 경험

전지적 작가 시점

이원만이 주목하는 수원FC의 원픽!
이승우

지난해 이 코너의 주인공은 윤빛가람이었다. 그리고 실제로 윤빛가람이 가장 돋보이는 활약으로 강등 위기의 팀을 가까스로 구해냈다. 당시와 같은 관점으로 스쿼드를 들여다보면, 선택은 한 명 뿐이다. 감독 교체, 새 선수합류 및 새로운 전술 장착 등 어수선한 수원FC의 분위기를 이끌어줄 수 있는 분위기 메이커이자 공격의 에이스. 바로 이승우가 이 역할을 해줘야만 하고, 할 수 있는 캐릭터가 아닐까. 이승우는 수원FC에서 음주운전으로 퇴출된 라스를 제외하고 2년 연속 두 자릿수 공격 포인트를 기록한 유일한 선수다. K리그 무대 적응은 완전히 끝났다는 증거. 올해도 해야 할 일이 많다. 특히 김은중 감독이 추구하는 빠르고 다이내믹한 축구에서 가장 중요시 하는 2선 공격라인의 핵심이다. 전술적으로 이승우는 드리블 돌파, 패스, 최전방 전진 등 해야 할 일이 많다. 다소 버거울 수도 있는 짐이다. 하지만 이승우라면 해낼 수 있다. 재능은 차고 넘친다. 늘 지적받았던 체력도 한층 강해졌다. 역대 최고 활약이 기대된다.

지금 수원FC에 이 선수가 있다면!
황희찬

팀을 새로 맡은 김은중 감독이 선호하는 포지션과 경기 운영방식을 우선 고려할 필요가 있다. 김 감독은 대한민국 U20 대표팀 감독시절부터 4-1-4-1 포메이션을 선호해왔다. 수원FC에서도 이 라인업을 가동할 예정. 여기서 핵심은 원톱 뒤에 선 두 명의 공격형 미드필더 자원이다. 때로는 섀도 스트라이커로 있다가 투톱으로 치고 나가는 등 다양한 공격 미션을 해결해 골을 넣어야 한다. 중요한 건 기술과 돌파력, 그리고 골 결정력이다. 여기에 딱 맞는 인물. 떠오르지 않는가. 그렇다 한국 대표팀의 공격 자원이자 잉글랜드 프리미어리그 울버햄튼에서 맹활약 중인 '터프가이' 황희찬이다. 다소 투박하다는 점이 김 감독의 선호도와는 좀 차이가 있지만, 앞선에서 부지런히 활동하면서 공격의 활력을 불어넣고, 수비진을 흔들었다가 찬스가 나면 스스로 해결해낼 수 있는 능력은 최근 폼에 물이 오른 황희찬 뿐이다. 황희찬이 현재 수원FC의 스쿼드에 들어가 2선 공격수로 뛴다면 엄청난 시너지 효과가 예상된다.

정치인
이중민
김민준
이영준
모재현
최기윤
유강현
김현욱
원두재
김진규
강현묵
김대원
서민우
김봉수
조현택
김재우
김태현
박민규
박수일
박승욱
이상민
윤종규
이진용
강현무
김동헌

김천 상무

GIMCHEON SANGMU FOOTBALL CLUB   TEAM   팀 소개

수사불패의 정신, 강등은 없다

김천 상무

한 시즌 만에 제자리로 돌아왔다. 김천 상무는 2022년 K리그2로 추락했다. 지난해 K리그2 정상을 밟으며 다이렉트 승격을 이뤄냈다. 2013년, 2015년, 2021년에 이어 4연속으로 '강등 뒤 곧바로 승격'을 이뤄내는 힘을 발휘했다. 두 번 눈물은 없다. 올 시즌 잔류, 그 이상을 꿈꾼다. 김대원, 이진용, 박승욱 등 K리그1에서 핵심으로 뛰던 선수들이 대거 합류했다. 기존 선수들과의 신구조화를 통해 K리그1 무대 '돌풍'을 일으킨다는 각오다. 변수는 있다. '군 팀' 특성상 시즌 내내 몇 차례에 걸쳐 입대와 제대가 반복된다. 실제로 동계전지훈련도 '완전체'로 함께한 시간이 길지 않다. 선수들이 입대 일자에 따라 순차적으로 합류한 탓이다. 그동안 핵심으로 뛰었던 원두재 김진규 윤종규 등이 시즌 중 제대한다. 그동안 선수 제대 시기에 급격히 흔들리는 모습을 보였다. 어떻게 대처하느냐에 따라 올 시즌 향방이 갈린다. 김천은 올 시즌 성적과 함께 팬들의 마음도 사로잡는단 각오다. '축구로 하나 되는 행복한 김천'을 비전으로 내세웠다. 지난해 '팬프렌들리 통합상'을 거머쥐었고, 올 시즌도 다양한 사회공헌 활동을 통해 축구를 통한 사랑 나눔을 실천한다.

구단 소개

정식 명칭	김천 상무 프로축구단
구단 창립	2020년 10월 22일
모기업	시민구단
상징하는 색	레드, 네이비, 골드
경기장(수용인원)	김천종합운동장 (30,000명)
마스코트	군슈웅
레전드	서정원, 최용수, 이동국, 김정우
서포터즈	수사불패

우승

K리그	2회(2021, 2023 – K리그2)
FA컵	–
AFC챔피언스리그(ACL)	–

최근 5시즌 성적

시즌	K리그	FA컵	ACL
2023시즌	1위(2부)	3라운드	–
2022시즌	11위	3라운드	–
2021시즌	1위(2부)	8강	–
2020시즌	4위	16강	–
2019시즌	7위	4강	–

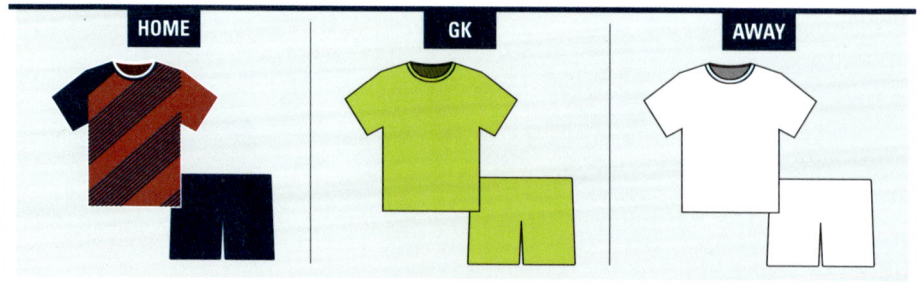

감독 소개 MANAGER

GIMCHEON SANGMU FOOTBALL CLUB

꿈에 그리던 1부 무대,
군인 이끌고 돌아온 '승부사'

정정용

1969년 4월 1일 | 55세 | 대한민국

K리그 전적
126전 45승 36무 45패

꽃길만 걸은 지도자는 아니다. 현역 시절 부상으로 조기 은퇴했다. 연령별 대표팀 코치 및 감독을 역임하며 밑바닥부터 경험을 쌓았다. 그 힘이 원천이었다. 2019년 폴란드에서 열린 국제축구연맹(FIFA) U-20 월드컵에서 준우승 쾌거를 이뤘다. 한국축구의 새 역사였다. 이듬해 서울이랜드의 지휘봉을 잡고 프로 도전에 나섰다. 하지만 프로의 벽은 높았다. 3년 동안 팀을 이끌었지만, 목표로 했던 승격을 이루지 못했다. 잠시 휴식을 취하며 재충전했다. 다시 한 번 기회가 찾아왔다. 지난해 6월 김천의 지휘봉을 잡고 돌아왔다. 그는 '소방수'로 투입돼 김천의 '다이렉트 승격'을 이끌었다. 꿈에 그리던 K리그1 무대를 밟게 됐다. 2024년 1부 리그 팀의 감독으로서 진정한 도전이 시작된다.

선수 경력

이랜드 푸마(1993~1997)

지도자 경력

U-17 대표팀 감독	U-23 대표팀 감독대행	U-20 대표팀 감독	서울이랜드 감독	김천(23~)

주요 경력

2019년 U-20 월드컵 준우승	한국프로축구연맹 TSG

선호 포메이션	4-3-3	3가지 특징	다양한 전술	소통의 리더십	공부하는 지도자

STAFF

수석코치	코치	GK코치	피지컬코치	선수 트레이너	전력분석관	선수단 매니저	부사관
성한수	신상우 이문선	서동명	심정현	김영효 지성진	송석화	최재혁	유로몬

GIMCHEON SANGMU FOOTBALL CLUB 2023 SEASON REVIEW | 2023 시즌 리뷰

2 0 2 3 R E V I E W

다이나믹 포인트로 보는 김천의 2023시즌 활약도

강력한 '우승후보'였다. 개막 후 2경기에서 연승을 달렸지만 이내 들쭉날쭉한 경기력으로 흔들렸다. 위기의 순간 정정용 감독을 신임 사령탑으로 선임하며 새 단장에 나섰다. 과거 연령별 대표팀에서 호흡을 맞췄던 '슈팅몬스터' 조영욱은 7연속 득점포를 가동하는 등 펄펄 날았다. 하지만 조영욱이 항저우아시안게임에 출전하며 공백이 생겼다. 부산아이파크의 거센 추격에 2위로 내려앉았다. 끝날 때까지 끝난 게 아니었다. 김천은 서울이랜드와의 최종전에서 짜릿한 대역전극을 펼치며 K리그2 정상에 올랐다. K리그1 승격권도 거머쥐었다.

2023시즌 다이나믹 포인트 상위 20명 ■ 포인트 점수

포지션 평점

FW 🔥🔥🔥🔥
MF 🔥🔥🔥
DF 🔥🔥🔥
GK 🔥🔥🔥

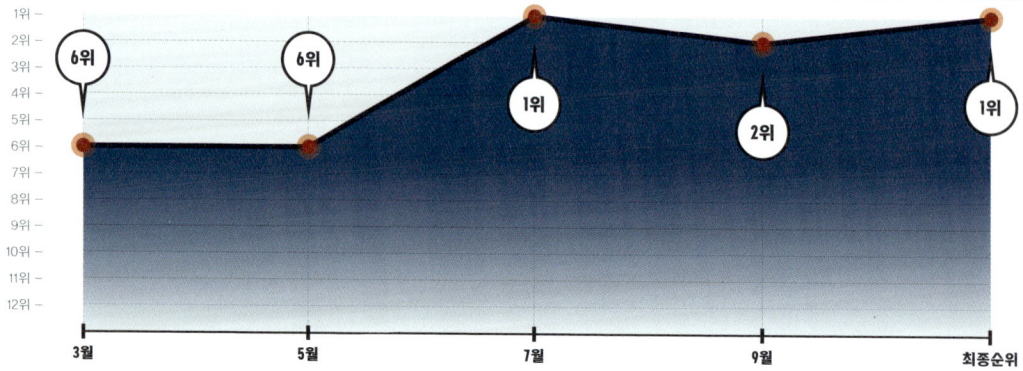

출전시간 TOP 3
순위	선수	기록
1위	김재우	2,705분
2위	원두재	2,652분
3위	이상민	2,497분

득점 TOP 3
순위	선수	기록
1위	조영욱	13골
2위	김진규, 이준석, 강현묵, 김민준	6골
3위	정치인	5골

도움 TOP 3
순위	선수	기록
1위	조영욱, 김진규	5도움
2위	강현묵, 김민준, 윤종규	4도움
3위	이준석, 이유현, 김현욱	3도움

주목할 기록
4	'풍당풍당' 2부 강등 후 4연속 곧바로 승격
319	'AG 금메달' 조영욱, 319일 만의 조기전역

성적 그래프

2024 시즌 프리뷰 2024 SEASON PREVIEW GIMCHEON SANGMU FOOTBALL CLUB

2024 시즌 스쿼드 운용 & 이적 시장 인앤아웃

IN
- 김봉수_제주
- 모재현_경남
- 박수일_서울
- 김동헌_인천
- 박승욱_포항
- 조현택_울산
- 유강현, 김민덕
  _이상 대전
- 최기윤, 홍욱현
  _이상 부산
- 김대원, 서민우
  _이상 강원
- 이진용, 조진우
  _이상 대구
- 정명제, 이상민
  _이상 성남

OUT
- 김지현_울산
- 강윤성_대전
- 조영욱_서울
- 문경건_제주
- 임승겸_안양
- 최병찬_부천
- 김준범_인천
- 신송훈_충남아산
- 이지훈_전북
- 이준석_수원FC
- 이유현_강원
- 김륜성, 윤석주
  _이상 포항
- 권창훈, 이영재
  _이상 전북

ⓒ 주장   ■ U-22 자원

지난해 역대급 전력의 희망에 부풀었다. 하지만 입대가 예정됐던 설영우 엄원상 백승호 송민규 등이 항저우아시안게임 금메달로 병역 특례를 받아 합류가 불발됐다. 조진우 유강현 등 4명을 추가 선발했지만 이들에 비해 무게감이 떨어지는 것이 사실이다. 2부와 1부는 차원이 다른 무대다. 자칫 집중력이 흐트러지는 순간 순위는 곤두박질친다. 입대와 제대를 반복하는 군 팀 특성상 변수가 춤을 춘다. 당연한 얘기지만, 부족한 부분을 채워주는 외국인 선수도 없다. 시즌 중에도 전력이 바뀐다. 김대원 박수일 이진용 김동헌 서민우 김봉수 등 한 시즌을 온전히 치를 수 있는 신병들에게 기대를 걸 수밖에 없다. 4월 입대 자원들도 징검다리 역할을 해야 한다. 2014년과 2022년 승격 첫 해 2부 강등의 아픔을 겪었다. 그래도 입대 선수들은 대부분 소속팀에서 주전급 자원이다. 수사불패의 군인 정신으로 파고를 넘어야 한다.

주장의 각오

김현욱

새로 입대한 신병 선수들과 의기투합해서 전역할 때 절대 후회가 남지 않도록 최선을 다하고 싶다. 남은 선수들이 바통을 잘 이어받을 수 있게 팀을 좋은 순위에 올려놓고 마무리하고 싶다.

GIMCHEON SANGMU FOOTBALL CLUB   BEST 11   **베스트 11**

2 0 2 4 예 상 베 스 트 1 1

이적시장 평가

당연한 얘기지만, 김천상무에겐 이적시장이 없다. 입대와 제대만 있을 뿐이다. 원두재 김진규 윤종규 박민규 등 주축 자원이었던 17명이 시즌 중반인 7월에 제대한다. 이들을 대체할 자원들이 새롭게 발탁된다. 4월에도 4명의 새 얼굴이 가세한다. 다만 군사 훈련으로 합류 시계는 또 다르다. 아시안게임과 올림픽 등으로 병역 특례를 받는 세대가 나오면 선수 수급이 녹록지 않다. 질적으로도 양적으로도 떨어진다. 현 상황이 그렇다.

저자 5인 순위 예측

12위_1부는 달라. 입대 + 제대로 버티기 쉽지 않아. 외인 부재도 블랙홀. 걱정 또 걱정

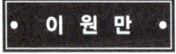

10위_정정용 감독은 치밀한 전략가다. 하지만 상무라는 팀의 특성을 완전히 바꿀 순 없다.

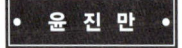

11위_'신병 받아라~'와 '전역을 신고합니다'가 시즌 중에 펼치지는 대혼란의 2024년.

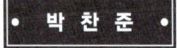

12위_전체적 멤버 수준은 높다. 하지만 매년 찾아오는 여름 전역자 공백이 올해도 클 듯.

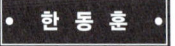

12위_안타깝지만 상무보다 순위가 낮은 K리그 팀이 있다면 반성해야 한다.

선수 소개 SQUAD — GIMCHEON SANGMU FOOTBALL CLUB

김대원

1997년 2월 10일 | 27세 | 대한민국 | 171cm | 65kg

22 MF
김대원
WEEKLY BEST 11

경력
대구(16~20)
▷ 강원(21~23), 김천(24~)

K리그 통산기록
211경기 36득점 34도움

대표팀 경력
—

기대는 컸다. 2022년 그는 12골 13도움을 기록, 유일하게 '10(골)-10(도움)' 클럽에 가입했다. 하지만 지난해 마치 '2년 차 징크스'에 빠진 것처럼 긴 어둠의 터널을 걸었다. 6월에야 마수걸이 골을 신고했다. 후반기 3골을 더 보태 승강 PO 끝에 강원의 잔류를 이끌었지만 힘겨운 한 해였다. 김천에서 새출발한다. 그는 2021년 대구에서 강원으로 이적한 첫 해 9골을 터트린 기분좋은 추억이 있다. 군 생활의 적응이 관건이지만 둥지를 옮기면 폭발하는 근성이 있다. 최고 강점은 역시 스피드다. 공간이 열린 역습 상황에선 빠른 발을 앞세운 순식간에 상대 진영을 허문다. 드리블 능력과 방향 전환도 일품이다. 골결정력은 기복이 있지만 특유의 몰아치기 능력이 있다. 다만 집중견제에서 탈출구를 마련하는 자신만의 노하우는 필요하다. 컨디션이 떨어진 날에는 보이지 않는 점도 보완돼야 한다. 바람을 타면 무서울 것이 없다. 중거리 슈팅 능력도 보유하고 있어 전천후 공격 자원으로 활용이 가능하다. 상무 입대가 축구 인생에서 반전의 무대가 되는 선수들이 꽤 있다. 기량이 무르익을 나이다. 단점을 보완해 나간다면 더 성장할 수 있다.

2023 시즌 기록

1	2,503(35) MINUTES 출전시간(경기수)	4 GOALS 득점	4 ASSISTS 도움	0	1 WEEKLY BEST 11 주간베스트11

강점	빠른 스피드 활용한 드리블	특징	둥지 옮기면 폭발, 김천에서 가능할까
약점	공간이 없으면 무색무취	별명	김대원스타

GIMCHEON SANGMU FOOTBALL CLUB　　SQUAD　선수소개

원두재

1997년 11월 18일 | 27세 | 대한민국 | 187cm | 80kg

경력

아비스파 후쿠오카(17~19)
▷울산(20~22)
▷김천(23~)

K리그 통산기록

108경기 2득점 2도움

대표팀 경력

7경기 / 2020 올림픽

1부 승격을 이끈 '캡틴'이다. 그는 이영재의 뒤역으로 주장 완장을 이어받았다. 클린스만호에 깜짝 승선해 화제가 되기도 했다. 지난해 6월 A매치 2연전을 앞두고 2년 만에 A대표팀에 승선했다. '2부 리거'로는 이례적이었다. 그는 페루전에 출전했다. 그러나 그것이 처음이자 마지막이었다. 태극마크를 다시 달기 위해선 1부가 더 경쟁력이 있다고 판단했고, 팀의 승격을 실현시켰다. 체격 조건으로는 한국 축구를 이끌 최적의 수비형 미드필더 자원이다. 수비력은 센터백을 볼 수 있는 수준이다. 빌드업 능력에도 강점이 있다. 지난 시즌 2173차례나 패스를 시도했다. K리그2에서 패스 횟수에선 단연 으뜸이다. 패스 성공률도 무려 90.5%에 달한다. 시야가 넓고 롱패스의 정확도도 뛰어나다. 도전적인 플레이 능력도 향상됐다. 웬만해선 후진하지 않는다. 전진 패스로 공수의 활로를 뚫는다. 다만 의욕이 넘치다보니 불필요한 파울로 경기의 변수가 되는 경우도 있다. 가끔 나오는 투박한 볼터치도 보완해야 할 부분이다. 다만 그는 7월 김천을 떠난다. 제대 후 울산으로 복귀한다. 울산은 차원이 다른 '정글'이다. 김천에서 경쟁력을 최대치로 끌어올려야 한다.

■ K리그2 기록

2023시즌 기록

| 7 | 2,912(34)
MINUTES
출전시간(경기수) | 1
GOALS
득점 | 0
ASSISTS
도움 | 0 | 3
WEEKLY BEST 11
주간베스트11 |

강점	센터백도 가능한 수비력과 빌드업	특징	울산이 기다리는 자원, 7월 제대
약점	투박한 볼터치, 불필요한 파울	별명	신형 진공청소기, 포스트 기성용

선수 소개 SQUAD — GIMCHEON SANGMU FOOTBALL CLUB

강현무

1995년 3월 13일 | 29세 | 대한민국 | 185cm | 78kg

경력
포항(14~22)
▷ 김천(23~)

K리그 통산기록
170경기 2도움

대표팀 경력
—

'골키퍼 풍년'이다. 지난 시즌 인천의 주전 골키퍼로 활약한 김동헌까지 가세했다. 일단 제대 전까지 전반기를 책임져야 한다. 그는 포항의 원클럽맨이다. 간판 골키퍼로 활약하다 입대했다. 하지만 2021년 발목 수술 이후 가다 서다 반복하고 있다. 부상 여파도 있었지만 군 생활 적응에 꽤 애를 먹었다. 동반 입대한 2003년생인 김준홍과는 무려 8살 차이다. U-20 월드컵 4강 신화의 주역인 김준홍은 지난해 유럽 원정에서 생애 첫 A대표팀에 발탁됐다. 1월 김승규가 부상으로 이탈하자 훈련 멤버로 아시안컵에 합류하기도 했다. 김준홍은 미래지만, 강현무는 현재다. 지난 시즌 후반기 안정을 찾아 9경기에 출전해 8실점하는 '0점'대 선방률을 자랑했다. 3경기는 무실점이었다. 가장 큰 장점은 특급 반사신경과 민첩성이다. 발밑 기술이 많이 보완됐고, 킥력도 뛰어나다. 역습 상황에서 진가를 발휘하는데 지난 시즌에도 골키퍼로는 이례적으로 1도움을 기록했다. 다만 수문장치고는 '단신'이라 공중볼 처리 능력에선 약점이 있다. 김준홍 김동헌도 충분히 주전으로 골문을 지킬 수 있다. 그래도 '넘버 1' 임무는 베테랑이 맡을 것으로 보인다.

■ K리그2 기록

2023시즌 기록

1	849(9) MINUTES 출전시간(경기수)	8 LOSS 실점	22 SAVE 선방	0	1 WEEKLY BEST 11 주간베스트11

강점	뛰어난 반사신경, 스피드	특징	나이 차로 애먹은 군생활, 이제서야 적응
약점	공중볼 장악 능력	별명	잼현무

GIMCHEON SANGMU FOOTBALL CLUB   SQUAD   선수소개

윤종규

1998년 3월 20일 | 26세 | 대한민국 | 173cm | 64kg

경력

서울(17)
▷ 경남(17)
▷ 서울(18~22)
▷ 김천(23~)

K리그 통산기록

139경기 4득점 9도움

대표팀 경력

4경기 / 2022 월드컵

햄스트링 부상 등으로 단 1분도 출전하지 못했지만 카타르월드컵 멤버였다. 12년 만의 월드컵 16강 진출의 환희를 함께했다. 부상 여파가 이어지면서 클린스만호에선 태극마크와 인연을 맺지 못했다. 김천 유니폼을 입고는 6월에서야 첫선을 보였다. 뒤늦게 시동을 걸었지만 베스트11에 두 차례나 이름을 올릴 정도로 이름값을 했다. 반쪽 활약에도 2골-4도움, 커리어 하이 시즌을 보냈다. 그만큼 2부 무대가 좁다는 의미다. 육상 선수 출신으로 스피드가 뛰어나다. FC서울 시절, 잦은 감독 교체에도 꾸준히 중용받았다. 어떤 전술에도 적응력이 뛰어나며 기본기도 탄탄한 편이다. 뛰어난 체력을 바탕으로 왕성한 활동량을 자랑한다. 하지만 직선적인 플레이에는 강점이 있지만 플러스 알파가 없다. 자신만의 색깔이 없다. 발밑 기술이 둔탁하다는 평가도 있다. 그래도 기복이 없다. 일단 임무가 맡겨지면 자신의 역할을 충분히 소화해낸다. 기다렸던 1부 승격이다. 시즌 중반에는 서울로 돌아가야 한다. 확실한 동기부여를 갖고 무대에 오른다. 오른쪽 측면 수비만큼은 1부에서도 정상급이다. 풀백 자원의 '노쇠화'에 따른 A대표팀 재승선도 노리고 있다.

■ K리그2 기록

2023시즌 기록

1	991(17) MINUTES 출전시간(경기수)	2 GOALS 득점	4 ASSISTS 도움	0	2 WEEKLY BEST 11 주간베스트11
강점	높은 전술 이해도, 왕성한 활동량		특징	카타르월드컵이 끝이 아냐, 대표팀 풀백 노쇠화 대안	
약점	'히든 카드'가 없는 밋밋한 색깔		별명	에너자이저	

선수 소개　　SQUAD　　GIMCHEON SANGMU FOOTBALL CLUB

박승욱

1997년 5월 7일 | 27세 | 대한민국 | 184cm | 78kg

25 DF

박승욱

WEEKLY BEST 11 · 2

경력

부산교통공사(19~21)
▷ 포항(21~23)
▷ 김천(24~)

K리그 통산기록

80경기 2득점 3도움

대표팀 경력

—

불과 몇 년 전만 해도 상무 입대를 꿈꾸지도 못했다. 상무는 1, 2부 선수 중에서도 이름값이 있어야 입대가 가능하다. 2021년 여름까지 그는 K3리그 부산교통공사 소속이었다. 포항과의 연습경기에서 운명이 바뀌었다. 팔리시오스를 꽁꽁 묶은 그는 단번에 김기동 감독의 눈에 들었다. 하루아침에 3부에서 1부로 직행했지만 벽은 없었다. 2021년 19경기, 2022년 29경기에 출전한 그는 지난해에는 무려 32경기에 출전했다. 순도 높은 활약으로 베스트11에도 두 차례나 뽑혔다. 측면 수비수뿐 아니라 센터백과 수비형 미드필더로도 활용한 가능한 '멀티 자원'이다. 부상 선수가 발생했을 때 어느 포지션에도 맞출 수 있는 '만능 키'다. '포항의 보물'이라는 팬들의 찬사는 결코 무리가 아니다. 그러나 스피드는 느린 편이다. 크로스가 부정확하다는 지적을 받고 있지만 워낙 성실해 '땀'으로 커버하는 유형이다. 일정 정도의 능력치는 두루 보유하고 있으며 여전히 성장하고 있다. 상무는 시즌 중에도 입대와 제대로 변수가 많은 팀이다. '찐무명'의 고통을 알기에 상무에서도 쓰임새가 높을 것으로 전망된다.

2023시즌 기록

5	2,714(32) MINUTES 출전시간(경기수)	1 GOALS 득점	1 ASSISTS 도움	0	2 WEEKLY BEST 11 주간베스트11
강점	수비 자원으로는 '만능 키', 어느 포지션도 가능		특징	3부 리그 출신, '김천의 보물' 시간문제	
약점	느린 스피드, 크로스 정확도는 2% 부족		별명	신데렐라	

GIMCHEON SANGMU FOOTBALL CLUB — SQUAD 선수소개

조현택

2001년 8월 2일 | 23세 | 대한민국 | 182cm | 76kg
경력 | 울산(20) ▷ 부천(21~22) ▷ 울산(23) ▷ 김천(24~)
K리그 통산기록 | 94경기 7득점 7도움
대표팀 경력 | -

부천 임대를 마치고 울산에 돌아왔지만 강력한 왼발은 빛을 발하지 못했다. 30경기에 출전했지만 시간은 520분에 불과했다. 부천 임대 시절이었던 2022년 6골 4도움을 기록하며 베스트 11에도 선정됐지만 1부의 벽은 높았다. 공격포인트를 올렸다면 기류가 바뀔 수 있었지만 지난 시즌 골도, 도움도 없었다. 왼발 킥의 파워와 정확도는 여전히 위력적이다. 하지만 수비력에서 한계를 보였다. 스리백에서 윙백으로 활용할 수 있지만 포백의 풀백은 역부족이었다. 성장을 위해선 새로운 탈출구가 필요해 보인다. 물론 발전 가능성은 충분히 갖고 있다.

2023시즌 기록

		MINUTES 출전시간(경기수)	GOALS 득점	ASSISTS 도움	WEEKLY BEST 11 주간베스트11	강점	약점
0	0	520(30)	0	0	-	송곳같은 왼발 킥	다소 아쉬운 수비력

모재현

1996년 9월 24일 | 28세 | 대한민국 | 184cm | 74kg
경력 | 수원FC(17~19) ▷ 안양(19) ▷ 수원FC(20) ▷ 안양(21) ▷ 경남(22~23) ▷ 김천(24~)
K리그 통산기록 | 164경기 26득점 19도움
대표팀 경력 | -

뜨거운 연말을 보냈다. 그는 2017년 수원FC에서 데뷔한 이후 처음으로 시즌 베스트11로 선정되는 영광을 안았다. 감독들이 인정했다. 무려 8표를 득표했다. 입대를 통해 1부로 '승격'하는 특별한 기회도 맞았다. 그는 1부 경험이 없다. 줄곧 2부에서 그라운드를 누볐다. 수원FC 시절도 2부였다. 상무는 그의 잠재력을 평가했다. 빠른 스피드와 드리블 능력을 갖춘 전천후 공격자원이다. 윙포워드와 스트라이커를 모두 소화할 수 있다. 하지만 1부는 2부와는 또 다른 무대다. 빠른 적응 여부가 관건이다. 인정받을 경우 더 큰 날개를 달 수 있다.

2023시즌 기록

		MINUTES 출전시간(경기수)	GOALS 득점	ASSISTS 도움	WEEKLY BEST 11 주간베스트11	강점	약점
4	0	2,238(30)	6	6	3	중앙과 측면이 모두 가능한 멀티자원	1부 무대는 처음이라 '물음표'

■ K리그2 기록

김봉수

1999년 12월 26일 | 25세 | 대한민국 | 181cm | 74kg
경력 | 제주(21~23) ▷ 김천(24~)
K리그 통산기록 | 96경기 5득점 2도움
대표팀 경력 | -

제주에서 꽃을 피운 자원이다. 2022년 33경기에 이어 지난해에는 35경기에 출전했다. 주 포지션인 중앙 미드필더는 물론 센터백도 가능하다. 어떤 임무가 주어져도 역할을 해내는 승부근성이 있다. 전술 이해도가 높고, 기본적으로 활동량이 많다. 1대1 대인마크 능력도 뛰어났다. 항저우아시안게임 최종엔트리 승선 실패로 아쉬움은 남았지만 2보 전진을 위한 '채찍질'로 받아들이고 있다. 수비력에 비해 공격 전개 능력이 떨어진다는 평가도 있다. 그래도 '멀티형'이라 활용 가치는 높다. 팀 여건상 수비옵션이 많으면 많을수록 좋다.

2023시즌 기록

		MINUTES 출전시간(경기수)	GOALS 득점	ASSISTS 도움	WEEKLY BEST 11 주간베스트11	강점	약점
4	0	2,544(35)	2	0	1	높은 전술 이해도, 탈압박 장인	부족한 공격 전개

선수 소개 SQUAD — GIMCHEON SANGMU FOOTBALL CLUB

유강현

1996년 4월 27일 | 28세 | 대한민국 | 186cm | 78kg
경력 | 포항(15~16) ▷ 대구(16) ▷ 슬라바츠코(17~18) ▷ 춘천시민(18~19) ▷ 슬로반리베레츠(19) ▷ 바니크소콜로프(20) ▷ 흐루담(20~21) ▷ 경남(21) ▷ 충남아산(22) ▷ 대전(23) ▷ 김천(24~)
K리그 통산기록 | 71경기 20득점 4도움
대표팀 경력 | −

한때 체코 무대를 누볐다가 국내로 유턴해 K리그2 득점왕을 거머쥐었다. 지난해 대전에서 1부 무대에 재도전했지만 내부 경쟁부터 쉽지 않았다. 티아고와 레안드로의 빛에 가렸다. 2022년 2부에서 19골을 터트렸지만 2023시즌 단 1골에 그쳤다. 재수 끝에 상무에 입대했다. 그는 지난해 입대를 희망했지만 탈락한 바 있다. 유강현은 오프더볼 움직임이 좋다. 공격 연계도 나쁘지 않고, 골 결정력도 갖추고 있다. 그러나 1부 수비수들과의 기술 싸움에서 한계를 드러냈다. 상무에서 그 해법을 찾아야 더 큰 공격수로 성장할 수 있다. 체격에 비해 몸싸움 능력은 떨어지는 편이다.

2023시즌 기록					강점	약점
2	0	999(26) MINUTES 출전시간(경기수)	1 GOALS 득점	2 ASSISTS 도움	− WEEKLY BEST 11 주간베스트11	오프더볼 움직임, 골 결정력	수싸움에는 한계

박수일

1996년 2월 22일 | 28세 | 대한민국 | 178cm | 68kg
경력 | 김해시청(17) ▷ 대전(18~19) ▷ 성남(20~22) ▷ 서울(23) ▷ 김천(24~)
K리그 통산기록 | 169경기 10득점 20도움
대표팀 경력 | −

상무 입대 탈락이 전화위복이었다. FC서울에서 제대로 잠재력이 폭발했다. 출전시간에선 팀 내 톱5였다. 좌우측 풀백이 모두 가능하다. 양발을 자유자재로 사용하며, 스피드도 뛰어나다. 그래도 최대 강점은 킥력이다. 예측불허의 중거리포로 원더골이 종종 터지기도 한다. 자칫 사 정권에서 공간을 내줄 경우 낭패를 당할 수 있다. 크로스 또한 정확도가 높다. 다만 상대의 강력한 압박에는 허점을 노출하곤 한다. 세밀한 플레이가 아쉬울 때가 있다. 2부에서 출발해 1부에서 계속 성장하고 있다. 꽉 찬 나이의 입대는 또 다른 모멘텀이 될 수 있다.

2023시즌 기록					강점	약점
3	0	2,634(36) MINUTES 출전시간(경기수)	1 GOALS 득점	3 ASSISTS 도움	1 WEEKLY BEST 11 주간베스트11	예측불허의 강력한 중거리포	불편한 상대의 압박

서민우

1998년 3월 12일 | 26세 | 대한민국 | 183cm | 75kg
경력 | 강원(20~23) ▷ 김천(24~)
K리그 통산기록 | 104경기 3득점 4도움
대표팀 경력 | −

축구 지능이 뛰어나 전술 이해도가 높고 흡입력이 빠르다. 강원에서는 최용수 감독 시절 '황태자'였다. 윤정환 체제에선 잠시 외면받기도 했지만 이내 재중용됐다. 기본적으로 멀티 능력을 갖추고 있다. 수비력이 뛰어나고, 투지도 넘친다. 상대의 전술에 따른 위치 선정은 물론 수비 시에는 효과적인 파울로 맥을 끊는다. 빌드업 능력도 보유하고 있다. 워낙 많이 뛰어 후반 막판 집중력이 흐트러질 때가 있지만 계속 성장하고 있다. 지난 시즌에는 2골 2도움으로 '커리어 하이'를 찍었다. 빠른 입대로 또 다른 내일을 도모하고 있다. 책을 가까이하는 것으로도 유명하다.

2023시즌 기록					강점	약점
8	0	2,659(32) MINUTES 출전시간(경기수)	2 GOALS 득점	2 ASSISTS 도움	3 WEEKLY BEST 11 주간베스트11	뛰어난 축구 지능, 빠른 흡입력	막판 집중력 저하

GIMCHEON SANGMU FOOTBALL CLUB — SQUAD 선수소개

21 GK

김동헌

1997년 3월 3일 | 27세 | 대한민국 | 186cm | 86kg
경력 | 인천(19~23) ▷ 김천(24~)
K리그 통산기록 | 65경기 1도움
대표팀 경력 | -

강현무와 김준홍이 제대하면 골문을 지킬 든든한 자원이다. 인천의 성골 유스 출신인 그는 매 시즌 성장세가 뚜렷하다. 지난 시즌에도 인천의 넘버1 수문장으로 골문을 든든하게 지켰다. 믿고 본다는 이야기가 나올 정도로 안정감이 더해졌다. 역시 동물적인 반사 신경을 앞세운 뛰어난 선방 능력이 눈에 띈다. 볼에 대한 집중력이 뛰어나 슈퍼세이브도 종종 보여준다. 파워를 탑재한 골킥도 정상급이며, 지난 시즌에는 1도움을 올리기도 했다. 높이는 다소 낮은 편이지만 경험이 더 쌓이면 큰 문제는 없다. 잦은 부상 빈도에 대한 우려는 있다.

2023시즌 기록

| 2 | 0 | 2,160(24) MINUTES 출전시간(경기수) | 26 LOSS 실점 | 73 SAVE 선방 | 2 WEEKLY BEST 11 주간베스트11 | 강점: 탁월한 선방 능력 | 약점: 높이는 비교적 낮은 편 |

28 MF

이진용

2001년 5월 1일 | 23세 | 대한민국 | 180cm | 73kg
경력 | 대구(20~23) ▷ 김천(24~)
K리그 통산기록 | 93경기 1도움
대표팀 경력 | -

대구의 대표적인 성골 유스다. 어린 나이지만 반전이 필요한 순간 지혜롭게 입대를 선택했다. 중원에서 투지가 돋보인다. 하지만 동전의 양면이다. 불필요한 파울로 경고를 받는 경우가 많다. 2021년과 2022년에는 2년 연속 10개의 옐로카드를 수집했다. 지난해는 2개 떨어진 8개를 기록했다. 혈기 왕성한 나이라 그럴 수 있지만 영리한 수비는 필요하다. 수비 실수를 파울로 커버하는 것은 더 큰 위험을 초래할 수 있다. 미드필더와 수비, 다양한 포지션을 소화할 수 있다. 폭넓은 활동량을 자랑하고, 대인마크 능력도 뛰어나다. 가능성은 충분하다.

2023시즌 기록

| 8 | 0 | 1,966(31) MINUTES 출전시간(경기수) | 0 GOALS 득점 | 1 ASSISTS 도움 | - WEEKLY BEST 11 주간베스트11 | 강점: 투지 넘치는 대인마크 능력 | 약점: 불필요한 경고성 파울 |

24 DF

조진우

1999년 11월 17일 | 25세 | 대한민국 | 189cm | 81kg
경력 | 마쓰모토 야마가(18~19) ▷ 대구(20~23) ▷ 김천(24~)
K리그 통산기록 | 94경기 3득점 2도움
대표팀 경력 | -

대표적인 노력파다. 백업에서 출발해 대구FC 스리백의 한 축으로 당당하게 활약했다. 2020년 19경기, 2021년 16경기, 2022년 26경기에 이어 지난해에는 33경기에 출전하며 급성장했다는 평가를 받고 있다. 큰 키를 앞세운 제공권 장악 능력이 돋보인다. 체력도 뛰어나 활동반경도 넓은 편이다. 하지만 스피드는 느리다. 빠른 선수들에게 뒷공간 침투를 허용하는 약점이 있다. 경고가 늘어난 것도 이런 이유에서다. 그래도 워낙 성실해 경험만 쌓이면 더 훌륭한 수비수로 성장할 수 있다. 지난해는 골문을 열지 못했지만 세트피스에서도 위력적인 카드다.

2023시즌 기록

| 8 | 0 | 2,829(33) MINUTES 출전시간(경기수) | 0 GOALS 득점 | 1 ASSISTS 도움 | 2 WEEKLY BEST 11 주간베스트11 | 강점: 제공권 장악 능력 탁월 | 약점: 배후 침투에 허점 노출 |

선수 소개   SQUAD   **GIMCHEON SANGMU FOOTBALL CLUB**

김민준

2000년 2월 12일 | 24세 | 대한민국 | 183cm | 74kg
경력 | 울산(21~22) ▶ 김천(23~)
K리그 통산기록 | 75경기 12득점 5도움
대표팀 경력 | –

울산으로 돌아갈 날이 머지않았다. 시즌 중 제대한다. 결정적인 한 방이 있는 공격수다. 지난 시즌 두 자릿수 공격포인트로 김천의 1부 승격에 기여했다. 상대 진영을 거침없이 휘젓는 도전적인 플레이가 매력적이다. 자신에 대한 믿음이 있다. 지칠 줄 모르는 체력을 앞세워 운동량이 상당하다. 공간을 선점하는 센스도 갖추고 있고, 연계플레이에도 능하다. 하지만 고도차가 큰 점은 보완해야 한다. 공격포인트가 없는 경기의 경우 존재감이 극히 낮아진다. 꾸준한 활약이 담보돼야 기회가 더 늘어난다. 그래도 왼발잡이 윙어로 장점이 있다.

김진규

1997년 2월 24일 | 27세 | 대한민국 | 177cm | 68kg
경력 | 부산(14~22) ▶ 전북(22) ▶ 김천(23~)
K리그 통산기록 | 193경기 26득점 17도움
대표팀 경력 | 8경기 2득점, 2020 올림픽

부산의 성골 유스였다. 1부와 2부를 넘나들다 2022년 전북에 둥지를 틀었다. 한 시즌을 보낸 후 상무에 입대. 마지막을 향해 내달리고 있다. 카타르월드컵 최종엔트리에서 아쉽게 탈락된 자원이다. 그만큼 검증된 미드필더다. 지난 시즌 조기전역한 조영욱과 함께 팀내 최다 도움을 기록하며 알토란 같은 활약을 펼쳤다. 두뇌 회전이 빠른 중원의 핵이다. 패스 센스가 뛰어나고, 넓은 시야로 자유자재로 볼을 뿌린다. 볼키핑력도 탁월하며, 스피드와 체력도 우수하다. 미드필더의 모든 포지션을 소화할 수 있는 것도 강점이다. 다만 파괴력은 떨어지는 편이다.

김재우

1998년 2월 6일 | 26세 | 대한민국 | 187cm | 84kg
경력 | 호른(16~17) ▶ 부천(18~19) ▶ 대구(20~21) ▶ 대전(22) ▶ 김천(23~)
K리그 통산기록 | 106경기 3득점 5도움
대표팀 경력 | 2020 올림픽

'10번'의 센터백이다. 이유는 있다. 배번에 특별한 의미를 담았다. 각자가 원하는 번호를 선택했다. 그는 어디서도 달아보지 못했던 번호로, 오직 상무에서만 할 수 있다고 생각한단다. 또 10번을 달고 뛰는 만큼 팀에 도움이 될 수 있도록 최선을 다하겠다고 했다. '갈참' 중 한명이다. 상무에서 든든하게 후방을 지키며 또 성장했다. 롤모델이 김민재인데, 비슷한 유형이다. 큰 키에도 빠른 스피드를 자랑해 측면 수비에도 설 수 있다. 크로스 능력도 뛰어나고, 활동량도 우수하다. 다만 중요한 순간마다 부상이 발목을 잡곤 한다. 선수에게 부상은 숙명과도 같지만, 관리의 지혜는 필요하다.

GIMCHEON SANGMU FOOTBALL CLUB — SQUAD 선수소개

박민규

1995년 8월 10일 | 29세 | 대한민국 | 177cm | 67kg
경력 | 서울(17~18) ▷ 대전(19) ▷ 수원FC(20) ▷ 부산(21) ▷ 수원FC(22) ▷ 김천(23~)
K리그 통산기록 | 133경기 2득점 5도움
대표팀 경력 | –

우상향 그래프를 그리고 있는 풀백 자원이다. 파울루 벤투 감독 시절 A대표팀에 처음 발탁되기도 했지만 데뷔전을 치르진 못했다. 부산에 이어 수원FC에서 커리어 하이를 찍은 후 입대했다. 풀백 자원으로 스피드가 뛰어나고 지칠 줄 모르는 체력을 보유해 활동량도 많다. 쉴 새 없이 오버래핑에 가담한다. 수비력도 우수하다. 왼발잡이 풀백으로는 몇 손가락에 꼽힐 정도로 활용 가치가 높다. 스리백과 포백 모두 가능하며, 기술 또한 나쁘지 않다. 기량이 정점인 나이다. 다만 지나친 적극성은 화를 부를 수 있다. 간혹 나오는 치명적인 실수는 보완해야 한다.

2023시즌 기록					강점	약점
3	0	2,151(25) MINUTES 출전시간(경기수)	1 GOALS 득점	0 ASSISTS 도움	- WEEKLY BEST 11 주간베스트11	체력+스피드, 왕성한 활동량	지나친 적극성은 때론 화

■ K리그2 기록

강현묵

2001년 3월 28일 | 23세 | 대한민국 | 175cm | 60kg
경력 | 수원(20~23) ▷ 김천(23~)
K리그 통산기록 | 88경기 7득점 11도움
대표팀 경력 | –

베스트11에 7차례나 뽑힐 정도로 순도높은 활약을 펼쳤다. 커리어 하이인 두 자릿수 공격포인트도 눈길을 끈다. 개인기와 공간 침투가 뛰어나며 골 냄새를 맡는 능력이 탁월하다. 매탄고 10번의 계보를 잇는 '메탄소년단' 멤버다. 공격 2선의 전 포지션의 역할을 맡을 수 있다. 수원의 강등으로 시즌은 1부에서 시작하지만 제대하면 2부로 돌아가야 하는 운명이다. 공격 성향이 워낙 강한 것이 흠이다. 수비력은 최대 단점이며, 소극적인 수비 가담도 아킬레스건이다. 활동량이 많지 않아 '게으른 천재'의 우를 범할 수 있다. 어린 나이에 병역을 해결하는 것은 축구 인생에 있어 큰 무기다.

2023시즌 기록					강점	약점
1	0	1,651(23) MINUTES 출전시간(경기수)	6 GOALS 득점	4 ASSISTS 도움	7 WEEKLY BEST 11 주간베스트11	골 냄새 맡는 능력 탁월	공격 성향이 강한 것이 흠

■ K리그2 기록

정치인

1997년 8월 21일 | 27세 | 대한민국 | 182cm | 71kg
경력 | 대구(16~20) ▷ 김천(23~)
K리그 통산기록 | 80경기 7득점 2도움
대표팀 경력 | –

이름으로 더 유명하지만, 정치와는 무관하다. 길지 않은 출전시간에도 5골을 터트리며 공격 본색을 과시했다. 고교시절부터 타고난 득점력으로 주목받았다. 대구에선 에드가의 백업이었다. 탄력이 좋은 공격수다. 1 대 1 돌파에 능하고, 슈팅력도 뛰어나다. 결정력도 갖추고 있다. 그러나 들쭉날쭉한 출전 시간이 문제다. 잠재력 앞에는 부담이란 단어가 덧씌워져 있다. 자신감이 결여된 플레이를 보일 때도 종종 있다. 시즌 전반부는 대구로 컴백하기 전 예열의 무대다. 증명하면 돌아가서도 더 많은 시간을 보장받을 수 있다. 프로 선수로 승부수를 던질 나이가 됐다.

2023시즌 기록					강점	약점
2	0	932(27) MINUTES 출전시간(경기수)	5 GOALS 득점	1 ASSISTS 도움	1 WEEKLY BEST 11 주간베스트11	탄력이 좋은 전천후 공격 자원	부담에 따른 자신감 결여

■ K리그2 기록

전지적 작가 시점

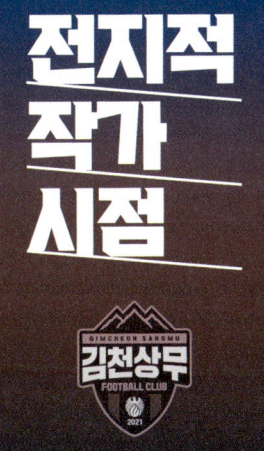

김성원이 주목하는 김천의 원픽!
김대원

주축 선수들이 7월 제대한다. 한 시즌을 온전히 치를 수 있는 자원은 지난해 연말 입대한 '신병'들이다. 훈련소 입소로 동계훈련을 제대로 소화하지 못한 것은 변수다. 이런 상황에서 김대원의 합류는 천군만마다. '제2의 조영욱'으로 기대할 수 있을 정도로 가치가 높은 전천후 공격수다. 1부와 2부는 차원이 다르다. 김천의 선택지는 많지 않다. 결국 선수비-후역습으로 매듭을 풀어야 한다. 김대원은 역습에 최적화된 카드다. 지난해에는 집중 견제로 주춤했다. 4골 4도움에 그쳤다. 하지만 2022년에는 12골 13도움, 최다 공격포인트를 작성했다. 검증된 킬러다. 공간이 열리는 순간 폭발적인 스피드를 앞세워 종횡무진 적진을 유린한다. 크로스와 결정력도 겸비하고 있다. 골도 되고, 도움도 되는 몇 안되는 보물이다. 그 또한 시험대에 섰다. 터닝포인트가 필요하다. 조규성은 상무에서 새로운 눈을 떴다. 정정용 감독은 잔류를 넘어 강등에서 자유로운 파이널A에 진출하는 것이 목표다. 선수들에게는 군대라는 굴레를 벗어버리고 성장하겠다는 마음을 품고 임했으면 한다고 했다. 김대원은 유형이 다른 공격수지만 김천에서 제2의 성장을 기대할 수 있다.

지금 김천에 이 선수가 있다면!
조영욱

변화의 바람이 이미 예고돼 있다. 17명의 김천 상무 7기가 7월 제대하면 4월 20명의 10기가 입대해 빈자리를 메운다. 7기 선수들은 제대 휴가를 감안하며 6월초까지 함께할 것으로 보인다. 김천은 군팀이다. 외국인 선수들을 수혈할 수 없다. 군필자 또한 다른 세상의 팀이다. 굳이 '이 선수가 있다면'을 꼽자면 딱 한 명이 떠오른다. 조영욱이다. 7기인 그의 '국방부 시계'는 7월까지였다. 그러나 지난해 항저우아시안게임 금메달로 '조기 전역'의 수혜를 받았다. 금메달이야 대한민국에 최고의 선물이지만 김천으로선 아쉬운 빈자리다. 조영욱은 아시안게임 차출 전까지 김천의 공격을 사실상 홀로 책임졌다. 2부 무대가 좁았다. 28경기에서 13골-5도움을 기록했다. 7경기 연속골은 그가 쌓은 금자탑이다. 조영욱은 9월 2일 충북청주전이 마지막이었다. 김천의 1부 승격에도 지분이 있다. 그는 환하게 웃으며 군복을 벗었다. 그러나 남은 동료들은 부러움이 컸다. '국방부 시계는 거꾸로 매달아도 흘러간다'는 말이 있다. 조영욱은 금메달로 그 불문율을 단축시켰다. 군 생활은 10개월이 '전부'였다. 조영욱이 7기 동기들과 여정을 함께할 수 있다면 1부 연착륙도 문제 없다.

CHAPTER 2

K LEAGUE 2 CLUB REPORT

수원삼성블루윙즈   SUWON SAMSUNG BLUEWINGS FOOTBALL CLUB

강등의 충격을 치유하는 길은 오직 승격이다

구단 소개

정식 명칭	수원 삼성 블루윙즈 축구단
구단 창립	1995년 12월 25일
모기업	제일기획
상징하는 색	블루, 화이트, 레드
경기장(수용인원)	수원월드컵경기장 (43,168명)
마스코트	아길레온 패밀리
서포터즈	프렌테 트리콜로
레전드	서정원, 이병근, 박건하, 이운재, 곽희주, 고종수, 염기훈
커뮤니티	수블미

우승

K리그	4회(1998, 1999, 2004, 2008-K리그1)
FA컵	5회(2002, 2009, 2010, 2016, 2019)
AFC챔피언스리그(ACL)	2회(2001, 2002)

2024시즌 프리뷰

변화의 물결이 빅버드에 일렁이고 있다. 불혹의 젊은 감독은 이름값 있는 선수를 대거 정리하고 성공에 목마른 젊은 자원을 보강하며 스쿼드에 생기를 불어넣었다. '한 시즌만의 승격'에 초점을 맞춰 프런트 구성, 팀 전술, 선수 컨디션 관리 시스템, 규율 등을 손 봤다. 각 포지션에 중심을 잡아줄 검증된 베테랑, 김주찬과 같은 특급 신예가 있어 우승 후보로 손색이 없다. 아직 검증되지 않은 염기훈 감독의 지도 능력이 승격의 최대 관건이다.

감독 소개

성명	염기훈
생년월일	1983년 3월 30일(대한민국)
K리그 통산 전적	7경기 3승 2무 2패

수원이 구단 역사상 처음으로 강등된 2023년 12월 2일, 염기훈 감독대행은 홈팬 앞에서 눈물을 떨궜다. 절망감에 숨고 싶었을 텐데, 2010년부터 수원에서 활약한 레전드는 "수원을 다시 살리겠다"는 의지 하나로 수원 지휘봉을 잡았다. 선수의 마지막과 지도자의 시작을 수원에서 하게 된 염기훈은 부족한 지도자 경험을 열정으로 메우겠다는 각오다. '리얼 블루'의 실패를 답습할지, 화려한 데뷔로 우려를 떨칠지 지켜보자.

주장의 한마디 — 양형모

목표를 위해 온 힘을 다하는 동료들과 우승 트로피를 함께 들어 올리는 모습, 수원이 있어야 할 곳으로 돌아가는 모습을 매일 떠올린다. 이를 현실로 만들기 위해 하루하루를 충실히 쌓고 있다.

BUSAN I PARK FOOTBALL CLUB
부산아이파크

화력 보강한 젊은 부산, 두 번의 좌절은 없다

구단 소개

정식 명칭	부산 아이파크 프로축구단
구단 창립	1979년 (새한자동차 축구단)
모기업	HDC
상징하는 색	아이파크 레드 (Pantone 3517C)
경기장(수용인원)	부산아시아드주경기장, 구덕운동장
마스코트	똑디, 해라
서포터즈	P.O.P (Pride Of Pusan)
레전드	김주성, 정용환, 정해원, 이태호, 김판근, 하석주, 안정환 등

우승

K리그	4회(1984, 1987, 1991, 1997)
FA컵	1회(2004)
AFC챔피언스리그(ACL)	1회(1985-86)

2024시즌 프리뷰

2023년 한끗 차이로 승격이 좌절된 부산은 새 각오, 새 선수, 새 컨셉으로 승격에 재도전한다. 팀의 중심을 잡아준 베테랑의 자리를 잠재력 있는 젊은 선수들로 채워 에너지 넘치는 '젊은 부산'으로 재탄생했다. K리그에서 검증된 공격수 안병준, 로페즈를 영입하며 부산의 유일한 약점이었던 공격력을 보강했고, K리그1 구단들의 뜨거운 관심을 받은 올림픽 대표 수비수 조위제를 지켰다. 박진섭 감독 부임 3년 차인 올해 반드시 승격을 이룬다는 각오다.

감독 소개

성명	박진섭
생년월일	1977년 3월 11일(대한민국)
K리그 통산 전적	188경기 72승 54무 62패

현역 시절 영리한 플레이를 펼친 '꾀돌이'는 지도자가 되어서도 타고난 '뇌지컬'과 부드러운 리더십으로 2019년 광주의 K리그2 우승 및 1부 승격을 일구며 올해의 감독상을 받았다. 이듬해 K리그1 상위 스플릿 진출 성과를 거둔 박진섭 감독은 서울, 전북B팀을 거쳐 2022년 6월, 선수와 코치로 연을 맺은 부산 지휘봉을 잡아 꼴찌에 처졌던 팀을 '승격을 이룰 뻔한' 팀으로 바꿔놓았다.

주장의 한마디 - 이한도

승격을 놓친 아쉬운 마음조차 갖지 않으려고 한다. 어린 선수들이 훈련을 잘 따라오고 있어 올해 좋은 결과를 기대해도 될 것 같다. K리그2에선 '부산이 왕이다'라는 사실을 보여주고 싶다.

김포FC

GIMPO FOOTBALL CLUB

지난해 기적은 잊었다, 김포의 질주는 ~ING

구단 소개

정식 명칭	김포FC 프로축구단
구단 창립	2013년
모기업	시민구단
상징하는 색	그린, 골드, 화이트
경기장(수용인원)	김포솔터축구장 (7,000명)
마스코트	포수, 포미
서포터즈	골든크루
레전드	이상욱, 박경록, 루이스

우승

K리그	-
FA컵	-
AFC챔피언스리그(ACL)	-

2024시즌 프리뷰

지난 시즌 마지막 경기 베스트11 중 무려 8명이 팀을 떠났다. 팀을 나간 주요 백업까지 감안하면, 리빌딩을 넘어 사실상 재창단 수준이다. 김포는 발 빠르게 대체자 영입에 나섰다. 공격진은 괜찮다. 득점왕 루이스를 축으로 K리그2 경험이 있는 브루노와 플라나를 더했다. 허리진에도 수준 있는 선수들이 가세했다. 문제는 수비다. 지난 시즌 최소 실점을 자랑한 수비진이 붕괴됐다. "우리가 언제 갖추고 한 적 있냐"는 고정운 감독. '고(Go)의 의지'는 김포의 가장 큰 힘이다.

에이스의 한마디 - 루이스

작년보다 팀이 더 좋아졌다. 선수들끼리 호흡만 잘 맞춘다면 승격도 가능할 것 같다. 내 느낌으로는 무조건 K리그1에 승격할 것 같다.

감독 소개

성명	고정운
생년월일	1966년 6월 27일(대한민국)
K리그 통산 전적	115경기 39승 32무 44패

적토마로 한 시대를 풍미했던 고정운 감독은 지도자 변신 후 유독 풀리지 않았다. 2018년 안양에서 좌절을 맛본 고정운 감독에게 K3리그의 김포가 손을 내밀었다. 기회에 목말랐던 그는 김포에서 절치부심했고, 마침내 진가를 과시했다. 2022년 돌풍의 씨앗을 뿌리더니 2023시즌 팀을 3위로 이끄는 기적을 썼다. 비록 승격에 실패했지만, 승강 플레이오프에서 강한 인상을 남겼다. K리그2 올해의 감독상은 그에게 돌아갔다.

GYEONGNAM FOOTBALL CLUB　　　　　경남FC

설사커는 잊어라, 박동혁 시대의 시작

구단 소개

정식 명칭	경남 도민 프로축구단
구단 창립	2006년
모기업	도민구단
상징하는 색	레드, 옐로우, 블랙
경기장(수용인원)	창원축구센터 (15,116명)
마스코트	군함이, 경남이
서포터즈	더로즈 유나이티드
레전드	말컹, 윤빛가람, 김동찬, 손정현, 까보레, 뽀뽀 등

우승

K리그	1회(2017년 K리그2)
FA컵	-
AFC챔피언스리그(ACL)	-

2024시즌 프리뷰

가장 큰 변화는 역시 감독이다. 4년간 유지된 설기현 체제에서 승격을 이루지 못한 경남은 K리그2에서 성과를 낸 박동혁 체제로 변화를 줬다. 괜찮은 멤버에도 부침 있는 모습을 보였던 경남은 안정된 축구를 펼치는 박 감독 아래서 더 좋은 결과를 기대하고 있다. 스쿼드는 변화가 좀 있다. 공격과 미드필드 라인은 싹 바뀌었다. 엘리오, 유키야 등 외인들의 역할에 큰 기대를 걸고 있다. 수비진은 기존 선수들이 주를 이룬다. 박동혁식 축구가 빠르게 녹아내린다면, 경남은 분명 승격후보다.

주장의 한마디 - 우주성

올해는 감독이 바뀌고, 분위기도 바뀌었다. 바뀐 환경 속 선수들이 지난 시즌의 실수를 반복하지 않기 위해 함께 의욕을 불태우고 있다. 승격만을 위해 준비하고 있다.

감독 소개

성명	박동혁
생년월일	1979년 4월 18일(대한민국)
K리그 통산 전적	211경기 74승 51무 86패

국가대표 수비수 출신 박동혁 감독에게 두 가지 변화가 찾아왔다. 아산에서만 지도자 생활을 했던 박 감독은 새롭게 경남 지휘봉을 잡았다. 부임 후 6년째 이어오던 최연소 감독 타이틀도 뗐다. 버티는 게 목표였던 박 감독은 이제 승격이라는 도전에 나선다. 젊은 나이지만 경험은 풍부하다. 200경기 이상을 소화했다. 박동혁식 탄탄한 수비와 빠른 역습은 정평이 나 있다. 아산에서 보여준 성과가 있기에 기대감이 크다.

부천FC1995 BUCHEON FOOTBALL CLUB 1995

두드리면 열린다. 세 번째는 성공한다

구단 소개

정식 명칭	부천 FC 1995
구단 창립	2007년
모기업	시민구단
상징하는 색	레드, 블랙, 골드
경기장(수용인원)	부천종합운동장 (34,456명)
마스코트	헤르, 보라
서포터즈	헤르메스
레전드	닐손주니어

우승

K리그	-
FA컵	-
AFC챔피언스리그(ACL)	-

2024시즌 프리뷰

오프시즌 에이스 안재준을 지켜냈다. 이 점이 가장 긍정적인 요소다. 우승팀 유망주 울산의 황재환을 임대로 데려왔다. 취약 포지션으로 평가된 중원을 탄탄하게 보강했다. 전반적으로 유출은 최소화하면서 알찬 영입으로 내실을 다졌다. 다만 올 시즌 K리그2는 어느 때보다 치열한 경쟁이 예상된다. 2년 연속 5위에 오르며 승격권을 노크했다. 충분히 경험을 쌓았다. 스쿼드도 최근 3년 사이에 가장 경쟁력을 갖췄다. 난이도가 더 올라갔지만 승격의 꿈이 이제 눈앞으로 거의 다가왔다.

주장의 한마디 - 한지호

주장이 되었다고 해서 특별히 달라진 것은 없다. 어린 선수들에게 이런 저런 주문을 하기보다는 맏형으로서 잘 성장할 수 있도록 돕고 싶다. 지난 시즌보다 높은 곳을 바라보고 팀 목표를 이룰 수 있도록 팀을 잘 이끌고 함께 노력하겠다.

감독 소개

성명	이영민
생년월일	1973년 12월 20일(대한민국)
K리그 통산 전적	186경기 68승 52무 66패

부천 감독으로 4년 차를 맞이한다. 2022년과 2023년 연속해서 K리그2 준플레이오프에 진출했다. 올해는 이영민 감독이 지휘봉을 잡고 나서 스쿼드가 가장 탄탄하게 갖춰졌다. 기대가 큰 시즌이다. 유망주를 발굴해서 성장시키는 능력이 대단하다. 2022년에는 조현택을 K리그2 베스트11 수비수로 키웠다. 2023년에는 영플레이어상 안재준을 배출했다. 이번 시즌은 기존 자원들도 좋기 때문에 플레이오프 그 이상을 바라볼 만하다.

FOOTBALL CLUB ANYANG — FC안양

'준비된 지도자' 유병훈과 함께 새 시대 여는 안양

구단 소개

정식 명칭	안양 시민 축구단
구단 창립	2013년
모기업	시민구단
상징하는 색	보라색, 금색, 흑보라색
경기장(수용인원)	안양종합운동장 (17,143명)
마스코트	바티, 나리
서포터즈	A.S.U RED
레전드	주현재, 정민기, 김형진, 백동규, 주현우 등

우승

K리그	-
FA컵	-
AFC챔피언스리그(ACL)	-

2024시즌 프리뷰

수년간 대대적 영입을 통해 승격 경쟁을 펼쳤던 안양은 지난 시즌 투자가 끊기며 내리막을 탔다. 플레이오프 진출에 실패했다. 변화의 시기, 터줏대감 같은 이우형 감독이 물러나고, 그의 오른팔이었던 유병훈 감독이 바통을 이어받았다. 스쿼드의 무게감은 나쁘지 않다. 경험이 풍부한 김영찬과 김다솔이 들어왔고, 단레이와 마테우스가 새로운 외인으로 가세했다. 백업 자원이 다소 아쉽지만, '초보 감독' 유병훈 감독이 새바람을 불러일으킨다면, 충분히 다크호스가 될 수 있다. 늘 그렇듯, 올 시즌에도 안양의 저력을 무시할 수 없다.

감독 소개

성명	유병훈
생년월일	1976년 7월 3일(대한민국)
K리그 통산 전적	2024시즌 감독 데뷔

현역 시절 '미남 스타'로 유명했던 유병훈 감독은 안양의 전신인 고양 국민은행에서 은퇴하며, 안양과 인연을 맺었다. 은퇴 후 안양에서 지도자 생활을 했던 유 감독은 아산, 이랜드, U-19 대표팀 코치를 거쳐, 2021년부터 다시 안양의 수석코치로 활약했고, 이우형 감독이 디렉터로 자리를 옮기며 올 시즌 안양의 지휘봉을 잡았다. 코치로서 많은 경험을 쌓았고, 무엇보다 팀 내 사정을 잘 알고 있다는 점에서 높은 점수를 받았다.

4-3-3

FW: 17 유정완, 9 단레이, 10 야고
MF: 8 김정현, 7 마테우스, 14 홍창범
DF: 22 김동진, 4 이창용, 5 김영찬, 99 주현우
GK: 31 김다솔

주장의 한마디 — 이창용

2024년은 안양과 내게 중요한 한 해가 될 것 같다. 새로 합류한 선수들이 많은 만큼 선수단을 잘 이끌고 싶다. 안양 팬들의 사랑과 응원을 받으면서 뛴다는 건 언제나 감사한 일이다.

전남드래곤즈 JEONNAM DRAGONS FOOTBALL CLUB

이장관 3년이면 승격을 읊을 때가 됐다

구단 소개

정식 명칭	전남 드래곤즈 프로축구단
구단 창립	1994년 11월 1일(창립일)
모기업	POSCO
상징하는 색	옐로우 & 블랙
경기장(수용인원)	광양축구전용구장 (10,073명)
마스코트	철룡이, 주주
서포터즈	미르
레전드	노상래, 김태영, 김도근, 김남일, 김봉길, 김정혁 등

우승

K리그	–
FA컵	1997, 2006, 2007, 2021(4회)
AFC챔피언스리그(ACL)	–

2024시즌 프리뷰

'서당 개 삼 년이면 풍월을 읊는다' 했던가. '장관볼' 3년 차에 접어든 전남도 2년의 시행착오를 자양분 삼아 '용의 해'인 올해는 확실한 결과물을 낼 때가 됐다. 각오는 어느 때보다 단단하다. K리그2 최고의 선수인 발디비아를 향한 러브콜을 모조리 차단하고 잔류시킨 건 전남이 얼마나 승격을 바라는지 잘 보여준다. 2023시즌 14골 14도움을 작성한 발디비아와 호흡을 맞출 공격 파트너는 콜롬비아 출신 몬타노. 라이트백 김용환, 골키퍼 박주원 등 베테랑도 데려와 팀에 안정감을 더했다.

주장의 한마디 – 고태원

역사 깊은 전남의 주장으로 임명돼 큰 영광이다. 보스 같은 주장보다 함께하는 주장으로 팀을 끌어나가겠다. 창단 30주년에 용의 기운을 받아 승격을 꼭 이루겠다.

감독 소개

성명	이장관
생년월일	1974년 7월 4일(대한민국)
K리그 통산 전적	59경기 18승 17무 24패

용인대 감독 시절 파격적인 2-2-6 포메이션을 활용한 공격축구로 2021년 1·2학년 대학축구연맹전에서 우승하는 등 큰 성과를 냈다. 2022시즌 도중 부진에 빠진 전남의 소방수로 선임된 이장관 감독은 2022시즌 최하위 탈출에 실패하며 체면을 구겼지만, 2023시즌 안정적인 경기 운영으로 마지막까지 플레이오프 진출을 다퉜다. 전남은 재계약을 맺으며 '이장관 3년 차'에 대한 기대감을 내비쳤다.

CHUNGBUK CHEONGJU FOOTBALL CLUB

충북청주FC

최윤겸표 고춧가루는 맵다!

구단 소개

정식 명칭	충북청주 프로축구단
구단 창립	2023년
모기업	시민구단
상징하는 색	블루 & 레드
경기장(수용인원)	청주종합경기장 (16,280명)
마스코트	차바, 레오니
서포터즈	–
레전드	ULTRAS NNN

우승

K리그	–
FA컵	–
AFC챔피언스리그(ACL)	–

2024시즌 프리뷰

조르지와 피터의 빈자리가 크게 느껴질 전망이다. 수원 삼성이 2부로 내려오고 서울이랜드는 매우 눈에 띄는 보강에 성공하는 등 상대적으로 뒤처진 느낌을 지울 수 없다. 오프시즌 분주하게 움직였지만 IN&OUT 무게감을 따지자면 아쉬운 게 사실이다. 토트넘 유스 시절 나름 괜찮은 실력을 보여줬던 오두가 얼마나 해줄 수 있느냐가 관건이다. 작년보다 높은 순위는 쉽지 않아 보이지만, 최윤겸 감독이 어딘가 숨겨둘 '고춧가루'를 늘 조심해야 한다.

주장의 한마디 – 이한샘

우리 팀에는 경험이 많은 최윤겸 감독님과 베테랑 선수들이 있다. 젊은 선수들과 신구조화를 잘 이루어서 올 시즌 팀의 목표인 플레이오프에 꼭 올라가겠다. 든든한 서포터즈 울트라스 NNN을 실망시키지않겠다.

감독 소개

성명	최윤겸
생년월일	1962년 4월 21일(대한민국)
K리그 통산 전적	428경기 144승 147무 137패

K리그에서 잔뼈가 굵은 베테랑 지도자다. 부천, 대전, 강원, 부산, 제주 등 1부는 물론 2부 경험도 풍부하다. 2016년 강원을 승격시킨 경험이 있다. 충북청주의 초대 감독으로 취임했다. 프로 첫 시즌에 8위에 오르는 돌풍을 일으켰다. 덕장에 가까운 느낌이다. 당장 눈앞에 성적이 급하지 않은 충북청주와 잘 어울린다. 다만 올해는 조르지, 피터 등 에이스들이 대거 이탈했다. 작년보다 나아진 게 없는 상황에서 시험대에 오른다.

성남FC

SEONGNAM FOOTBALL CLUB

성남답지 않은 폭풍 영입, 까치의 날개에 힘이 실린다

구단 소개

정식 명칭	성남 시민 프로축구단
구단 창립	1989년, 2014(시민구단)
모기업	성남시
상징하는 색	블랙 & 화이트
경기장(수용인원)	탄천종합운동장 (16,000명)
마스코트	까오, 까비
서포터즈	블랙리스트(연합)
레전드	박종환, 차경복, 김학범, 고정운, 이상윤, 신태용, 박남열 등

우승

K리그	1993, 1994, 1995, 2001, 2002, 2003, 2006
FA컵	1999, 2011, 2014
AFC챔피언스리그(ACL)	1995, 2010

2024시즌 프리뷰

성남은 2024시즌 K리그2 겨울 이적시장을 주도했다. 검증된 전방 공격수 이정협, 경험이 풍부한 미드필더 한석종, 정원진, 측면에 무게를 더할 김정환, 박광일, 골문을 지켜줄 베테랑 유상훈을 품었다. 2023시즌 임대로 활약한 정승용을 완전영입했다. 마지막 퍼즐은 센터백 김주원이었다. K리그2 승격 라이벌 수원에서 영입하며 일석이조의 효과를 누렸다. 핵심은 경험이다. 베테랑의 연륜으로 승격에 도전한다.

주장의 한마디 - 정승용

올 시즌 목표는 K리그1 승격이다. 매사 솔선수범하고 팀을 위해 한 발 더 뛰겠다. 선수들을 하나로 모아 매 경기 승리하도록 최선을 다할 것이다.

감독 소개

성명	이기형 (*3월 20일 경질 발표)
생년월일	1974년 9월 28일(대한민국)
K리그 통산 전적	100경기 26승 37무 37패

현역 시절 시원시원한 중거리 슈팅이 일품이었던 '캐논 슈터'는 인천 감독 시절 팀을 잔류로 이끌며 이름 이기형을 딴 별명 '이기는 형'으로 불리었다. 부산 코치를 거쳐 2023년 성남 지휘봉을 잡아 이기는 모습보단 지거나 비기는 모습을 더 많이 보여주며 실망 가득한 1년을 보냈다. 두 번째 기회는 반드시 잡아야 한다. 근래 들어 가장 큰 투자가 이뤄진 만큼 중거리 슛처럼 시원시원한 승점 사냥이 필요하다.

CHUNGNAM ASAN FOOTBALL CLUB

충남아산FC

돌아온 가물치, 충남아산의 변신을 기대하라

구단 소개

정식 명칭	충남아산 프로축구단
구단 창립	2020년
모기업	시민구단
상징하는 색	은행나무 노란색, 서해바다 파란색
경기장(수용인원)	이순신종합운동장 (17,588명)
마스코트	붱붱이, 티티
서포터즈	아르마다
레전드	박세직

우승

K리그	–
FA컵	–
AFC챔피언스리그(ACL)	–

2024시즌 프리뷰

2020년 창단 후 계속 박동혁 감독 체제로 K리그2에서 끈질긴 모습을 보였던 충남아산은 지난 시즌 후 박 감독과 결별하고, 제2대 김현석 감독 체제로 탈바꿈했다. 단단한 수비와 빠른 스피드를 앞세운 스타일로 호시탐탐 승강 플레이오프를 노렸지만, 늘 빈약한 공격력 문제로 상위권 도약에 실패했던 충남아산은 올해 화끈한 공격축구를 표방하고 있다. 특히 김 감독이 심혈을 기울여 뽑은 외국인 공격수 삼총사. 누네스 안데르손 주닝요에게 거는 기대가 크다. 이들의 활약에 따라 상위권 도약 여부가 판가름 날 전망.

감독 소개

성명	김현석
생년월일	1967년 5월 5일(대한민국)
K리그 통산 전적	–

K리그1 통산 베스트11 6회 선정(역대 2위)에 빛나는 K리그 레전드 공격수로 'Mr. 울산'으로 사랑받았다. 현역 은퇴 후 울산 코치와 강릉 중앙고, 울산대학교 감독을 역임한 뒤 2022년부터 2년간 충남아산의 사무국장을 맡아 현장은 물론 사무행정까지 두루 섭렵한 인물. 명성과 나이에 비해 뒤늦게 프로 감독으로 데뷔했는데, 자신의 현역 스타일대로 공격적인 축구를 펼치겠다는 포부가 뚜렷하다.

주장의 한마디 - 박세직

김현석 감독 부임 이후 맞이하는 첫 시즌이기에 더더욱 잘 해내고 싶다. 만만치 않다는 것을 보여주기 위해 선수들이 정말 열심히 준비하고 있다. 이렇게 흘린 땀이 경기장에서 꼭 보이도록 매순간 최선을 다하겠다.

서울이랜드FC
SEOUL E-LAND FOOTBALL CLUB

창단 10주년 맞은 이랜드, 이번엔 기필코!

구단 소개

정식 명칭	서울 이랜드 축구단
구단 창립	2014년
모기업	이랜드그룹
상징하는 색	진청색, 황금색, 푸른색
경기장(수용인원)	서울올림픽주경기장, 목동종합운동장
마스코트	레울, 레냥
서포터즈	누에보, 군청
레전드	김영광, 김재성 등

우승

K리그	-
FA컵	-
AFC챔피언스리그(ACL)	-

2024시즌 프리뷰

올 겨울 태풍의 눈이었다. 김도균 감독을 승격 청부사로 임명한 데 이어 풍부한 경험을 가진 김오규, 김영욱, 정재용 등을 데려왔다. '서울 레전드' 오스마르 영입은 단연 하이라이트였다. 이전과는 다른 공기가 이랜드를 휘감고 있다. 전력 면에서는 확실히 업그레이드됐다. 창단 10주년을 맞은 만큼 동기부여도 확실하다. 초반 분위기를 어떻게 잡느냐가 관건이다. '역시나'가 아닌 '혹시나'가 된다면, 이랜드의 염원인 승격에 한 발 더 다가설 수 있다.

주장의 한마디 – 김영욱

내가 생각했던 것보다 훨씬 좋은 자원들이 많다. 내가 가진 경험들을 잘 전수해, 분위기를 더욱 올린다면, 목표로 한 승격에 충분히 도전할 수 있을 것 같다. 예감이 좋다.

감독 소개

성명	김도균
생년월일	1977년 1월 13일(대한민국)
K리그 통산 전적	144경기 53승 31무 60패

승격에 도전하는 이랜드가 삼고초려 끝에 모셔왔다. 현역 시절 미남 축구선수의 대명사였던 김도균 감독은 지도자 변신 후 화려함과는 거리가 있었다. 중학교팀부터 프로팀, 코치부터 스카우트까지 다양한 경험을 쌓았다. 이를 밑거름으로 2020년 수원FC를 통해 감독으로 데뷔한 김 감독은 첫 해 승격, 두 번째 해 파이널A 진출 등 큰 성과를 거뒀다. 화끈한 공격축구를 앞세워 이랜드의 첫 승격이라는 새로운 도전에 나선다.

ANSAN GREENERS FOOTBALL CLUB / 안산그리너스FC

실망을 희망으로, 임관식표 공격축구를 기대하라

구단 소개

정식 명칭	안산 그리너스 축구단
구단 창립	2017년
모기업	시민구단
상징하는 색	청록색, 노란색, 진청색
경기장(수용인원)	안산 와~스타디움 (35,008명)
마스코트	다니, 로니
서포터즈	베르도르
레전드	장혁진, 이인재, 송주호, 이승빈, 김영남 등

우승

K리그	-
FA컵	-
AFC챔피언스리그(ACL)	-

2024시즌 프리뷰

객관적 전력상 K리그2 13개 구단 중 가장 떨어지는 것이 사실이다. 임관식 감독도 인정하는 부분이다. 기대했던 외국인 선수 영입은 이루어지지 않았고, 국내 선수 역시 이렇다 할 보강이 되지 않았다. 오히려 핵심 자원들이 빠져나가며 스쿼드는 더욱 빈약해졌다. 어쩌면 그래서 더욱 부담이 없는 안산이다. 임 감독은 지난 시즌 공격적인 운용으로 팀 컬러를 바꿨다. 올해도 색깔은 그대로 유지한다. 실점에 대한 부담은 있지만, 포백을 전면에 내세운다. "더 떨어질 곳이 없기에 자신 있다"는 안산이다.

주장의 한마디 — 김영남

어린 선수들이 많은 만큼 패기를 콘셉트로 시즌을 치를 생각이다. 현실적으로 최하위를 피하는 것이 목표다. 분위기만 탄다면 더 높은 곳까지 올라갈 수 있다.

감독 소개

성명	임관식
생년월일	1975년 7월 28일(대한민국)
K리그 통산 전적	12경기 2승 2무 8패

'전남 레전드' 임관식 감독은 현역 은퇴 후 목포시청, 광주, 김천, 전남 등에서 코치로 10년 이상 경험을 쌓았다. 2023년 마침내 감독 기회가 찾아왔다. 각종 비리 사건으로 '외흥'에 시달린 안산을 맡아 빠르게 분위기를 수습했다. 시즌 막판 이랜드와 성남을 상대로 인상적인 승리를 거두며, 탈꼴찌에 성공했다. 동계부터 시즌을 준비하는 임 감독은 물러서지 않는 화끈한 공격축구로 올 시즌 다크호스 이상의 성적을 다짐하고 있다.

천안시티FC CHEONAN CITY FOOTBALL CLUB

혹독한 프로신고식, 올해부터는 악바리 모드다

구단 소개

정식 명칭	천안 시민 프로축구단
구단 창립	2008년
모기업	시민구단
상징하는 색	천안 스카이블루(Pantone 2915C), 블랙
경기장(수용인원)	천안종합운동장 (26,000명)
마스코트	-
서포터즈	제피로스
레전드	-

우승

K리그	-
FA컵	-
AFC챔피언스리그(ACL)	-

2024시즌 프리뷰

지난해 처음 K리그2에 참여해 매우 혹독한 '막내 신고식'을 치렀다. 프로의 벽은 너무나 높고 냉혹했다. 개막 후 7연속 패배로 허덕이다 8라운드 안산전에서 간신히 1-1 무승부로 첫 프로 승점을 따냈다. 하지만 이미 리그 최하위는 확정 받은 셈으로 시즌을 치르며 팀내 분쟁도 있었는데, 모든 걸 덮고 올해 김태완 감독 체제로 새롭게 다시 출발한다. 냉정히 말해 극적인 성적 상승은 기대하기 어렵다. 중하위권에서 경쟁력 있는 모습만 보여줘도 일단은 성공이다.

포메이션 4-3-3

FW: 10 파울리뇨, 9 모따, 11 에리키
MF: 7 정석화, 32 신형민, 14 이광진
DF: 90 구대영, 3 이웅희, 4 김성주, 2 오현교
GK: 1 제종현

주장의 한마디 - 이웅희

올해는 작년과는 다른 팀으로서 도약할 수 있도록 선수단 모두와 함께 최선을 다하겠다. 시즌 개막이 얼마 남지 않았는데 잘 준비해서 좋은 모습, 달라진 모습을 보여드리겠다.

감독 소개

성명	김태완
생년월일	1971년 6월 1일(대한민국)
K리그 통산 전적	232경기 78승 60무 94패

상무에서 오랫동안 코치와 감독으로 선수들을 이끌며 지략가 기질을 선보여 펩 과르디올라 감독에 빗대 '펩태완'으로 불렸다. 2017년부터 상무 감독을 맡아 2022년까지 232경기를 치른 베테랑 지도자. '민간인' 프로팀 지휘는 천안시티가 처음이다. 상무 시절에는 검증된 선수들로만 팀을 꾸려왔는데, 실력의 편차가 큰 일반 구단에서 과연 상무 시절의 지도력을 보여줄 수 있을지 '펩태완'의 진면목이 드러날 시즌이다.

2024 K리그 스카우팅리포트

초판 1쇄 펴낸 날 | 2024년 3월 8일
초판 2쇄 펴낸 날 | 2024년 4월 5일

지은이 | 김성원, 이원만, 윤진만, 박찬준, 한동훈
펴낸이 | 홍정우
펴낸곳 | 브레인스토어

책임편집 | 김다니엘
편집진행 | 홍주미, 이은수, 박혜림
디자인 | 이예슬, 참프루, 전영진
마케팅 | 방경희
자료제공 | 한국프로축구연맹

주소 | (04035) 서울특별시 마포구 양화로 7안길 31(서교동, 1층)
전화 | (02)3275-2915~7
팩스 | (02)3275-2918
이메일 | brainstore@chol.com
블로그 | https://blog.naver.com/brain_store
페이스북 | https://www.facebook.com/brainstorebooks
인스타그램 | https://instagram.com/brainstore_publishing

등록 | 2007년 11월 30일(제313-2007-000238호)

ⓒ 브레인스토어, 김성원, 이원만, 윤진만, 박찬준, 한동훈, 2024
ISBN 979-11-6978-027-8 (03690)

* 이 책은 저작권법에 따라 보호받는 저작물이므로 무단전재와 무단복제를 금하며, 이 책 내용의 전부 또는 일부를 이용하려면 반드시 저작권자와 브레인스토어의 서면 동의를 받아야 합니다.

© 2024 K LEAGUE. K LEAGUE property used under license from